高等职业教育制药类专业教

高等职业教育制药技术类专业教学改革系列教材

高等职业教育新形态教材

制药企业安全生产与健康保护

第三版

邹玉繁　周代营　主编　　　符　俊　主审

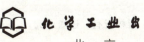

化学工业出版社

·北 京·

内 容 简 介

《制药企业安全生产与健康保护》（第三版）以理论够用、加强技能、提高安全生产意识为原则，结合制药企业安全生产事故的实例，以项目为导向、任务为驱动，主要介绍了：制药企业安全生产概述，制药企业的防火防爆安全管理，制药企业的电气安全管理，制药企业的防毒安全管理，制药企业废水、废气、废渣安全管理，危险化学品的认识及安全生产管理，压力容器的使用安全技术，生物制品的安全生产管理，中药制品的安全生产管理，制药企业健康保护概述，制药企业健康保护管理等内容。

本书既可作为高职高专院校制药类专业及相关专业的教材，也可用作制药行业的从业人员进行安全培训用书。

图书在版编目（CIP）数据

制药企业安全生产与健康保护 / 邹玉繁，周代营主编. — 3 版. — 北京：化学工业出版社，2024.8（2025.8 重印）
ISBN 978-7-122-45755-4

Ⅰ. ①制… Ⅱ. ①邹… ②周… Ⅲ. ①制药工业－工业企业管理－安全管理－教材 Ⅳ. ①F407.7

中国国家版本馆 CIP 数据核字（2024）第 107581 号

责任编辑：蔡洪伟 李 瑾
责任校对：李雨晴　　　　　　　装帧设计：关 飞

出版发行：化学工业出版社
　　　　　（北京市东城区青年湖南街 13 号 邮政编码 100011）
印　 装：河北鑫兆源印刷有限公司
787mm×1092mm 1/16 印张 16¼ 字数 398 千字
2025 年 8 月北京第 3 版第 3 次印刷

购书咨询：010-64518888　　　　　售后服务：010-64518899
网　 址：http://www.cip.com.cn
凡购买本书，如有缺损质量问题，本社销售中心负责调换。

《制药企业安全生产与健康保护》（第三版）编审人员名单

主　编　邹玉繁　周代营

副 主 编　陈维佳

主　审　符　俊

编写人员 （按姓名笔画排列）

付元龙（山西生物应用职业技术学院）

邹玉繁（广东食品药品职业学院）

陆　琴（深圳市中联制药有限公司）

陈红梅（广州二天堂制药有限公司）

陈维佳（广东食品药品职业学院）

周代营（广东食品药品职业学院）

周福富（金华职业技术学院）

童春媚（广东食品药品职业学院）

第三版前言

《制药企业安全生产与健康保护》第三版保留了第二版教材的主要结构与内容，将第二版教材的任务目标修改成项目学习目标，对第二版教材的案例、标准进行了更新，并新增了"知识积累""扫一扫ppt""扫一扫测试"模块。本版教材的特色主要有：

（1）在修订过程中，坚持以理论够用、加强技能、提高安全生产意识为原则，结合制药企业安全生产事故的实例，以项目为导向、任务为驱动对教材内容进行精心安排。本教材可作为高职高专院校制药类专业及相关专业的教材，也可以作为制药行业从业人员安全培训用书。

（2）在修订过程中，保留了想一想、议一议、目标检测、事故案例等内容，便于教师根据授课专业的不同对教材内容进行选取、组织上课内容和安排课堂活动。

（3）修订后的项目学习目标分成了知识目标、能力目标、素养目标，将有助于教师根据所授课的专业、学生的特点来制定本项目的教学目标，在教学过程中将知识目标、能力目标、素养目标有机地结合起来，形成有针对性的教学方案，从而实现教学的有效性和学生的全面发展。

（4）本版教材每一项目下新增"扫一扫ppt"模块。教师和学生可通过手机扫二维码观看各项目下的ppt，教师可以借鉴PPT的内容来组织上课内容，学生可以利用PPT对课程进行课前预习与课后复习。因此，"扫一扫ppt"模块将有助于教师的教学和学生的自主学习。

（5）本版教材每一项目下新增"知识积累"模块。此模块主要是对该项目的重点内容进行归纳，因此有助于教师合理安排授课时间和学生制订学习计划，也有助于培养学生对知识进行归纳总结的习惯，利于学生增加自信、培养自律性、提高学习兴趣和创造力等。

（6）本版教材每一项目下新增"扫一扫测试"模块，是对第二版教材中目标检测的补充。学生可通过手机扫二维码进行在线测试，完成测试后还可看到答案解析。教师在课前可通过每个项目的目标检测与在线测试模块进一步明确本项目的培养目标，为教学活动的组织提供依据；还可在课堂上让学生进行在线测试，从而及时了解学生在学习过程中存在的问题，及时调整教学策略。学生课后可以通过在线测试来检测自己的学习情况，并通过答案解析及时发现在学习过程中存在的问题，再结合教材上每个项目的目标测试情况，有针对性地复习或提问，从而提升自己的学习效果。

本版教材的项目设置与第二版相同，分为十一个项目。项目一由陆琴编写，项目二、四由付元龙编写，项目三由陈红梅编写，项目五、八由童春媚编写；项目六由周福富编写；项目七由周代营编写；项目十、十一由邹玉繁编写；项目九由陈维佳编写。

在此感谢在本书编写过程给予无私帮助的制药企业安全技术人员，以及相关参考文献的作者。

由于编者的水平有限和时间仓促，书中不足之处在所难免，敬请广大读者及同行专家批评指正。

编　者

2024 年 4 月

目录

扫一扫ppt

项目一 ppt

项目一
制药企业安全生产概述

学习目标

1. 知识目标

（1）掌握药品安全生产的概念。

（2）熟悉药品安全生产的性质与作用，我国药品安全生产管理制度的种类与作用，药品安全生产的管理内容。

（3）了解药品安全生产的产生、发展与现状，药品安全生产法律体系与标准体系。

2. 能力目标

（1）能熟练说出药品安全生产的含义。

（2）能说出药品安全生产的性质、管理制度种类、主要管理内容。

（3）知道药品安全生产的发展历程与现状、法律体系与标准体系的种类。

3. 素养目标

（1）初步培养学生"合法生产，规范操作"的职业素养。

（2）初步培养学生"安全第一，预防为主"的安全意识。

单元一
理解药品安全生产的内涵

任务 1　熟知药品安全生产概念

事故案例 ▶▶▶

　　20××年×月，乌鲁木齐市某药业股份有限公司内一生产车间发生火灾，造成该制药厂局部车间、办公区烧毁坍塌，部分生产设备及储存药品过火，火灾过火面积约4000 m²，给企业带来严重的经济损失。

　　通过上述事故可见，安全生产对保障人身安全，避免企业遭受经济损失是非常重要的。如果企业不重视对员工的安全知识培训，时刻从思想上做到安全生产，就会给职工人身健康、设备、产品和其他财产带来很多不安全因素。

　　当前，国家经济飞速发展，在这样的经济形势要求下，如果安全生产工作跟不上，发生安全生产事故，不仅会给国家和企业财产造成损失，生产受影响，也给职工生命安全造成危害。故此，安全生产是每个药品生产企业一项根本性的大事。

　　那么什么是药品安全生产呢？药品安全生产可以理解为采取一定的行政、法律、经济、科学技术等方面措施，预知并控制药品生产的危险，减少和预防事故的发生，实现药品生产过程中的正常运转，避免经济损失和人员伤亡的过程。

　　药品安全生产涉及很多学科的知识，它既要研究有关安全生产的方针政策、法规制度和组织管理等属于社会科学方面的内容，又要研究属于自然科学的各种有关工程技术与应用技术。如研究某个防尘技术措施时，要应用化学、生理卫生和毒理学等学科知识来了解粉尘的性质及其对生理的危害；同时要用到材料学、力学等学科知识来研究工程设计；另外还要考虑措施的经济效能和组织管理等问题。由此可知，药品安全生产主要由以下3个基础部分组成。

　　（1）安全管理　主要内容有安全生产方针、政策、法规、制度、规程、规范，安全生产的管理体制，安全目标管理，危险性评价，人的行为管理，工伤事故分析，安全生产的宣传、教育、检查等。

　　（2）安全技术　是一种技术工程措施，是为了防止工伤事故、减轻体力劳动而采取的技术工程措施。如制药设备采用的防护装置、保险装置、信号指示装置等，自动化设备的应用等都属于安全技术的范畴。

（3）职业健康　是研究生产过程中有毒有害物质对人体的危害，从而采取的技术措施和组织措施。如用通风、密闭、隔离等方法排除有毒有害物质，生产工艺上用无毒或低毒的物质代替有毒或高毒的物质等，均属于职业健康的范畴。

议一议 ▶▶▶

　　制药企业进行安全生产，可以起到哪些方面的作用？

任务 2　了解药品安全生产的产生与发展

　　在 18 世纪中期以前，生产药品一般使用人或畜力为动力和手工工具生产，在生产过程中人们更注意的是自我保护，防止人体受到伤害。自从 18 世纪中期工业革命爆发后，随着蒸汽机的出现，大量机器如 1876 年发明的压片机等应用到药品生产中，使得药品生产逐步进入机械化。机械生产在大幅度提高生产效率的同时，也易造成人的严重伤亡和财产损失。随后电应用到生产中，进一步推动了工业化进程，同时也带来电气安全问题。随着医药化学工业的发展，安全生产事件不断发生，安全问题日益突出，促使人们对生产的安全化提出了更高的要求。

　　进入 20 世纪后，医药化学工业迅速发展，环境污染和重大工业污染事故相继发生。在 20 世纪就发生了 10 多起典型的药害事件，如 1942 年，在美国接种黄热病疫苗的 300 万军人中，有 2.8 万人发生了传染性肝炎，死亡 62 人；1954 年，在巴黎附近的一个药房里配制生产出一种含二碘二乙基锡的抗感染药物，发现服用者中有 270 多人出现头痛、呕吐、痉挛、虚脱、视力丧失等中毒性脑炎症状，死亡 110 多人。

　　2021 年，我国共发生化工事故 122 起、死亡 150 人，比 2019 年减少 42 起、124 人，分别下降 25.6％和 45.3％。虽然较大事故起数首次降至个位数，但违法违规储存化学品问题突出，检维修及动火作业事故还是多发。因此，我国医药化工行业的安全生产形势还是比较严峻的。

任务 3　熟知药品安全生产的现状

　　随着社会的进步、经济的发展，我国制药企业保持着迅猛的发展速度，大量先进技术得到应用，也对各相关岗位人员的文化素质和技术水平提出了更高的要求。目前，我国药品安全生产事故时有发生，药品安全生产的现状仍然十分严峻。

　　首先，我国制药企业数量众多，从业人员规模大。据国家统计局数据，2022 年我国医药制造行业规模以上企业数量为 8814 家，较 2021 年增加 477 家，同比增长 5.7％。另外，2021 年 12 月，工业和信息化部等九部门联合发布的《“十四五”医药工业发展规划》中提出，到 2025 年制药工业的主要经济指标实现中高速增长，前沿领域创新成果突出，创新动力增强，产业链现代化水平明显提升，药械供应保障体系进一步健全，国际化水平全面提高；到 2035 年，医药工业实力将实现整体跃升，创新驱动发展格局全面形成，产业结构升级，产品种类更多、质量更优，实现更高水平满足人民群众健康需求，为全面建成健康中国提供坚实保障。由此可知，我国医药制造行业对从业人员的素质要求越来越高，但目前学校和社会培训机构对学生在制药新技术、新工艺、新设备、大规模生产过程的管理等方面的培训相对薄弱，导致制药企业的从业人员不能很好适应企业的发展，给生产带来了大量的事故隐患和不安全因素。

其次，部分制药企业重视生产效益，忽视安全生产，安全意识淡薄，导致药品安全生产事故屡屡发生。

任务 4　认识药品安全生产的重要性

安全，是所有工作的前提，也是所有工作的基础。在日常药品生产工作中，会面临很多的困难和问题，需要大家齐心协力共同去解决它们，我们要深刻认识药品安全生产的重要性。

① 安全生产是我们进行生产劳动的基础，一切生产应当以其为前提条件。在药品生产中，主要需要几个步骤保证安全生产。a. 生产前的准备。在药品生产开始前要仔细检查仪器设备的各个部件是否正常，也许一个小小的螺丝松动，或是参数的设定错误，都会酿成事故！因此，我们在生产中就要做到"防患于未然"。b. 生产过程中的安全操作。如 1999 年某药厂制剂车间制粒岗位员工在生产时，违反安全操作规程，在不确定是否还有人员在清洗仪器时，开启仪器开关，导致一位正在清洗仪器的员工手指当场被切断。可见安全生产是我们工作的重中之重。c. 生产工作结束后，要充分地检查需要关闭的生产设备是否已经完全关闭等。

② 安全生产是在劳动过程中必须要遵守的规程。在制药企业，每个岗位的员工都要自觉遵守本岗位的操作规程，并且在接触新的操作规程后要深入全面地学习它，只有在深刻地认识和了解操作规程的基础上，才能真正做到安全生产。

③ 安全生产是劳动者在生产劳动中的安全保障，是保护自身生命及财产安全的，因此，必须要遵守安全生产的一切规范。关爱自己，要从关心安全生产开始。

建立和健全药品安全生产制度，至关重要。为了每一个药品生产者的自身权益，应当对药品安全生产的重要性有一个正确的认识。

单元二
熟知药品安全生产的法律法规基础

任务 1　了解药品安全生产法产生背景

由于 20 世纪前半期大量的药难事件的发生，促使第一部专门针对药品生产的法规诞生，即 1963 年，美国颁布《药品生产质量管理规范》(GMP)。1969 年，世界卫生组织（WHO）

向各成员国推荐 GMP，并于 1975 年正式颁布了 WHO 的 GMP。我国的 GMP 在 1982 年产生试行稿；1985 年修订了 GMP，并于同年颁布了《药品生产质量管理规范实施指南》；1988 年 3 月依据《中华人民共和国药品管理法》修订了 GMP 并作为正式法规，其后分别在 1992 年、1998 年、2010 年进行了修订；现在使用的《药品生产质量管理规范（2010 年修订）》是 2011 年 1 月 17 日颁布，并于同年 3 月 1 日起施行。

药难事件回放 ▶▷▶▷ ▷

1. 磺胺酊剂事件

20 世纪 30 年代，出现现代化学疗法的化合物磺酰胺（SN）。1935 年，生物学家格哈特·多马克发现了磺酰胺的抑菌作用。1937 年，美国田纳西州一位药剂师配制了一种磺胺酊剂，结果引起了 300 多人急性肾功能衰竭，有 107 人死亡。其实，磺酰胺本身并没有问题，原因是甜味剂二甘醇在体内氧化为草酸中毒所致。

2. 反应停事件

20 世纪 50 年代后期，联邦德国格仑南苏制药厂生产了一种治疗妊娠反应的药物"沙利度胺"，又名反应停。在该药出售后的 6 年中，全球 28 个国家发现畸形胎儿 12000 例，患者出现无肢或短肢、肢间有蹼（呈海豹肢畸形）、心脏畸形等先天性异常，这种畸形婴儿（俗称海豹儿）死亡率约 50%。反应停除具有致畸性的副作用，还可引起多发性神经炎，约有 1300 例，给社会造成很大负担。

3. 大输液事件

1971 年 3 月，美国 7 个州 8 家医院发生了 405 例输液引起的败血症。美国 1976 年统计数据表明，前 10 年因质量问题从市场撤回输液产品的事件超过 600 起，410 人受到伤害，54 人死亡。1972 年英国也发生药难事件，有 6 起败血症死亡病例。

……

我国的药品生产除需符合 GMP 要求外，还需符合《中华人民共和国安全生产法》（简称《安全生产法》）要求。我国《安全生产法》产生的社会背景是：①各类伤亡事故居高不下，重大、特大事故不断发生；②企业安全生产行为不规范，管理不善，企业只重视经济效益，追求发展速度，而忽视安全生产管理，产生大量的事故隐患和不安全因素，导致事故屡屡发生；③生产岗位从业人员缺乏安全生产知识、安全技能和自我保护措施，在生产过程中经常违规操作，安全意识薄弱，从而引发事故；④法规不健全，责任不明确，导致监管不力。基于以上社会背景，在各方面做了大量工作的前提下，2001 年初，国家安全生产监督管理局成立，起草《安全生产法》，并于 2002 年 6 月 29 日经九届人大第二十八次会议审议通过，自 2002 年 11 月 1 日起开始施行。《安全生产法》是我国第一部全面规范安全生产的专门法律，是最基本和最综合的安全生产法律。2021 年 6 月 10 日，第十三届全国人民代表大会常务委员会第二十九次会议通过了关于修改《中华人民共和国安全生产法》的决定，自 2021 年 9 月 1 日起已正式施行。《安全生产法》最新版本（2021 年修订）是继 2014 年修改后的第三次较大范围内修改，共进行四十二条修改和调整。修改主要包括完善工作原则要求、强化企业主体责任、加大对违法行为的处罚力度、强化新问题新风险的防范应对、增强对从业人员的人文关怀等方面。

其他与药品生产相关的法律法规产生背景在此不做介绍。

任务 2　熟知药品安全生产法律法规的性质和作用

药品安全生产法律法规是指在药品生产过程中，用以调整劳动者或生产人员的安全和健康，以及生产资料和社会财富安全保障有关的各种社会关系的法律规范的总和。

安全生产法律规范是国家法律体系中的重要组成部分，它有广义和狭义的解释。广义的安全生产法律规范是指我国保护劳动者、生产者和保障生产资料和财产安全的全部法律法规。狭义的安全生产法律法规是指国家为了改善劳动条件，保护劳动者在生产的过程中健康安全，以及保障生产安全所采取的各种措施的法律法规。

安全生产法律法规是党和国家的安全生产方针政策的集中表现，是上升为国家和政府意志的一种行为准则。有了各种安全生产法律法规，就可以使劳动者在工作过程中，使安全生产工作做到有法可依、有章可循。谁违反了这些法律法规，无论是企业和个人，都要负法律责任。

1. 药品安全生产法律法规的性质

我国药品安全生产法律制度的建立与完善，与党的安全生产政策有密切的关系。我国目前已建立起一套符合我国国情的药品安全生产法律法规体系，是由有关法律、行政法规、地方性法规和有关行政规章、技术标准所组成的综合体系，是国家法规体系的一部分，因此它具有法的一般特征。我国药品安全生产法律法规具有以下性质。

① 保护的对象是劳动者、生产经营者、生产资料和国家财产；

② 安全生产法律法规具有强制性的特征；

③ 安全生产法律法规涉及自然科学和社会科学领域，因此，安全生产法律法规既有政策性特点，又有科学技术性特点。

2. 药品安全生产法律法规的作用

① 为保护劳动者的安全与健康提供法律保障。我国药品安全生产法律法规是以加强监督管理安全生产，防止和减少安全事故的发生，保障职工在生产中的生命财产安全为宗旨。它不仅从管理上规定了人们的安全行为规范，也从生产技术上、设备上规定实现安全生产和保障职工安全与健康所需要的物质条件。我国的制药企业要站在全面落实科学发展观的高度，牢固树立安全发展理念，切实把安全生产作为一项严肃的政治任务，制定出各种保证安全生产的措施，强制企业每个员工都必须遵守规章，要按照科学办事，尊重自然规律、经济规律和生产规律，尊重群众，保证劳动者得到符合安全与卫生要求的劳动条件。

② 加强药品安全生产的法制化管理。药品安全生产法律法规是加强安全生产法制化管理的章程，很多重要的安全生产法规都明确规定了要在各个方面加强安全生产管理的职责，明确了法律责任，推动了企业安全生产进入制度化管理的进程。

③ 指导和推动安全工作，促进企业安全生产。药品安全生产法律法规中规定了劳动者在生产过程中必须遵守的具体的操作规程，用以保护劳动者的安全与健康，保障生产正常进行。同时因为它是一种法律规范，具有法律的约束力，要求人人遵守，这就对整个安全生产工作的开展起到了用国家强制力推行的作用。

④ 提高生产力，保证企业效益的实现和国家经济建设的顺利发展。发展社会主义经济，发展生产力，最重要的就是保护劳动者的安全健康，使劳动者能够在符合安全与卫生要求的条件下从事生产，调动他们的生产热情和劳动积极性，使劳动效率大大提高。所以，每个企业的领导者必须重视安全生产，把保护劳动者的安全健康、保证生产设备完好、保证生产顺利进行，当作自己的神圣职责和义务，切实抓好，从而推动社会生产力的提高，促进现代化建设。

任务 3　了解我国药品安全生产法律体系的种类

要切实地做好安全生产，就需要许多相关的法律法规支持，而这些法律法规则是劳动者在生产过程中的行为准则。自新中国成立以来，我国制定了一系列的安全生产与劳动保护的法律法规，约 280 项，内容覆盖各行业的各个方面。目前，《中华人民共和国劳动法》（简称《劳动法》）、《安全生产法》已经起到了职业安全健康领域基本法的作用，是我国制定各项安全生产法律法规的依据。我国现行的药品安全生产法律体系大体可分为以下三个方面。

1. 安全技术法规

安全技术法规是指国家为搞好安全生产，防止和消除在生产中可能发生的灾害事故，保障员工的人身安全而制定的法律规范。国家规定的安全技术法规是对一些比较突出或有普遍意义的安全技术问题，规定其基本要求，一些比较特殊的安全技术问题，国家有关部门也制定并颁布了专门的安全技术法规。如设计、建筑工程安全方面有《建设项目（工程）劳动安全卫生监察规定》等；机器设备安全装置方面、特殊设备安全措施方面有《锅炉压力容器安全监察暂行条例》等；防水、防爆安全规则方面有《危险化学品安全管理条例》等；工作环境安全条件方面、人体安全防护方面有《工厂安全卫生规程》等。

2. 职业健康法律法规

职业健康法律法规是指国家为了改善劳动条件，保护员工在生产过程中的健康，预防和消除职业病和职业中毒而制定的各种法律、规范。其中包括工业卫生工程技术措施的规定，也包括有关预防医疗保健措施的规定，如全国人民代表大会颁布的《中华人民共和国环境保护法》、《中华人民共和国职业病防治法》（简称《职业病防治法》）等。与安全技术法规一样，职业健康及工业环境法规也是对具有共性的工业卫生问题提出了具体要求。如防止有害物质危害方面的《工厂安全卫生规程》、防止粉尘危害方面的《中华人民共和国尘肺病防治条例》、防止物理危害方面的《工业企业厂界环境噪声排放标准》、劳动卫生人体防护方面的《用人单位劳动防护用品管理规范》、工业卫生辅助设施方面的《工业企业设计卫生标准》、女职工劳动卫生特殊保护方面的《女职工劳动保护特别规定》等。

3. 安全管理法律法规

安全管理法律法规是指国家为了搞好安全生产、加强安全生产和劳动保护工作，保护职工的安全健康所制定的管理规范。从广义上说，国家的立法、监督、检查和教育方面都属于管理范畴。安全生产管理是企业经营管理的重要内容之一，因此，管生产必须管安全。《中华人民共和国宪法》中规定，加强劳动保护，改善劳动条件，是国家和企业管理劳动保护工作的基本原则。制药企业必须根据各自的生产要求，制定相应的各种规章制度，以保护员工在生产过程中的安全健康。这些规章制度可概括为生产行政管理制度和生产技术管理制度两个方面，它们相辅相成，不可分割。

任务 4　了解我国药品安全生产的标准体系

标准化科学是人类在长期生产实践中逐步摸索创立起来的一门科学，也是一门重要的应用技术。根据《中华人民共和国标准化法》的规定，标准分为国家标准、行业标准、地方标准和企业标准；其中国家标准分为强制性标准、推荐性标准，而行业标准、地方标准是推荐性标准。

我国药品安全生产的标准体系是由基础标准、药品生产企业生产管理标准、药品生产企业质量管理标准组成的。

① 基础标准包括国家的相关法律、法规、条例。如《中华人民共和国药品管理法》《药品生产质量管理规范》等，是行业共同遵循的准则。

② 药品生产管理标准包括生产工艺规程、标准操作规程、批生产记录等。

③ 药品质量管理标准包括药品的申请和审批文件，物料、中间体和成品质量标准及其检验操作规程，批检验记录及产品质量稳定性考察等。

通过标准的建立，规定了企业的管理系统，明确各自的管理和工作职责，使工作有章可循、照章办事；使管理和操作标准化、程序化。

单元三
熟知我国药品安全生产的管理制度

重视和加强药品安全生产的管理制度建设，是安全生产和劳动保护法制的重要内容，它体现在许多相关的法律法规中，对不断完善劳动保护管理制度提出了具体要求。如安全生产责任制、安全教育制度、安全生产检查制度、伤亡事故报告处理制度、劳动保护措施计划、建设工程项目的安全卫生规范、劳动保护监察制度、工伤保险制度等。

任务 1　了解药品安全生产责任制

安全生产责任制是根据"安全第一，预防为主，综合治理"的安全生产方针和安全生产法规建立的各级领导、职能部门、工程技术人员、岗位操作人员在劳动生产过程中对安全生产层层负责的制度。药品安全生产责任制是药品生产企业岗位责任制的一个组成部分，是企业最基本的安全制度，是安全规章制度的核心。安全生产责任制是以企业法人代表为责任核心的安全生产管理制度，法人代表是第一责任人。一个药品生产企业是由行政部、采购部、生产部、质量部和工程部等组成，各部门各司其职、相互配合，才能真正做到安全生产。

> **相关知识** ▶ ▶ ▶
>
> **安全制度、安全工作台账、安全作业票**
>
> 1. 含义
>
> 安全制度是要求员工共同遵守的、按一定程序办事的规程，是企业员工在安全生产中的行为规范。
>
> 安全工作台账是企业安全管理活动的真正记载，承担着总结安全生产经验、吸取安全生产教训、传递安全生产信息、优化安全管理工作等功能，是企业安全生产管理规范化、标准化、程序化、系列化的集中体现。
>
> 安全作业票是安全基础工作的重要组成部分，是职工在操作和检修作业过程中程序化、标准化的具体体现，是一种精细管理、集约管理的方法和手段，如高处作业票、动火证、检修作业许可证、电气作业票等。
>
> 2. 三者之间的关系
>
> 在企业安全生产管理中，安全制度、台账、作业票都是最基本的基础工作，它们之间既相互联系，又各有侧重，三位一体、缺一不可。如制度是规范职工的安全准则，是要求职工的安全纪律，是引导职工的安全标准，是夯实职工安全基础的磐石；台账是职工安全工作的记载，是职工安全活动的集合，是职工安全水平的体现；作业票是提高职工安全意识的钥匙，是优化职工安全技能的根本。

任务 2　了解药品安全生产委员会制度

每个药品生产企业都应该建立全面的安全生产委员会制度。委员会主任由法人代表担任，副主任由分管安全生产的负责人担任，质量、生产、工程、营销、财务、行政等相关部门负责人参加，并使其成为实施企业全面安全管理的一种制度。

任务 3　熟知药品安全生产岗位责任制度

药品安全生产岗位责任制度包括人员安全职责和部门安全职责。

1. 人员安全职责

企业法人代表是安全生产第一责任人，直接负责企业的安全管理工作；安全生产直接责任人协助法人代表贯彻执行各项安全生产法律、法规、标准和制度。同时，还包括安全主任安全职责、生产部安全员安全职责、业务部安全员安全职责、仓库安全员安全职责、班组安全员安全职责、员工安全员安全职责等。

2. 部门安全职责

部门安全职责包括安全技术部门、生产技术部门、设备和动力部门、消防部门、质量检验部门、财务部门、采购部门安全职责等。

任务 4　熟知药品安全生产审核制度

企业必须建立动态的安全审核制度，新建项目实施"三同时"审核，"三同时"制度是指凡是我国境内新建、改建、扩建的基本建设项目、技术改建项目和引进的建设项目，其职业安全卫生设施必须符合国家规定的标准，必须与主体工程同时设计、同时施工、同时投入生产和使用。现有工程项目推行动态、定期安全评审制度，以保证安全生产的规范及标准得到落实并符合要求。

任务 5　熟知药品安全生产教育制度

建立教育制度的目的是确保企业的安全生产，提高员工保护自我和保护他人的意识，在员工中牢固树立"安全第一"的思想，使员工懂得安全生产的基本道理，掌握安全生产的操作技能。企业本着"精而有用"的原则制订年度培训计划，然后各部门根据企业制订的年度培训计划，制订相应的培训计划进行培训，内容包括安全生产的法律法规、基本知识、管理制度、操作规程、操作技能、事故案例分析等。要建立培训台账、培训计划、名单、课程表等有关资料，并存入培训档案。

任务 6　了解事故及时报告制度

事故发生后，事故当事人或发现人应立即报告部门负责人，负责人在进行事故报告的同时应迅速组织实施应急管理措施，组织事故调查组调查取证。事故处理要坚持"四不放过"的原则，即事故原因没有查清不放过；事故责任者没有严肃处理不放过；广大员工没有受到教育不放过；防范措施没有落实不放过。企业安全部门还应负责将事故的调查处理资料收集、整理后归档管理。

任务 7　熟知危险工作申请、审批制度

药品生产过程中会使用一些易燃易爆的化学危险品，若是在易燃易爆场所进行焊接、用火，进入有毒的容器、设备工作，高处作业，以及从事其他容易发生危险的作业，都必须在工作前制定可靠的安全措施，包括事故应急处理措施，向安全技术部门或专业机构提出申

请，经审查批准方可作业，必要时设专人监护。企业应制定管理制度，将危险作业严格控制起来；易燃易爆、有毒危险品的运输、储存、使用也应该有严格的安全管理制度；需要经常进行的危险作业，应该有完善的安全操作规程，且对危险品有严格管理。

任务 8　熟知药品安全生产奖惩制度

为加强安全管理，企业必须建立执行奖惩制度，以利于增加企业的激励制度和员工的主人翁责任感，最大限度地发挥员工的积极性和创造性，自觉遵守纪律，维护正常的生产秩序和工作秩序。只有健全和严格执行安全生产奖惩制度，做到赏罚分明、责任明确，才能鼓励先进、督促后进。

> **议一议** ▶▶▶
>
> 某药厂甲烷化岗位操作工在放料过程中，离开岗位去搬运桶，致使硫酸二甲酯（DM）投放过量溢出，该组组长协助清理现场，结果两人均出现双眼发红、流涕等症状，在附近工作的另外 2 名工人也发生类似症状。诊断结果是硫酸二甲酯吸入中毒。
>
> 试分析该操作工人违反了哪些管理制度？如何防止类似事件的出现？

任务 9　熟知特殊设备的管理制度

对于一些特殊设备的从业人员，在上岗前必须进行系统的安全教育培训和设备技能培训，并且必须参加有关部门的培训并取得《特种作业人员操作证》，方能持证上岗。定期对设备进行维护保养，并做好设备记录。

单元四
理解药品安全生产的管理内容

任务 1　了解人因管理内容

1. 人因管理的重要性

人是药品生产过程中的一个重要因素，其一切活动都决定着产品的质量。为保证产品的质量，每位员工必须具备与本岗位相适应的知识技能。我们从事着一项特殊商品——药品的生产工作，它关乎着人的生命健康，所以作为一名药品行业的劳动者，必须遵守药品生产行业的道德规范，用心做药。

在药品生产过程中，人的因素是保证药品质量最重要的因素，药品安全生产中必须加强人因安全管理，真正体现以人为本的科学发展观。

2. 组织机构和人员的要求

人因管理中所说的人，不仅仅是指企业的员工，还包括企业的组织机构。要把人这个因素管理起来，就必须赋予它一定的权限和职责，这就形成了我们的组织机构。在一个制药企业的组织机构中，每个人都在组织机构中行使着一定的职责和相应权限，只是分工不同而已。

企业应建立、保持良好的生产和质量管理机构，各级机构和人员职责应明确，并配备一定数量与药品生产相适应的具有专业知识、生产技能及组织能力的管理人员和技术人员。药品生产管理部门和质量管理部门的负责人有能力对药品生产和质量管理中出现的实际问题做出正确的判断和处理。药品生产企业应建立管理机构，并有组织机构图。

3. 人员的培训

如何才能保证制药企业员工具有一定的安全意识、生产技能，这就必须经过培训，合格后才能上岗。企业应规定专人负责培训管理工作，制定培训计划方案，并保存培训记录；与药品生产、质量有关的所有人员都应经过培训，培训的内容应与每个岗位的要求相适应；高污染风险区（如高活性、高毒性、传染性、高致敏性物料的生产区）工作的人员应接受专门的技术培训。

任务 2　熟知物因管理内容

制药企业的物因管理包括厂房设施、设备的管理，加强现场隐患及危险源管理，还有消防安全管理等。

一、设施、设备的管理

1. 设施、设备的技术要求

GMP 规定：①厂房的选址、设计、建造、改造和维护必须符合药品生产要求；②企业应有整洁的生产环境，厂房应按照生产工艺流程及所要求的空气洁净度级别进行合理布局；③厂房内应有防止昆虫和其他动物进入的设施，同一厂房内以及相邻厂房之间的生产操作不得相互妨碍；④设备的设计、造型、安装应符合生产要求，易于清洁、消毒或灭菌，便于生产操作和维修、保养，并能防止差错和减少污染；⑤与药品直接接触的设备表面应光洁、平整、易于清洁或消毒、耐腐蚀，不与药品发生化学反应或吸附药品；⑥设备所用的润滑剂、冷却剂等不得对药品或容器造成污染；⑦生产和检验的仪器、仪表、量具、衡具，其适用范围和精密度应符合生产和检验要求，有明显的合格标志，并定期校验。

2. 设施、设备的安全操作

在对设施、设备进行操作时，必须严格按照制定的标准操作程序进行操作，确保安全。如离开时别忘切断电源，运行中的设备别靠近，未经培训别上岗等，要做到人人关心安全、事事注意安全。

3. 设施、设备的维护保养

为保持产品质量，就要保持设备处于良好的状态，为此要定期对设备进行小修、中修、大修。小修是日常保养，是预防事故发生的积极措施，使用部门操作人员应在每天上班后、下班前15～30min进行设备的日常保养。中修是每3个月左右进行一次，电器部分由电器维修人员负责，其余部分由操作人员负责，机修人员辅助和指导保养内容。大修一般一年进行一次，检查传动系统，修复、更换磨损件等。

二、现场隐患管理

隐患是指可导致事故发生的物因危险状态，人的不安全行为及管理上的缺陷，或是指人-机-环境系统安全品质的缺陷。

隐患的形成原因主要有："三同时"制度执行不严；部门监察不力；行业管理职责不明；群众监督未发挥作用；企业制度不健全；企业资金不落实等。

隐患一般是通过安全检查发现的。安全检查就是对生产过程中影响正常生产的各种因素如机械、电气、工艺、仪表、设备等物的因素与人的因素进行深入细致的调查研究，发现不安全因素和隐患，消除事故隐患。

如何控制和防止隐患的发生呢？要加强教育，使企业全体员工都有隐患意识；明确责任，理顺隐患处理机制；坚持标准，搞好隐患治理的科学管理；广开渠道，保障隐患治理资金；严格管理，坚持"三同时"原则；落实措施，发挥工会及职工的监督作用等；应用技术和高科技手段来防止隐患发生。同时，还需要有隐患应急技术，如应急方案、防范措施、救援系统等。

相关知识 ▶ ▶ ▶

隐患的分类

隐患按危险程度可分为一般隐患（指危险性较低，事故影响或损失较小的隐患）、重大隐患（指危险性较大，事故影响或损失较大的隐患）、特别重大隐患（指危险性大，事故影响或损失大的隐患）；按表现形式可分为人的隐患（认识隐患、行为隐患）、机器的状态隐患、环境隐患、管理隐患；按危险类型可分为火灾隐患、爆炸隐患、危房隐患、坍塌和倒塌隐患、滑坡隐患、交通隐患、泄漏隐患、中毒隐患。

三、危险源的管理

危险源是指可能导致伤害或疾病、财产损失、工作环境破坏或这些情况组合的根源或状态。危险源是事故发生的前提，因此有效控制危险源，对于保证员工生命安全，保护企业财产不受损害是非常重要的。

危险源存在于确定的系统中，不同的系统范围，危险源的区域也不同。例如，对于一个相对危险的行业来说，具体的一个化学合成制药企业就是一个危险源；而对于一个企业来说，可能某个车间、库房就是一个危险源；而在一个车间系统中，可能某台设备就是一个危险源。危险源的控制可从以下三个方面进行。

（1）防护措施控制　即采取某种防护措施或手段对危险源进行控制，如对危险源进行防护、监护、隔离、消除、保留和转移等。

（2）人行为控制　即控制人为失误，减少不当行为对危险源的触发作用。这就要加强安全教育，从思想上重视起来，杜绝不正确的行为对危险源的引发作用。

（3）管理控制

① 通过建立完整的规章制度和操作规程，使人的操作行为有"法"可依，有章可循，避免事故的发生；

② 明确各部门、各岗位人的职责，定期检查，发现隐患，及时反馈处理；

③ 加强危险源的日常管理，做好日常工作记录；

④ 建立信息反馈系统，及时整改隐患点；

⑤ 对危险源设置明显标示，加强基础建设工作；

⑥ 搞好危险源控制管理的考核评价和奖惩。

> **想一想** ▶▶▶
>
> 某药厂无菌检验室的 2 名化验员在进行抗生素含量测定操作后的第二天，全部患急性结膜炎及出现手臂皮肤受损脱皮症状。原因是这 2 名工人在操作过程中忘记关紫外线灭菌灯。
>
> 出现此事故，是不是由危险源的管理不当造成的？

四、消防安全管理

各行各业都存在消防安全管理，制药企业在生产中经常会使用一些易燃易爆危险物品，消防问题尤为重要。对易燃、易爆、有毒、易腐蚀物品需严格管理，设有专人专库监控。

任务 3　了解环境因素管理内容

环境是指药品生产所处的整个环境，包括外部环境卫生、生产工艺卫生及个人卫生。环境因素控制不好就容易产生污染，污染对药品质量会产生很严重的后果。那么如何防止污染呢？可从以下三个方面进行。

1. 外部环境卫生管理

药品生产企业必须有整洁的生产环境，厂区地面、路面及运输等都不应对药品产生污染，生产行政、生活和辅助区的总体布局应合理、不得相互妨碍。

2. 生产工艺卫生管理

药品生产企业的不同生产区域应有相应的洁净度要求，平时工作中要做好各区域的卫生，避免产品受到污染，保证产品质量。物料要走专用通道，避免受到污染。生产过程中的每一个工序都要严格按照标准操作规程进行，避免污染的产生。对从事有毒作业、有窒息危险作业人员，必须进行防毒急救安全知识教育培训，作业时必须佩戴防护用具。尽可能改进优化工艺，避免使用有毒物质。

3. 人员卫生管理

在药品生产过程中，良好的生产环境需要每个员工的保持和维护，故要养成良好的个人卫生习惯，以及定期体检等。

事故管理是企业安全管理中一项非常重要的工作，其具体工作内容为事故调查、分析、研究、报告、处理、统计和归档管理。这一系列工作，对认识危险隐患，提高安全管理水平，并采取有效的防范措施，防止事故的发生都具有非常重要的作用。

一、事故的分类

为研究发生事故的原因及有关规律，在对伤亡事故进行统计分析时，需要对事故进行科学分类。

1. 按照伤害程度（对人身伤害）分类

（1）重大人身险肇事故　指险些造成重大重伤、死亡或多人伤亡的事故。

（2）轻伤　指职工受伤后歇工满一个工作日以上，但未达到重伤程度的伤害。

（3）重伤　凡有下列情况之一者均列为重伤。①经医生诊断为残疾或可能残疾者。②伤势严重，需要进行较大手术才能挽救的。③人体部位严重烧伤、烫伤，或虽非要害部位，但烧伤部位占全身三分之一以上。④严重骨折、严重脑震荡。⑤眼部受伤严重，有失明可能。⑥手部伤害，大拇指轧断一节；其他的四指中任何一指轧断两节或任何两指各轧断一节的；局部肌肉受伤严重，引起机能障碍，有不能自由伸屈残废可能的。⑦脚部伤害，脚趾轧断三节以上；局部肌肉受伤严重，引起机能障碍，有不能自如行走残废可能的。⑧内脏伤害，指内出血或伤及腹膜等。⑨不在上述范围的伤害，经医生诊断后，认为受伤严重，可参照上述各点，由企业提出初步意见，报当地安全生产监督管理机构审查确定。

（4）死亡。

2. 按一次事故伤亡严重度分类

（1）轻伤事故　指只有轻伤的事故。

（2）重伤事故　负伤人员只有重伤而无死亡的事故。

（3）死亡事故：指一次事故死亡 1～2 人的事故。

（4）重大死亡事故：指一次事故死亡 3～9 人的事故。

（5）特大死亡事故：指一次事故死亡 10 人以上（含 10 人）的事故。

3. 按致伤原因分类

① 物体打击　指落物、滚石、锤击、破裂、崩块、碰伤，但不包括爆炸引起的物体打击。

② 车辆伤害　包括压、撞、颠覆等。

③ 机器工具伤害　包括铰、蹍、戳等。

④ 起重伤害。

⑤ 触电　包括雷击。

⑥ 淹溺。

⑦ 烧烫。

⑧ 火灾。

⑨ 刺割　指机器伤害造成的刺割，如钉子扎脚、尖刀物划破等。

⑩ 高处坠落　包括高处落地、平地坠入地坑。

⑪ 崩塌。

⑫ 冒顶。

⑬ 透水。

⑭ 放炮。

⑮ 火药爆炸　指生产、运输、储藏过程中的意外爆炸。

⑯ 瓦斯爆炸　包括煤粉爆炸。

⑰ 煅炉和受压容器爆炸。

⑱ 其他爆炸　包括化学物质爆炸等。

⑲ 中毒和窒息。

⑳ 其他伤害　包括扭伤、跌伤、冻伤、野兽咬伤等。

4. 按管理因素分类

① 物质原因　如设备缺陷等。

② 管理原因　如劳动组织不合理等。

③ 人为原因　如违反操作规程等。

注：当一起事故涉及多个原因时，必须从中找出一条主要的原因。

采用何种事故分类方法及粗细取决于对伤亡事故进行统计的目的与范围。样本数一定的情况下，分类越细，数据越分散。

二、事故的调查与报告

1. 事故调查

企业发生伤亡事故，应按照有关规定及时报告事故。首先要调查事故原因，并对事故现场进行保护，这对事因分析是很重要的。根据在事故现场收集的物证和人证，通过各种科学手段分析甚至模拟事故，提出事故处理意见，最后填写《企业职工伤亡事故调查报告书》，汇总事故调查资料，上报。企业要对一段时间内发生的事故进行统计报告和数据分析，针对安全生产的薄弱环节，重点整治，避免事故的发生。

一份深刻、全面的事故调查报告，也是一份极有价值的安全生产资料。故此，事故调查必须建立在逻辑性、科学性的基础上。一般来说，事故调查可以按图 1-1 所示的程序进行。

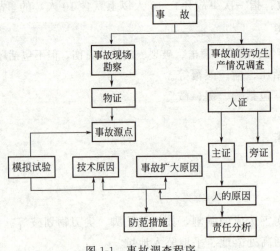

图 1-1　事故调查程序

2. 事故报告

（1）事故报告程序　根据《生产安全事故报告和调查处理条例》的规定，事故报告应当及时、准确、完整，任何单位和个人对事故不得迟报、漏报、谎报或者瞒报。报告程序如下。

① 事故发生后，事故现场有关人员应当立即向本单位负责人报告；若情况紧急时，事故现场有关人员可以直接向事故发生地县级以上人民政府安全生产监督管理部门和负有安全生产监督管理职责的有关部门报告。

② 单位负责人接到报告后，应当在 1h 内向事故发生地县级以上人民政府安全生产监督管理部门和负有安全生产监督管理职责的有关部门报告。

③ 安全生产监督管理部门和负有安全生产监督管理职责的有关部门接到事故报告后，应当依照下列规定上报事故情况，应当同时报告本级人民政府。

a. 特别重大事故、重大事故应逐级上报至国务院安全生产监督管理部门和负有安全生产监督管理职责的有关部门。

b. 较大事故逐级上报至省、自治区、直辖市人民政府安全生产监督管理部门和负有安全生产监督管理职责的有关部门。

c. 一般事故上报至设区的市级人民政府安全生产监督管理部门和负有安全生产监督管理职责的有关部门。

④ 国务院安全生产监督管理部门和负有安全生产监督管理职责的有关部门以及省级人民政府接到发生特别重大事故、重大事故的报告后，应当立即报告国务院。

⑤ 安全生产监督管理部门和负有安全生产监督管理职责的有关部门逐级上报事故情况，每级上报的时间不得超过 2h。必要时，安全生产监督管理部门和负有安全生产监督管理职责的有关部门可以越级上报事故情况。

（2）事故报告应当包括以下内容：

① 事故发生单位概况；

② 事故发生的时间、地点以及事故现场情况；

③ 事故的简要经过；

④ 事故已经造成或者可能造成的伤亡人数（包括下落不明的人数）和初步估计的直接经济损失；

⑤ 已经采取的措施；

⑥ 其他应当报告的情况。

三、制定事故应急预案

制药企业除了要对事故进行预防，同时还应有对事故的应急之策。我国的《安全生产法》第五章对生产安全事故的应急救援提出了明确的要求。事故应急预案也叫事故应急计划，是指基于在某一处发现的潜在事故及其可能造成的影响所形成的一个正式书面计划，该计划包括在现场和场外如何处理事故及其影响。

制定事故应急预案的目的是最大限度地减少紧急事故对人员、企业、环境所带来的不利影响，最快速度地对事故做出应对措施，并有效地处理事故。

事故应急预案的制定应本着科学性、实用性、权威性的要求，内容应包括事故的基本情况，危险目标，应急救援小组的组成、职责和分工，事故应急处置方案，有关规定和要求等。

　　某药厂 2 名操作工在生产时违章离岗，将硫酸二甲酯（DM）溢至真空泵内，造成生产事故，抢修人员随即用 30％氨水冲洗真空泵，之后抢修人员未戴好防毒面具就加入现场抢修，造成 18 人 DM 和 NH_3 混合气吸入中毒，1 人死亡。

　　事故调查发现原因之一是该药厂缺乏有毒物品中毒事故应急救援预案，造成 1 人死亡的原因是被误诊为慢性支气管炎及哮喘，后出现喉头水肿窒息死亡。由此可见，制定事故应急预案的重要性。

任务 5　了解安全评价

　　安全评价是制药企业生产的重要环节之一，通过安全评价能够对制药企业危险源进行分析，及时做好与之对应的安全管理工作，对于提高制药企业生产的安全性有着直接的影响。

1. 制药企业生产中安全评价的基本要点

　　（1）收集风险评估资料　在制药企业生产中，安全评价主要是以生产特点和生产过程为依据，收集整理制药企业的风险评估资料，及时对制药企业生产过程中的仪表设备、仓储和工艺等情况进行分析，同时收集制药企业所在地的地理环境、社会环境和自然条件，找出其中存在的危险有害因素，为风险评估提供依据。

　　（2）具体的安全评价过程　在具体的安全评价过程中，依据评价目的和评价对象的难易程度，使用不同方法对制药企业风险进行评估，通过定量或定性的方式来完成对风险的分析和分级，确定安全管理的重点。

　　（3）提出风险控制对策　根据安全风险评估和风险分析，对制药企业生产中超出标准值的风险因素，应该通过适当的组织管理手段和工程技术来对风险因素进行控制。对于能够接受或者在允许范围内的危险源，也应该对其进行有效的监测，从而对危险源进行控制。避免当使用条件或者储备条件发生变化时，可控的危险源变化。对于可能造成严重系统破坏和重大伤亡的危险源，应该在第一时间进行处理。要根据风险评估的结果来制定制药企业重大危险源的应急救援预案。

2. 制药生产中常用的安全评价方法

　　由于制药企业生产的需要，经常使用乙醇、氮气、液化石油气等危险化学品。如注射剂灌封时，需要有氮气、液化石油气；污水处理中需要使用氢氧化钠等。还有一些毒性剧烈的化学品也经常在制药企业的实验室中进行使用，例如氧化汞、乙酸汞等。故制药企业的生产中需要进行安全评价，常用的方法主要有以下几种。

　　（1）重大事故的后果分析法　在制药企业中常见的重大事故有爆炸、火灾、中毒等，一旦发生重大事故会造成严重的人员伤亡和经济损失，同时也给企业的形象造成负面影响。在安全评价方法中，重大事故的后果分析法主要是通过分析不同安全事故的类型，并使用数学模型来进行定量分析，对安全事故给周围居民、企业和职工带来的危害进行分析，并将周围区域划分为伤亡区、重伤区、轻伤区、安全区。通过重大事故后果分析来对事故带来的破坏程度和财产损失进行分析，从而提供事故后果的分析数据。

（2）安全检查表法　在制药企业的生产过程中，经常使用到安全检查表这种安全评价方法。该方法操作比较便利，也是一种最为基础的安全评价方法，主要是通过定性分析来进行安全评价和风险评估。通过安全检查表对各风险因素进行排查，对潜在危险进行掌握，制定相应的整改措施。

（3）事故树分析法　在发生事故后，通过事故树可以查找事故发生的原因，从而分析事故存在的各种因素，并对其因果关系和逻辑关系进行分析，从而对可能出现的事故进行掌握。事故树分析法能够探索系统构成要素之间的关系，从而对与事故发生相关的要素进行掌握，最终查找到发生事故的根本原因。通过定性分析的方法，能够对各种因素对事故产生的影响进行分析，从而了解和拟定事故的控制要点，采取相应的防控对策。还可以通过定量分析的方法来计算某事故出现的概率，从而制定科学的系统安全目标。

3. 识别和应对风险评估中有害和危险因素

根据风险评估的结果，应用安全评价方法对制药企业风险评估中存在的有害和危险因素进行识别和应对。

（1）防火防爆　制药企业中的乙醇罐区、中药提取车间和固体制剂车间具有较高的爆炸和火灾风险，因此所有工作人员在进入以上区域时均不得携带火源，车辆必须加装防护罩。在运输乙醇时，还必须使用法兰连接法，并且消除法兰的静电；在进行输送和灌装时，要严格地控制静电，避免产生火灾。为了避免液体的分散和飞溅造成静电，要使用低速运行的方式。要严格控制易燃易爆区域的静电，如工作人员应该穿戴导电鞋、禁止使用明火和容易产生碰撞火花的工具。

（2）储存危险化学品　化学危险品的装卸和搬运是制药企业生产过程中的一个重要风险，在装卸和搬运的过程中容易发生拖拉、滚动、摔碰等危险事故。因此针对易燃液体罐区和危险化学品仓库等储存区域，应该严格控制火源，预防铁器碰撞和电火花，强调轻装轻卸。要对储备区的气体浓度和温度进行严格的控制，并配备自动灭火设备。

（3）工艺控制　人为风险是制药风险中的一个重要组成部分，为了应对人为风险，应该对各岗位进行强化控制，要求相关人员严格按照工艺流程进行操作。制药企业要对员工进行异常操作和紧急事故处理方面的培训，并要求员工在生产中佩戴相应的防护用具。

（4）安全装置　制药企业中的各种安全附件对于控制生产风险有着非常重要的作用，因此应该定期检查温度表、压力表、爆破片、安全阀等安全装置的灵敏度，并且对其进行防静电处理和防雷电检测，保障安全装置能够发挥应有的作用，避免出现安全事故。

知识积累 ▶▶▶

扫一扫测试

1. 药品安全生产主要由安全管理、安全技术、职业健康3个基础部分组成。

2. 药品安全生产法律法规具有强制性、政策性、科学技术性等特点。

3. 我国药品安全生产的标准体系是由基础标准、药品生产企业生产管理标准、药品生产企业质量管理标准组成的。

4. 我国药品安全生产制度有安全生产责任制、安全教育制度、安全生产检查制度、伤亡事故报告处理制度等。

项目一　测试

5. 药品安全生产的管理内容包括人因管理、物因管理、环境因素、事故管理等。

【目标检测】

一、判断题

1. 药品安全生产只涉及社会科学内容。（　　）

2. 只要在生产过程中注意安全操作，就可保证药品安全生产。（　　）

3. 药品安全生产岗位责任制度包括人员安全职责和部门安全职责。（　　）

4. 新建项目实施"三同时"审核，"三同时"是指主体工程同时设计、同时施工、同时投入生产和使用。（　　）

5. 一些特殊设备的从业人员须取得《特种作业人员操作证》后，方能持证上岗。（　　）

6. 负伤人员只有重伤而无死亡的事故称为重大伤亡事故。（　　）

7. 岗位操作规程属于我国药品安全生产标准体系的基础标准。（　　）

8. 我国现行的药品安全生产法律体系大体可分为安全技术法规、职业健康法律法规、安全管理法律法规三个方面。（　　）

二、单选题

1. 药品安全生产主要由（　　）基础部分组成。

A. 安全管理　　　　　B. 安全技术　　　　　C. 职业健康　　　　　D. 以上均是

2. 我国《安全生产法》适用于在我国境内从事生产经营活动的单位（　　）。

A. 安全生产　　　　　B. 保护职工健康　　　C. 财产安全　　　　　D. 治安安全

3. 安全生产的方针是（　　）。

A. 安全第一，人人有责，分工负责

B. 安全第一，预防为主，综合治理

C. 安全第一，以人为本，行业为主

D. 循环管理，持续改进，综合治理

4. 制药企业建立（　　），是安全生产方针的具体体现，是其最基本的安全管理制度。

A. 药品安全生产责任制　　　　　　　B. 药品安全教育制度

C. 药品安全生产审核制度　　　　　　D. 事故及时报告制度

5. 药品生产企业全面负责安全生产工作的是（　　）。

A. 安全管理人员　　　　　　　　　　B. 生产车间主任

C. 企业法人代表　　　　　　　　　　D. 质量部主任

6. 事故处理要坚持"四不放过"的原则，"四不放过"原则是指（　　）。

A. 事故原因没有查清不放过，事故责任者没有严肃处理不放过

B. 广大员工没有受到教育不放过，防范措施没有落实不放过

C. A＋B

D. 以上均不是

7. 化工设备的大修一般（　　）年进行一次。

A. 0.5　　　　　　　　B. 1　　　　　　　　C. 2　　　　　　　　D. 3

8. 下面不属于按照伤害程度分类的事故是（　　）。

A. 死亡　　　　　　　B. 淹溺　　　　　　　C. 轻伤　　　　　　　D. 重伤

9. "三同时"制度是（　　）。

A. 同时设计、同时施工、同时投产

B. 同时教育、同时防护、同时改造

C. 同时教育、同时防护、同时宣传

D. 同时设计、同时教育、同时防护

三、简答题

1. 药品安全生产的基本内容包括哪些？
2. 保障安全生产的基本措施有哪些？
3. 事故调查应该如何进行？
4. 制药企业可以从哪些方面进行安全生产管理？

扫一扫ppt

项目二 ppt

项目二
制药企业的防火防爆安全管理

学习目标

1. 知识目标
（1）掌握防火、防爆的主要措施。
（2）熟悉引起火灾、爆炸的主要因素。
（3）了解火灾、爆炸性的危险性分析。

2. 能力目标
（1）能应用适当方法防火、防爆。
（2）能说出引起火灾、爆炸的主要因素。
（3）知道火灾、爆炸性的危险性分类原则。

3. 素养目标
（1）初步培养学生"临危不乱，自我救护"的职业素养。
（2）初步培养学生"防微杜渐，敬畏生命""安全第一，预防为主"的安全意识。

单元一
制药企业的防火安全管理

任务 1　了解火灾的危险性分析

　　火灾是在时间或空间上失去控制的燃烧所造成的灾害。发生火灾事故往往会造成重大经济损失与人员伤亡。

　　火灾危险性分析就是了解制药企业生产过程和物品储存中哪些可能发生着火的因素、火灾危险属于哪一类型、发生火灾后火势蔓延扩大的条件等，为采取行之有效的防火措施提供重要依据。

> **相关知识** ▶ ▶ ▶
>
> 　　1. 闪燃与闪点
>
> 　　(1) 闪燃　可燃液体受热蒸发为蒸气，液体温度越高，蒸气浓度越高。当温度不高时，液面上少量可燃蒸气与空气混合，遇火源会闪出火花，短暂的燃烧过程（一闪即灭）称闪燃，燃烧时间≤5s。
>
> 　　(2) 闪点　发生闪燃的最低温度（℃）称为闪点。如，车用汽油−39℃、煤油28~35℃等。闪点越低，发生火灾和爆炸的危险性越大。
>
> 　　2. 自燃与自燃点
>
> 　　(1) 自燃　是指可燃物质受热升温而无需明火作用就能自行燃烧的现象。
>
> 　　(2) 自燃点　指能引起自燃的最低温度，如黄磷30℃、煤320℃。
>
> 　　3. 轰燃
>
> 　　轰燃是指室内的局部火（由于热辐射、热对流等）向大面积火转变的现象。
>
> 　　4. 阴燃
>
> 　　阴燃是指没有火焰和可见光的燃烧。

火灾危险性分类

> **拓展提高** ▶ ▶ ▶
>
> 　　火灾的危害：火灾除了造成直接烧伤和烧死外，往往更多（约一半以上）的人员的死亡是烟气造成的。烟气是一种混合物，包括燃烧产物如 CO_2、水蒸气、未燃的燃气、

CO 及多种有毒、有腐蚀性的气体，固体微小颗粒和液滴，卷入的空气等。烟气可致人窒息（如 CO_2 等气体）、中毒（主要是 CO，多数的中毒死亡都是由它引起的）。烟气的高温能使人烧伤，造成呼吸困难。

生产过程和储存物品的火灾危险性分类，是确定建筑物的耐火等级、布置工艺装置、选择电器设备型号、采取防火防爆措施的重要依据。

生产过程和储存物品的火灾危险性类别可分为甲、乙、丙、丁、戊五类，见表 2-1、表 2-2。

表 2-1　生产过程中火灾危险性的分类

生产类别	火灾危险性特征
甲	① 闪点＜28℃的液体 ② 爆炸下限＜10%的气体 ③ 常温下能自行分解或在空气中氧化能导致迅速自燃或爆炸的物质 ④ 常温下受到水或空气中水蒸气的作用，能产生可燃气体并引起燃烧或爆炸的物质 ⑤ 遇酸、受热、撞击、摩擦、催化以及遇有机物或硫黄等易燃的无机物，极易引起燃烧或爆炸的强氧化剂 ⑥ 受撞击、摩擦或与氧化剂、有机物接触时能引起燃烧或爆炸的物质 ⑦ 在密闭设备内操作温度不小于物质本身自燃点的生产
乙	① 28℃≤闪点＜60℃的液体 ② 爆炸下限≥10%的气体 ③ 不属于甲类的氧化剂 ④ 不属于甲类的化学易燃危险固体 ⑤ 助燃气体 ⑥ 能与空气形成爆炸性混合物的浮游状态的粉尘、纤维、闪点≥60℃的液体雾滴
丙	① 闪点≥60℃的液体 ② 可燃固体
丁	① 对非燃烧物质进行加工，并在高热或熔化状态下经常产生辐射热、火花或火焰的生产 ② 利用气体、液体、固体作为燃料或将气体、液体进行燃烧作其他用的各种生产 ③ 常温下使用或加工难燃烧物质的生产
戊	常温下使用或加工非燃烧物质的生产

表 2-2　储存物品的火灾危险性分类

储存物品类别	火灾危险性特征
甲	① 闪点＜28℃的液体 ② 爆炸下限＜10%的气体，受到水或空气中水蒸气的作用能产生爆炸下限＜10%气体的固体物质 ③ 常温下能自行分解或在空气中氧化能导致迅速自燃或爆炸的物质 ④ 常温下受到水或空气中水蒸气的作用，能产生可燃气体并引起燃烧或爆炸的物质 ⑤ 遇酸、受热、撞击、摩擦以及遇有机物或硫黄等易燃的无机物，极易引起燃烧或爆炸的强氧化剂 ⑥ 受撞击、摩擦或与氧化剂、有机物接触时能引起燃烧或爆炸的物质
乙	① 闪点≥28℃，但＜60℃的液体 ② 爆炸下限≥10%的气体 ③ 不属于甲类的氧化剂 ④ 不属于甲类的易燃危险固体 ⑤ 助燃气体 ⑥ 常温下与空气接触能缓慢氧化，积热不散而自燃的物品

储存物品类别	火灾危险性特征
丙	① 闪点≥60℃的液体 ②可燃固体
丁	难燃烧物品
戊	不燃烧物品

任务 2　理解引起火灾的条件

想知道引起火灾的条件，首先应了解燃烧的特征与条件。

人们通常说的"起火""着火"，就是燃烧一词的通俗叫法。燃烧是物质与氧化剂之间的放热反应，它通常伴随有放热、发光、火焰和发烟 4 个特征。

燃烧是有条件的，必须同时具备可燃物、助燃物（氧化剂）和点火源三个条件，又称三要素。

1. 可燃物

可燃物是指在火源作用下能被点燃，并且当火源移去后能维持继续燃烧，直至燃尽。易燃气体如氢气、乙炔等，易燃液体如乙醚、乙醛、二乙胺、丙酮、乙硫醇等，易燃固体如红磷、硫黄等。

2. 助燃物

助燃物是指具有较强的氧化性能，能与可燃物发生化学反应并引起燃烧的物质。如空气、氧气、氟、溴、过氧化氢等。

3. 点火源

点火源是指能够使可燃物与助燃物发生燃烧反应的能量来源。这种能量既可以是热能、光能、电能、化学能，也可以是机械能。常见的有明火、高温表面、摩擦、撞击、电火花、静电火花、雷击、光热射线、交变电磁场、电磁辐射、绝热压缩、化学反应热。

这三个要素缺少任何一个，燃烧都不能发生和维持。但这三要素是燃烧的必要条件，而不是充分条件，即三条件都具备了也不一定能燃烧，要使之燃烧必须使可燃物达到一定数量或浓度，助燃物有足够的数量和点火源具备足够的能量，且这些条件相互结合和相互作用。

所以火灾的发生必须具备一定条件，通称为火三角，也称为火灾三要素，即燃烧必须是可燃物、助燃物、点火源三个基本条件同时具备，并且相互作用（即构成燃烧系统，见图 2-1）才能发生。例如氧在空气中浓度降低 14%～16% 时，木材的燃烧即停止等。

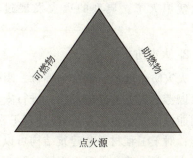

图 2-1　燃烧三要素

任务 3　熟知防火的主要措施

　　预防火灾主要有阻燃、安全间距、控制点火源、控制可燃物、火灾探测、灭火等措施。

一、火灾发展过程及防止途径

1. 火灾发展过程

　　制药企业建筑火灾的发展分为初起期、发展期、最盛期、减弱期和熄灭期。

　　① 初起期即火灾开始发生的阶段，这一阶段可燃物的热解过程至关重要，主要特征是
冒烟、阴燃。

　　② 发展期是火势由小到大发展的阶段，主
要特征是蹿出火苗，轰燃就发生在这一阶段。

　　③ 最盛期是空气剧烈对流，风助火势，火
势强盛，火焰包围可燃物，烈火熊熊。

　　④ 减弱期是火灾由最盛期开始消减直至熄
灭的阶段，熄灭的原因可以是可燃物不足、惰
性介质、灭火作用等。由于可燃物、通风等条
件的不同，火灾可能达不到最盛期，而缓慢发
展后就熄灭了。典型的火灾发展过程如图 2-2
所示。

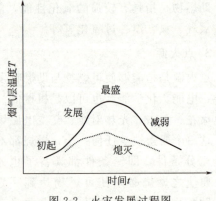

图 2-2　火灾发展过程图

2. 火灾防止途径

　　火灾防止途径一般分为评价、阻燃、火灾探测、灭火等。在工程可行性研究及设计阶段
就可以考虑火灾可能的危险，进行安全预评价并指导初步设计（包括耐火等级、安全间距、
使用能源的安全要求等）；对已有工程可以进行现状评价，从而确定人员和财产的火灾安全
性能；对于工程材料和建筑结构可以进行阻燃处理，降低火灾发生概率和发展速率；一旦火
灾发生，要准确、及时发现，并防止误报警；发现火灾后，迅速扑灭火灾；一旦火势进一步
扩大，须立即启动事先准备好的火灾事故应急救援预案。

二、防火的主要措施

（一）阻燃

高分子材料已应用到制药企业厂房建筑中。由于这些材料大部分由碳氢元素组成并且易燃，因此具有潜在的火灾危险性。采用高分子材料阻燃化技术可以降低或克服高分子材料的可燃性，减少火灾的发生及控制火灾的蔓延。

高分子材料阻燃技术主要通过阻燃剂使聚合物不易着火，或着火后其燃烧速度变慢。一方面，理想的阻燃剂应无色，易于加入聚合物或组成物中，与其他组成相容性好，对光和热的反应稳定，且有良好的阻燃性和非迁移性，对聚合物的物理性能没有不利影响。另一方面，阻燃剂本身毒性小，当加入到聚合物后不增加材料燃烧过程中的毒性。阻燃剂大多数是元素周期表中第ⅤA、ⅦA、ⅢA族元素的化合物，其中最常用和最重要的是磷、氯、溴、锑和铝的化合物。

（二）安全间距

在制药企业生产车间设计中，工艺装置之间要设置足够的防火间距，其目的是在一套装置发生火灾时，不会使火灾蔓延到相邻的装置，限制火灾范围。

防火间距是指防止着火建筑的辐射热在一定时间内引燃相邻建筑物，且便于消防扑救的间隔距离。简单地说，防火间距是指建筑物或构建物之间空出的最小距离。在防火间距内，不得再搭建任何建筑物和堆放大量可燃易燃材料，不得设置任何储有可燃物料的装置及设施。例如，苯、甲苯、甲醇、乙醇等甲类储存物品仓库与重要公共建筑之间的防火间距不应小于50m；与明火或散发火花地点之间的防火间距不应小于30m；与厂内主要道路路边之间的防火间距不应小于10m，次要道路不应小于5m。

（三）控制点火源

在制药生产中，引起火灾的点火源有明火、摩擦与撞击、高热物及高温表面、电气火花、静电火花、化学反应热、光线照射等。

1. 明火

明火是指敞开的火焰、火星等。常见的明火有生活用火、生产用火。防范明火是防火最基本也是最重要的安全措施。在易燃场所，不得使用火柴、打火机等，应采用封闭式或防爆式照明。在生产过程中，对易燃液体进行加热时，一般使用热水或蒸汽加热，应尽量避免采用明火。在物料干燥过程中，如产生易燃气体的，不应与明火接触；干燥易燃物质，应采用蒸汽加热。

2. 摩擦与撞击

摩擦与撞击等机械作用形成的点火源是两个表面粗糙的坚硬物体互相撞击或摩擦时产生的火花或火星。通常能点燃沉积的可燃粉尘以及易燃气体、蒸气、粉尘与空气的混合物等。因此，在易燃场所，应采取防止火花生成的措施：①应采用铜、铝、塑料等制作的工具，不能使用铁制工具，避免相互撞击或与机器撞击或与混凝土地面撞击发生火花；②凡是撞击或摩擦的两部分应采用不同的金属制成；③搬运盛装有可燃气体和易燃液体的金属容器时，不要抛掷、拖拉、震动；④机器的轴承等转动部件，应保证有良好润滑和及时加油。

3. 高温表面

固体表面温度超过可燃物的燃点时，可燃物接触到该表面可能一触即燃，也可能长时间接触而着火。常见的高温表面有电炉、干燥器的高温部分、由机械摩擦导致发热的传动部分、高温管道表面。应防止可燃物与加热装置、高温物料输送管道等表面温度高的地方接触，以防着火。

4. 电气火花

电气火花有两种，一种是电气设备正常工作时产生的火花，另一种是电气设备和线路发生故障或误操作出现的火花。电火花一般具有较高温度，可引起可燃物燃烧。为了防止电火花引起的火灾，应在具有燃烧危险的场所，选择合适的电气设备或封闭式电气设备；引入的电线应绝缘良好，并敷设在钢管内。

5. 静电火花

静电电量虽然不大，但电压很高，容易发生火花放电，从而引起火灾。防止静电危害的基本途径有：①限制输送速度，降低物料移动中的摩擦速度或液体物料在管道中的流速等工作参数，可降低静电的产生；②采用泄漏导走的方法，消除静电荷积聚，如空气加湿、加抗静电剂、静电接地等；③人体防静电，包括人体接地、穿防静电鞋、穿防静电工作服、工作地面导电以及加强安全操作，如在工作场所不穿脱衣服、不梳头、不穿钉子鞋、不携带与工作无关的金属物品等。

相关知识 ▶▶▶

静 电 防 护

在制药行业中，部分介质在其生产、运输、储存和使用过程中经常会产生和积聚静电。如果这些电荷不能及时泄放，积聚到一定程度，极易发生静电放电，引燃易燃易爆的气体、液体蒸气或悬浮的粉尘与空气形成的可燃混合物，导致火灾甚至爆炸事故，危害人身安全，影响正常生产。对于制药企业，静电安全防护的主要目标就是防火防爆。

防止静电危害的原则是控制静电的产生和防止静电的积累。控制静电的产生主要是控制工艺过程和合理选择工艺过程所用的材料；防止静电的积累要求设法加速静电的泄漏和中和，使静电电荷不超过安全限度。

（1）工艺控制法　如限制输送速度、加快静电电荷的逸散、消除产生静电的附加源、选用合适的材料来消除静电、适当安排物料的投入顺序等。

（2）静电屏蔽法　即将屏蔽导体靠近带静电体放置，以减少静电放电的危险和防止静电感应作用。但需要注意的是，屏蔽并不能消除静电电荷。

（3）静电泄漏法　即将静电泄掉，常用方法包括接地、增湿、加抗静电剂、涂导电涂料等。

（4）静电消除器　是有效防止绝缘体带电的方法，静电消除器分为放射线式、外接电源式、自感应式3种类型。

（5）防止人体带静电　如穿戴防静电工作服、鞋和手套，不得穿用化纤衣物；特殊危险场所的工作地面应是导电性的或造成导电性条件；不准使用化纤材料制作的拖布或抹布擦拭地面或物体；在有静电危险的场所，不得携带与工作无关的金属物品等。

6. 化学反应热

化学反应热引起的火灾主要分为化学自燃着火和蓄热自燃着火。化学自燃着火有：①与水作用化学自燃着火，主要有活泼金属、金属氢化物、金属磷化物、金属碳化物、金属粉末等；②与空气接触化学自燃着火，如黄磷、烷基铝、有机过氧化物等物质；③相互接触化学自燃着火，一般为强氧化剂与强还原剂混合后，由于强烈的氧化还原反应而自热着火。如乙炔与氯气混合，甘油遇高锰酸钾，松节油遇浓硫酸等均可立即发生自燃着火。

（四）控制可燃物

为了防火安全，对火灾危险性比较大的物料，应采取安全措施。首先应考虑通过工艺改进，用危险性小的物料代替火灾危险性较大的物料。如果不具备上述条件，则应根据物料的燃烧性能采取相应的措施。

在药品生产检验过程中，采用的有机溶剂多易燃。用燃烧性能较差或不燃的液体溶剂代替可燃溶剂，会显著改善操作的安全性。沸点在110℃以上的液体溶剂如丁醇、戊醇、乙二醇、二甲苯等属于燃烧危险性较小的溶剂，而二氯甲烷、三氯甲烷、四氯化碳等属于不燃液体。

对本身具有自燃能力的油脂及遇空气自燃、遇水燃烧的物质，应采取隔绝空气、防水、防潮或通风、散热、降温等措施。相互接触能引起燃烧的物质不能混存。易燃、可燃气体和液体蒸气要根据密度采取相应的方法和防火措施。

（五）火灾探测

在发生火灾的初期，一般采用火灾自动报警器自动探测火情，及时报警，及时警告人们采取措施扑灭初期火灾。火灾自动报警器往往与自动灭火设备系统联动，实现自动灭火目的。通常是利用火灾初起期的冒烟、阴燃等信息研制火灾报警器。火灾报警器有接触式和非接触式。

1. 接触式探测

如离子感烟火灾报警器，是利用某种装置直接接触烟气来实现火灾探测的。烟气的浓度、温度、特殊产物的含量都是探测火灾的常用参数。

2. 非接触式探测

主要是根据火焰或烟气的光学效果进行探测的。由于探测元件不必触及烟气，可以在离起火点较远的位置进行探测，故其探测速度较快，适宜探测发展较快的火灾。这类探测器主要有光束对射式、感光（火焰）式和图像式探测器。

（六）灭火

1. 灭火的基本方法

根据燃烧必须具备的三要素，扑灭燃烧要反其道而行之，即设法消除这三要素中的一个，火就可熄灭。

灭火的基本方法如下。

（1）隔离　隔离就是将正在燃烧的物质与不燃烧的物质分开，中断可燃物质的供给，这样可使火源孤立，由于缺少可燃物而停止燃烧。如关闭可燃气体阀门，使可燃气体不再进入燃烧区；拆除与可燃物相连的易燃建筑物等都是利用隔离的原理灭火。

（2）窒息　窒息是阻止助燃的氧化剂进入，使可燃物质因缺乏氧化剂而停止燃烧。如用二氧化碳、氮气、水蒸气等灌入着火的容器中，笼罩起火物，封闭着火的船舱、建筑物的门窗和设备的孔洞；用湿棉被、黄沙等覆盖在燃烧物的上面，都是利用窒息法灭火。但是，因为炸药不需要外界供氧即能燃烧与爆炸，所以窒息法对炸药不起作用。

（3）冷却　冷却是降低着火物质的温度，使其降到燃点以下而停止燃烧。如用水或干冰等冷却灭火剂喷到燃烧物上即可起冷却作用。

（4）化学抑制　化学抑制是让灭火剂参与燃烧反应，并在反应中起抑制作用而使燃烧停止。

在灭火过程中要根据具体情况和具体条件选择灭火方法，有的灭火方法能同时起到几个作用。为了迅速灭火，往往是几种方法同时并用。

2. 常用灭火剂及其适用性

为了能迅速扑灭火灾，必须按照现代的防火技术、生产工艺过程的特点、着火物质的性质、灭火剂的性质及取用是否便利等原则来选择灭火剂。常用的灭火剂有水、水蒸气、泡沫液、二氧化碳、干粉、卤代烷等。下面就这几类灭火剂的性能及应用范围作一简单的介绍。

（1）水

① 水的灭火作用　水是最常用的灭火剂，它资源丰富，取用方便。水的热容量大，1kg水温度升高 $1℃$，需要 4.1868kJ 的热量；1kg $100℃$ 的水汽化成水蒸气则需要吸收 2.2567kJ 的热量。因此水能从燃烧物中吸收大量热量，使燃烧物的温度迅速下降，从而终止燃烧。水在受热汽化时，体积增大 1700 多倍，当大量的水蒸气笼罩于燃烧物的周围时，可以阻止空气进入燃烧区，从而大大减少氧的含量，使燃烧因缺氧而窒息熄灭。在用水灭火时，加压水能喷射到较远的地方，具有较大的冲击作用，能冲过燃烧表面进入内部，从而使未着火的部分与燃烧区隔离开来，防止燃烧物继续分解燃烧。

水能稀释或冲淡某些液体或气体，降低燃烧强度；能浸湿未燃烧的物质，使之难以燃烧；还能吸收某些气体、蒸气和烟雾，有助于灭火。

② 灭火时水的形态及应用范围

a. 直流水和开花水（滴状水）：经水泵加压由直流水枪喷出的柱状水流称直流水，由开花水枪喷出的滴状水流称开花水。直流水、开花水可用于扑救一般固体物质的火灾（如煤炭、木制品、粮草、棉麻、橡胶、纸张等），还可扑救闪点为 $120℃$、常温下呈半凝固状态的重油火灾。

b. 雾状水：由喷雾水枪喷出，水滴直径小于 $1μm$ 的水流称雾状水。它可大大提高水与燃烧物或火焰的接触面积，因而降温快、灭火效率高。可用于扑灭可燃粉尘、纤维状物质、谷物堆囤等固体物质的火灾。但是与直流水相比，开花水和雾状水的射程均较近，不能远距离使用。

c. 细水雾：它采用特定的压力装置将水箱中的水分解成滴径数微米的细水雾，再驱动细水雾直接到达燃烧的火焰表面，通过卷吸等作用，形成一个稳固的隔氧冷却层，使火灾得到有效抑制，直至熄灭。

③ 不能用水扑灭的火灾

a. 密度小于水和不溶于水的易燃液体引起的火灾，如汽油、煤油、柴油等油品，苯类、醇类、醚类、酮类、酯类及丙烯腈等大容量储罐，如用水扑救，则水会沉在液体下层，被加热后会引起爆沸，形成可燃液体的飞溅和溢流，使火势扩大。

b. 遇水产生燃烧物的火灾，如金属钾、钠和碳化钙等，不能用水，而应用沙土灭火。

c. 硫酸、盐酸和硝酸引发的火灾，不能用水流冲击，因为强大的水流能使酸飞溅，流出后遇可燃物质，有引起爆炸的危险。酸溅在人身上，能烧伤人。

d. 电气火灾未切断电源前不能用水扑救，因为水是电导体，容易造成触电。

e. 高温状态下化工设备的火灾不能用水扑救，以防高温设备遇冷水后骤冷，引起形变或爆裂。

（2）泡沫灭火剂　泡沫灭火剂是扑救可燃易燃液体的有效灭火剂，它主要是在液体表面生成凝聚的泡沫漂浮层，起窒息和冷却作用。泡沫灭火剂分为化学泡沫灭火剂、空气泡沫灭火剂、抗溶性泡沫灭火剂、氟蛋白泡沫灭火剂和水成膜泡沫灭火剂等。

① 化学泡沫灭火剂（MP）　常用的化学泡沫灭火剂主要是酸性盐（硫酸铝）和碱性盐（碳酸氢钠）与少量的发泡剂（植物水解蛋白质或甘草粉）、少量的稳定剂（氯化铁）等混合后，相互作用而生成的泡沫。化学泡沫灭火剂在发生作用后生成大量的二氧化碳气体，它与发泡剂作用便生成许多气泡。这种泡沫密度小，且有黏性，能覆盖在着火物的表面隔绝空气。同时二氧化碳又是惰性气体，不助燃。化学泡沫灭火剂不能用来扑救忌水、忌酸的化学物质和电气设备的火灾。

② 空气泡沫灭火剂（MPE）　空气泡沫即普通蛋白质泡沫，它是一定比例的泡沫液、水和空气经过机械作用相互混合后生成的膜状泡沫群。泡沫的相对密度为 0.11～0.16，气泡中的气体是空气。泡沫液是动物或植物蛋白质类物质经水解而成的。

空气泡沫灭火剂的作用是当其以一定厚度覆盖在可燃或易燃液体的表面后，可以阻挡易燃或可燃液体的蒸气进入火焰区，使空气与液面隔离，也防止火焰区的热量进入可燃或易燃液体表面。

在高温下，空气泡沫灭火剂产生的气泡由于受热膨胀会迅速遭到破坏，所以不宜在高温下使用。构成泡沫的水溶液能溶解于酒精、丙酮和其他有机溶剂中，使泡沫遭到破坏，故空气泡沫灭火剂不适用于扑救醇、酮、醚类等有机溶剂的火灾，对于忌水的化学物质也不适用。

③ 抗溶性泡沫灭火剂（MPK）　在蛋白质水解液中添加有机酸金属络合盐便制成了蛋白型的抗溶性泡沫液。这种有机金属络合盐类与水接触，析出不溶于水的有机酸金属皂。当产生泡沫时，析出的有机酸金属皂在泡沫层上面形成连续的固体薄膜。这层薄膜能有效地防止水溶性有机溶剂吸收泡沫中的水分，使泡沫能持久地覆盖在溶剂液面上，从而起到灭火的作用。

这种抗溶性泡沫不仅可以扑救一般液体烃类的火灾，还可以有效地扑灭水溶性有机溶剂的火灾。

④ 氟蛋白泡沫灭火剂（MPF）　普通蛋白泡沫通过油层时，由于不能抵抗油类的污染，上升到油面后泡沫本身含的油足以使其燃烧，导致泡沫的破坏。在空气泡沫液中加入氟碳表面活性剂，即生成氟蛋白泡沫。

氟碳表面活性剂具有良好的表面活性、较高的热稳定性、较好的浸润性和流动性。当该泡沫通过油层时，油不能向泡沫内扩散而被泡沫分隔成小油滴。这些小油滴被未污染的泡沫包裹，在油层表面形成一个包有小油滴的不燃烧的泡沫层，即使泡沫中含汽油量高达 25％也不会燃烧，而普通空气泡沫层中含有 10％ 的汽油时即开始燃烧。因此，这种氟蛋白泡沫灭火剂适用于较高温度下的油类灭火，并适用于液态下喷射灭火。

⑤ 水成膜泡沫灭火剂（MPQ）　水成膜泡沫灭火剂又称"轻水"泡沫灭火剂或氟化学泡沫灭火剂。它由氟碳表面活性剂、无氟表面活性剂（碳氯表面活性剂或硅酮表面活性剂）和改进泡沫性能的添加剂（泡沫稳定剂、抗冻剂、助溶剂以及增稠剂等）及水组成。

根据泡沫灭火剂溶液成泡后发泡倍数（膨胀率）的大小，泡沫灭火剂可以分为低倍数、中倍数和高倍数 3 种：发泡倍数在 20 倍以下的称为低倍数；20～200 倍的为中倍数；200 倍以上的为高倍数。发泡倍数的计算公式如下：

$$发泡倍数＝发泡体积/溶液体积 \tag{2-1}$$

通常使用的泡沫灭火剂的发泡倍数为 6～8 倍，低于 4 倍的不能使用。

想一想 ▶▶▶

各种泡沫灭火剂的适用范围如何？

（3）二氧化碳灭火剂（MT）　二氧化碳在通常状态下是无色、无味的气体，相对密度为 1.529，比空气重，不燃烧也不助燃。将经过压缩液化的二氧化碳灌入钢瓶内，便制成二氧化碳灭火剂（MT）。从钢瓶里喷射出来的固体二氧化碳（干冰）温度可达 $-78.5℃$，干冰气化后，二氧化碳气体覆盖在燃烧区内，除了窒息作用之外，还有一定的冷却作用，火焰就会熄灭。

由于二氧化碳不含水、不导电，所以可以用来扑灭精密仪器和一般电气火灾以及一些不能用水扑灭的火灾。但是二氧化碳不宜用来扑灭金属钾、钠、镁、铝等和金属过氧化物（如过氧化钾、过氧化钠等）、有机过氧化物、氯酸盐、硝酸盐、高锰酸盐、亚硝酸盐、重铬酸盐等氧化剂的火灾。因为当二氧化碳从灭火器中喷出时，温度降低，使环境空气中的水蒸气凝集成小水滴，上述物质遇水发生化学反应，释放大量的热量，抵制了冷却作用，同时放出氧气，使二氧化碳的窒息作用受到影响。因此，上述物质用二氧化碳灭火效果不佳。

（4）干粉灭火剂（MF）　干粉灭火剂的主要成分是碳酸氢钠和少量的防潮剂硬脂酸镁及滑石粉等。用干燥的二氧化碳或氮气作动力，将干粉从容器中喷出，形成粉雾喷射到燃烧区，干粉中的碳酸氢钠受高温作用发生分解，其化学反应方程式如下

$$2NaHCO_3 \longrightarrow Na_2CO_3＋H_2O＋CO_2 \tag{2-2}$$

该反应是吸热反应，反应放出大量的二氧化碳和水，水受热变成水蒸气并吸收大量的热能，起到一定的冷却和稀释可燃气体的作用。

干粉灭火剂的种类很多，大致可分为以下 3 类：①以碳酸氢钠（钾）为基料的干粉，用于扑灭易燃液体、气体和带电设备的火灾；②以磷酸三铵、磷酸氢二铵、磷酸二氢铵及其混合物为基料的干粉，用于扑灭可燃固体、可燃液体、可燃气体及带电设备的火灾；③以氯化钠、氯化钾、氯化钡、碳酸钠等为基料的干粉，用于扑灭轻金属火灾。

一些扩散性很强的易燃气体如乙炔、氢气等，干粉喷射后难以使整个范围内的气体稀释，灭火效果不佳。干粉灭火剂不宜用于精密机械、仪器、仪表的灭火，因为在灭火后留有残渣。

此外，在使用干粉灭火时，要注意及时冷却降温，以免复燃。

（5）水型灭火剂（MS）　水型灭火剂也叫酸碱灭火剂，它是用碳酸氢钠与硫酸相互作用，生成二氧化碳和水。其化学反应方程式如下：

$$2NaHCO_3 + H_2SO_4 \longrightarrow Na_2SO_4 + 2H_2O + 2CO_2 \tag{2-3}$$

这种水型灭火剂用来扑救非忌水物质的火灾，它在低温下易结冰，所以，天气寒冷的地区不适合使用。

（6）卤代烷灭火剂（MY）　卤代烷灭火剂是 20 世纪 60 年代发展起来的液化气体灭火剂，它具有灭火效率高、不留痕迹、绝缘性能好、腐蚀性小、久存不变质等优点，适用于扑救易燃液体、气体、电气火灾，特别适用于精密仪器、仪表及重要文献资料的灭火。

卤代烷的灭火原理主要是抑制燃烧的连锁反应，它们的分子中含有 1 个或多个卤素原子，在接触火焰时，受热产生的卤素离子与燃烧产生的活性氢基化合，使燃烧的连锁反应停止。此外，它们兼有一定的冷却、窒息作用。卤代烷灭火剂的灭火效率比二氧化碳和四氯化碳要高。

目前，我国使用的卤代烷灭火剂主要有 1211（即二氟一氯一溴甲烷，CF_2ClBr）、1202（即二氟二溴甲烷，CF_2Br_2）等。

卤代烷灭火剂不宜扑灭自身能供氧的化学药品，化学活泼性大的金属、金属的氢化物和能自燃分解的化学药品的火灾。

为了保护大气臭氧层，非必要场所今后不再使用卤代烷灭火器。

（7）四氯化碳灭火剂　四氯化碳是无色透明液体，不自燃、不助燃、不导电、沸点低（76.8℃）。当它落入火区时迅速蒸发，由于其蒸气密度大（约为空气的 5.5 倍），很快密集在火源周围，起到隔绝空气的作用。当空气中含有 10% 的四氯化碳蒸气时，火焰就将迅速熄灭，故它是一种很好的灭火剂，特别适用于电气设备的灭火。

四氯化碳有一定的腐蚀性，对人体有毒害，在高温时能生成光气，所以近年来已日渐被卤代烷取代。

（8）7501 灭火剂　7501 灭火剂是一种无色透明的液体，主要成分为三甲氧基硼氧烷，化学式为$(CH_3O)_3B_2O_3$，是扑灭镁铝合金等轻金属火灾的有效灭火剂。

（9）烟雾灭火剂　烟雾灭火剂是在发烟火药基础上研制的一种特殊灭火剂，呈深灰色粉末状，其组分及理化性质见表 2-3、表 2-4。

表 2-3　烟雾灭火剂组分

组分名称	硝酸钾	木炭	硫黄	三聚氰胺	碳酸氢钠
质量分数/%	50.5	12.5	1.0	26.0	8.0

表 2-4　烟雾灭火剂的物理和化学性质

项　目		数　据	项　目		数　据
水分/%		<0.6	燃速/s		80～100
细度（140 目筛通过率）/%		全部	发气量/（mL/g）		250～300
燃烧气体组成/%	二氧化碳（CO_2）	40.8	燃烧气体组成/%	氨（NH_3）	0.4
	氮（N_2）	44.25		甲烷＋氢（CH_4+H_2）	4.65
	氧（O_2）	0.2		其他气体	2.2
	一氧化碳（CO）	7.5			

烟雾灭火剂中的硝酸钾是氧化剂，木炭、硫黄和三聚氰胺是还原剂，它们在密闭系统中

可维持燃烧而不需外部供氧。碳酸氢钠为缓燃剂，可降低发烟剂的燃烧速度，使其维持在适当的范围内不致引燃或爆炸。烟雾灭火剂燃烧产物85％以上是二氧化碳和氮气等不燃气体。当油罐起火后，罐内温度上升到110℃时，低熔点合金熔化，探头帽脱落，导火索裸露被点燃，并很快引燃烟雾剂。烟雾剂燃烧后，迅速产生大量含二氧化碳和氮气的烟雾，使发烟器内压力上升，当达到一定压力时，烟雾冲破发烟器头盖上的密封薄膜，由喷孔向四周喷出，在液面上形成均匀、浓厚的云雾状惰性气体层，使油面与空气隔绝，同时使罐内可燃蒸气的浓度急剧下降，氧气浓度亦下降，从而达到灭火目的。

各种灭火剂适用范围见表 2-5。

表 2-5　各种灭火剂适用范围

灭火剂种类	火灾种类				
	木材等一般火灾	可燃液体火灾		带电设备火灾	金属火灾
		非水溶性	水溶性		
直流水	○	×	×	×	×
二氧化碳泡沫	○	○	×	×	×
7501 灭火剂	×	○	×	×	○
二氧化碳、氨气	△	○	○	○	×
钠盐、钾盐、Monnex 干粉	△	○	○	○	×
碳酸盐干粉	○	○	○	○	×
金属火灾用干粉	×	×	×	×	○

注：○—适用；△——般不用；×—不适用。

议一议 ▶ ▶ ▶

某厂起火了，该企业员工之前有用淬火油将火熄灭的经验，于是马上用淬火油来泼，结果却是火苗越泼越旺。所幸消防队员及时赶到，迅速控制了火势，但火还是烧毁了一台热处理设备。

试分析该企业员工扑火错在哪里？怎样操作才合理？

3. 常用灭火器

实验室常用的灭火器类型及性能见表 2-6。

表 2-6　实验室常用灭火器类型及性能

灭火器类型	泡沫灭火器	二氧化碳灭火器	四氯化碳灭火器	干粉灭火器
规　格	6.5～130L，其中常用规格为 10L	2kg 以下 2～3kg 5～7kg	2kg 以下 2～3kg 5～8kg	1～8kg
药　剂	筒内装有碳酸氢钠、发泡剂和硫酸铝溶液	瓶内装有压缩成液体的二氧化碳	瓶内装有四氯化碳液体并加有一定压力	钢筒内装有钾盐（或钠盐）干粉，并备有盛装压缩气体的小钢瓶

灭火器类型	泡沫灭火器	二氧化碳灭火器	四氯化碳灭火器	干粉灭火器
用　途	扑救固体物质或其他易燃物体火灾。不能扑救忌水和带电设备火灾	扑救电气、精密仪器、油类和酸类火灾。不能扑救钾、钠、镁、铝等物质火灾	扑救电气设备火灾。不能扑救钾、钠、镁、乙炔、二硫化碳等物质火灾	扑救石油、石油产品、油漆、有机溶剂、天然气设备火灾
效　能	10L喷射时间60s，射程8m；60L喷射170s，射程13.5m	接近着火地点，保持3m远	3kg喷射时间30s，射程7m	8kg喷射时间4~18s，射程4.5m
使用方法	倒过来稍加摇动或打开开关，药剂即可喷出	一只手拿着喇叭筒对着火源，另一只手打开开关即可喷出	只要打开开关，液体就可喷出	提起圈环，干粉即可喷出
保养和检查	①放在使用方便的地方；②注意使用期限；③防止喷嘴堵塞；④一年一检查，泡沫低于4倍时应换药剂	每月检测一次，当小于原重时，应充气	检查压力，小于额定压力时应充气	置于干燥通风处，防潮勿晒；每年检查一次干粉是否受潮；小钢瓶内气压每半年检查一次，若重量减少应充气

三、扑救火灾的一般原则

1. 早报警，以减少损失

当发现初起火时，在积极组织扑救的同时，尽快使用火警报警装置、电话等向消防队报警和向领导汇报，使消防人员、车辆及时赶到现场，缩短灭火时间，减少损失。报警时要沉着冷静，及时准确地说清起火部门（单位）、岗位和位置、燃烧的物质、火势大小等。如向110或119火警电话报警，同时指派人员到消防车可能来到的路口接应，并主动及时向消防人员介绍燃烧物的性质和火场内情况，以便迅速组织扑救。

2. 边报警，边扑救

在火灾的初起阶段，由于燃烧面积小、燃烧强度弱，放出的辐射热量少，是扑救的最有利时机。故在报警的同时，要利用灭火器材和方法，及时扑灭初期火灾。

3. 先控制，后灭火

在扑救可燃气体、液体火灾时，首先要切断可燃气和液体来源。在未切断其来源前，扑救应以冷却保护为主；在切断可燃物来源后，集中力量把火灾扑灭。

4. 先救人，后救物

应贯彻执行救人重于灭火的原则，先救人后疏散物质。灭火的首要任务就是要把被火围困的人员抢救出来。在灭火力量较强时，灭火和救人可同时进行，但决不能因灭火而贻误救人时机。人未救出前，灭火往往是为了打开救人通道或减弱火势对人的威胁程度，从而更好地救人脱险，及时为扑灭火灾创造条件。在救人时，应先把受到火灾威胁最严重的人员抢救出来，抢救时要做到准确、果断、勇敢，以保证被救人员的安全。

5. 防中毒，防窒息

许多化学物品燃烧时会产生有毒烟雾。一些有毒物品燃烧时，如使用的灭火剂不当，也会产生有毒或剧毒气体。另外，因使用二氧化碳等窒息灭火方法，使火场附近空气中氧含量降低可能引起窒息。因此，在扑救火灾时还要特别注意防中毒、防窒息。在扑救有毒物品时要正确选用灭火剂，以避免产生有毒或剧毒气体，在扑救时人尽可能站在上风向，必要时要佩戴面具，以防发生中毒或窒息。

6. 听指挥，莫惊慌

发生火灾时一定要保持镇静，不要惊慌，迅速采取正确措施扑灭初火。在消防队赶到后，必须听从火场指挥人员的指挥，互相配合，积极主动扑救火灾。

总之，要按照积极抢救人命、及时控制火势、迅速扑灭火灾的基本要求，及时、正确、有效地扑救火灾。

单元二
制药企业的防爆安全管理

任务 1　了解爆炸性的危险性分析

爆炸性的危险性分析就是分析该生产过程和物质储存的爆炸火灾危险程度属于哪一类，存在哪些可能发生爆炸的因素。爆炸火灾危险程度分类见本项目单元一。欲了解爆炸发生的危险性，应首先了解制药企业发生的爆炸属于哪一类型。

爆炸是物质在瞬间以机械功的形式释放大量气体和能量的现象。基本特征是压力的急骤升高。

一、爆炸分类

1. 按爆炸性质分类

按照爆炸性质，将其分为物理性爆炸、化学性爆炸和核爆炸三类。

（1）物理性爆炸　是指由物质的物理变化而引起的爆炸，如锅炉爆炸、蒸气爆炸等以及压缩空气、液化气体超压引起的爆炸。

（2）化学性爆炸　是指物质在瞬间完成化学反应，同时释放大量气体和热量引起的爆炸。化学性爆炸可分为以下几种。

① 简单分解爆炸　爆炸时不发生燃烧反应，而是爆炸物分解为元素，并在分解反应过程中产生能量。属于这一类物质的有雷汞、雷银、乙炔银、乙炔铜、叠氮化铅、三氯化氮、三碘化氮、三硫化三氮等。

② 复分解爆炸　伴有燃烧反应，燃烧所需氧是由本身分解时产生的。大多数炸药和一些有机过氧化物的爆炸属于此类。

③ 可燃性混合物爆炸　又分为气体爆炸性混合物爆炸和粉尘爆炸性混合物爆炸两种。该类爆炸在制药等企业的爆炸事故中占主导地位。可燃气体、可燃液体蒸气或可燃粉尘与空气或氧等助燃气体的混合物均属于可燃性混合物。当可燃物含量与空气、氧等助燃气体比例达到一定范围，即爆炸极限范围时，该可燃性混合物成为爆炸性混合物。

（3）核爆炸　是指核裂变、核聚变反应所释放出的巨大核能引起的爆炸。

2. 按爆炸速度分类

按爆炸速度，可将爆炸分为以下 3 类。

（1）轻爆或爆燃　燃烧速度为每秒数米。

（2）爆炸　燃烧速度为每秒十几米至数百米。

（3）爆轰　燃烧速度为 $1000 \sim 7000 m/s$。

3. 按爆炸反应物分类

按爆炸反应物，可将爆炸分为以下 4 类。

① 可燃气体（纯）的分解爆炸。

② 可燃气体混合物爆炸。

③ 可燃粉尘爆炸，如铝粉、面粉、煤粉等与空气(O_2)混合物爆炸等。

④ 可燃蒸气、可燃液体雾滴的爆炸。

二、爆炸的破坏作用

爆炸的破坏作用主要形式有冲击波、震动、碎片冲击、造成火灾及其他破坏作用。

1. 冲击波

随爆炸的出现，冲击波最初出现正压力，而后出现负压力。由于冲击波产生正负交替的波状气压向四周扩散，从而造成附近建筑物的破坏。建筑物破坏程度与冲击波的能量大小、本身坚固性和建筑物与产生冲击波的中心距离有关。

2. 震动

在遍及破坏作用的区域内，有一个能使物体震荡、使之松散的力量。

3. 碎片冲击

机械设备、装置、容器等爆炸后，变成碎片飞散出去会在相当广的范围造成危害。碎片一般可飞散到 $100 \sim 500 m$。

4. 造成火灾

通常爆炸气体扩散只发生在极其短促的瞬间，对一般可燃物质来说，不足以造成起火燃烧，而且冲击波还能起到灭火作用。但是，当建筑物遗留有大量的热或残余火苗，会把从破坏的设备内部不断流出的可燃气体或易燃可燃液体的蒸气点燃，使厂房可燃物起火，加重爆炸的破坏力。

三、爆炸危险场所危险区域划分

在有爆炸危险的环境区域内，由于爆炸物出现的频率、持续时间、危险程度不同，为了便于防爆电气设备的选用和爆炸性环境的电力设计，在《爆炸危险环境电力装置设计规范》(GB 50058—2014)中对气体、粉尘和火灾危险环境进行了危险区域划分。

1. 爆炸性气体环境危险区域划分

（1）0级区域（简称0区）　是指在正常情况下，爆炸性气体混合物连续地、短时间频繁出现或长时间存在的环境。除了密闭空间，如密闭的容器、储油罐等内部气体外，0区很少存在；高于爆炸上限的混合物环境或有空气进入时可能使其达到爆炸极限的环境，划分为0区。

（2）1级区域（简称1区）　是指在正常运行时，爆炸性气体混合物有可能出现的环境。如油桶、油罐、油槽灌注可燃液体的开口部位附近区域；泄压阀、排气阀、呼吸阀、阻火阀等爆炸性气体排放口附近空间；浮顶储罐的浮顶上空间；无良好通风的室内有可能释放、积聚形成爆炸性混合物的区域；洼坑、沟槽等阻碍通风，爆炸性气体混合物易于积聚的场所。

（3）2级区域（简称2区）　是指在正常运行时，不可能出现爆炸性气体混合物的环境，或即使出现爆炸性气体混合物，也仅是短时存在的环境。如有可能由于腐蚀、陈旧等原因致使设备、容器破损而泄漏出现危险物料的区域；因误操作或因异常反应形成高温、高压，有可能泄漏出现危险物料的区域；由于通风设备故障，爆炸性气体有可能积聚形成爆炸性混合物的区域。

注："正常情况"包括正常开车、停车和运转（如敞开卸料、装料等），也包括设备和管线允许的正常泄漏在内；"不正常情况"包括装置损坏、操作维修不当及装置的拆卸、检修等。

2. 爆炸性粉尘环境危险区域划分

爆炸性粉尘危险场所的划分由原来的两种区域"10区、11区"改为三种区域"20区、21区、22区"。

20区：在正常运行过程中可燃性粉尘连续出现或经常出现，其数量足以形成可燃性粉尘与空气混合物和/或可能形成无法控制和极厚的粉尘层的场所及容器内部。

21区：在正常运行过程中，可能出现粉尘数量足以形成可燃性粉尘与空气混合物但未划入20区的场所。该区域包括与充入排放粉尘点直接相邻的场所、出现粉尘层和正常操作情况下可能产生可燃浓度的可燃性粉尘与空气混合物的场所。

22区：在异常条件下，可燃性粉尘云偶尔出现并且只是短时间存在，或可燃性粉尘偶尔堆积或可能存在粉尘层并且产生可燃性粉尘空气混合物的场所。如果不能保证排除可燃性粉尘堆积或粉尘层时，则应划分为21区。

相关知识 ≫ ≫ ≫

火灾危险环境区域划分

火灾危险环境区域划分是根据火灾事故发生的可能性或后果，以及危险程度、物质状态的不同，按规定分为3个区域。

1. 21区

21区是指具有闪点高于环境温度的可燃气体，在数量和配置上能引起火灾危险的环境。

2. 22区

22区是指具有悬浮状、堆积状的可燃性气体或可燃性纤维，虽不能形成爆炸性混合物，但在数量上和配置上有引起火灾危险的环境。

3. 23区

23区是指具有固体状可燃物质，在数量和配置上能引起火灾危险的环境。

1. 爆炸极限

爆炸极限是可燃物质（可燃气体、蒸气和可燃粉尘）与空气（或氧气）在一定浓度范围内均匀混合，遇着火源能够发生爆炸的浓度范围。该范围的最低值即可燃性混合物能发生爆炸的最低浓度为爆炸下限；可燃混合物发生爆炸的最高浓度为爆炸上限。上、下限之间的范围就是该可燃物在该助燃物中的爆炸极限。如，CO 与空气混合的爆炸极限为 $12.5\%\sim80\%$；H_2 与空气混合的爆炸极限为 $4\%\sim75\%$；C_2H_2 与空气混合的爆炸极限为 $2.2\%\sim81\%$；NH_3 与空气混合的爆炸极限为 $15\%\sim28\%$ 等。可燃物质的爆炸极限越宽，则爆炸危险性越大。

据此，可燃物质（燃气、蒸气、粉尘等）化学性爆炸的条件为：①可燃物质（燃气、蒸气、粉尘等）；②可燃物质与空气或氧气均匀混合，浓度达到爆炸极限；③在火源作用下。

爆炸极限不是一个物理常数，它随条件的变化而变化。影响气体可燃性混合物的爆炸因素如下。

（1）温度　初始温度升高，爆炸极限范围变宽，即爆炸下限降低、上限升高，爆炸危险性增加。如，CH_3COCH_3 在 $0℃$ 爆炸极限为 $4.2\%\sim8\%$，$100℃$ 爆炸极限为 $3.2\%\sim10\%$。

（2）压力　初始压力增大，一是可降低气体混合物的自燃点，二是在高压下分子间距缩小，更易发生反应，加快了反应速度，因此，爆炸上限明显增高，爆炸极限的范围变宽。在已知的可燃气体中，只有一氧化碳的爆炸极限范围随压力的增大而减小。如 CH_4 在 $0.1MPa$ 时爆炸极限为 $5.6\%\sim14.3\%$，$5MPa$ 时爆炸极限为 $5.4\%\sim29.4\%$。

（3）爆炸容器　容器管道减小，爆炸极限的范围变小。但当直径小到一定尺寸时，火焰不能通过。如 H_2、C_2H_2，$d<0.2mm$ 时爆炸不传播。

（4）点火源　火源能量越高，爆炸极限范围愈宽。如 CH_4 在 $100V$、$1A$ 电火花不会爆炸，$100V$、$2A$ 时为爆炸极限为 $5.9\%\sim13.6\%$，$100V$、$3A$ 时爆炸极限为 $5.85\%\sim14.8\%$。

（5）含氧量　含氧量越高，爆炸上限显著增大，爆炸极限变宽，但对爆炸下限影响不大。如 H_2 与空气混合物的爆炸极限为 $4\%\sim75\%$，H_2 与氧气混合物的爆炸极限为 $4\%\sim95\%$。

（6）惰性介质　氮、二氧化碳、水蒸气、四氯化碳等惰性气体含量越高，爆炸极限范围变窄，危险性小。当达到一定浓度时，可使混合物不发生爆炸。这是因为惰性气体浓度的加大，使体系中的氧含量更加不足，使爆炸上限明显下降。

2. 粉尘爆炸

在制药过程中产生的药物粉尘、金属粉尘（如镁、铝粉）、粮食粉尘（淀粉）等悬浮于空气中，粒度足够细并达到一定浓度，在相对密闭的空间内，遇到足够的点火能量，就能发生粉尘爆炸。

可燃粉尘爆炸应具备三个条件，即粉尘本身具有爆炸性，粉尘必须悬浮在空气中并与空气混合到爆炸极限浓度，有足以引起粉尘爆炸的热能源。

影响粉尘爆炸的因素如下。

（1）物理化学性质　物质的燃烧热越大，则其粉尘的爆炸危险性也越大。如煤、碳、硫等；越易氧化的物质，其粉尘越易爆炸，如镁、氧化亚铁等。越易带电的粉尘越易爆炸。

（2）颗粒大小　颗粒越细，吸附氧就越多，因而越易发生爆炸；且发火点越低，爆炸下限越低。随着颗粒直径的减小，不仅化学活性增加，而且还容易带静电。

（3）粉尘浓度　粉尘爆炸有一定的浓度范围，但粉尘爆炸上限较高，一般资料中多数只列出粉尘爆炸下限。

任务 3　熟知防爆的主要措施

> **事故案例** ▶ ▶ ▶
>
> 2019 年江苏某药业发生一起爆炸事故，造成 3 人死亡、7 人受伤，部分设备损坏和房屋倒塌，直接经济损失 800 多万元。经事故初步调查，事故原因系作业人员违规生产、违章作业，造成不锈钢浓缩罐浓缩时间过长，引发爆炸。
>
> 由此可见防爆的重要性。

防爆技术是制药企业安全生产技术的重要内容之一。为保证安全生产，首先必须做好预防工作，消除可能引起爆炸的危险因素，这是最根本的解决方法。

一、防爆基本原则

从理论上讲，防止爆炸事故发生的基本原则主要有以下三点：
① 防止爆炸系统形成；
② 消除点火源；
③ 限制爆炸蔓延扩散的措施。

二、防爆的主要措施

1. 预防形成爆炸性混合物

（1）密闭和通风　密闭可以防止生产操作时可燃物泄漏或空气进入而与空气混合形成爆炸性混合物。如无法保证完全密闭，应借助通风来降低空气中可燃物的浓度。通风时注意不能循环使用含有易燃气体的空气。

（2）惰性化处理　惰性化处理就是用惰性气体稀释可燃气体、蒸气或粉尘的爆炸混合物，以抑制其燃烧或爆炸。常用的惰性气体有氮气、二氧化碳、水蒸气及卤代烃等。惰性气体的用量取决于系统中氧的最高允许浓度。对于不同的可燃物采用不同的惰性气体稀释时氧的最高允许含量是不同的。

（3）安全监测及联锁　测定厂房空气中生产设备系统内易燃气体、蒸气和粉尘浓度，是保证安全生产的重要手段之一。特别是在厂房或设备内部要动火检修时，需测定易燃气体、蒸气或粉尘是否超过爆炸极限。

安全联锁就是利用机械或电气控制依次接通各个仪器和设备，使之彼此发生联系，达到安全运行目的。

2. 消除着火源

爆炸的着火源主要有：

① 电能转化为着火源，如电火花、电弧、静电放电、短路、雷击、电磁辐射（手机等）等；

② 机械能转化为着火源，如摩擦、撞击、绝热压缩等；

③ 化学能转化为着火源，如自热自燃、化学反应热、各种明火（炉子、喷灯、烟头）等；

④ 热表面，如烟囱、暖气片、炽热物体等；

⑤ 光能（日光照射）转化为着火源等。

根据着火源不同，应采取相应安全措施，如静电防护，防雷、防爆电机电器，保护性接地接零，机器润滑消除摩擦，采用不产生火花的工具（如铜制工具等），严禁烟火，防日晒等。

3. 爆炸探测

爆炸事故是在具备一定的可燃气、氧气和火源这三要素的条件下出现的。其中可燃气的偶然泄漏和积聚程度，是现场爆炸危险性的主要监测指标，相应的测爆仪便是监测现场爆炸性气体泄漏危险程度的重要工具。

4. 采用防爆安全装置——泄压装置

泄压装置包括安全阀和爆破片。

（1）安全阀　安全阀的作用是防止设备和容器内压力过高而爆炸。当容器和设备内的压力升高超过安全规定的限度时，安全阀即自动开启，泄出部分介质，降低压力至安全范围内再自动关闭，从而实现设备和容器内压力的自动控制，防止设备和容器的破裂爆炸。安全阀按其结构和作用原理分为静重式、杠杆式和弹簧式等。图 2-3 为弹簧式安全阀的结构图。

（2）爆破片　又称防爆膜、泄压膜，是一种断裂型的安全泄压装置。它的一个重要作用是当设备发生化学性爆炸时，保护设备免遭破坏。其工作原理是在设备或容器的适当部位设置一定大小面积的脆性材料，构成薄弱环节。当爆炸刚发生时，这些薄弱环节在较小的爆炸压力作用下，首先遭受破坏，立即将大量气体和热量释放出去，爆炸压力也就很难再继续升高，从而保护设备或容器的主体免遭更大损坏，使在场的生产人员不致遭受致命的伤亡。

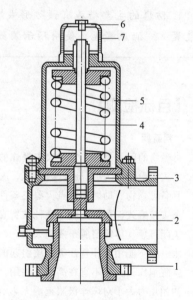

图 2-3　弹簧式安全阀结构图
1—阀体；2—阀座；3—阀芯；
4—阀杆；5—弹簧；
6—螺帽；7—阀盖

5. 使用指示装置

用于指示系统的压力、温度和水位的装置为指示装置。它使操作者能随时观察了解系统的状态，以便及时加以控制和妥善处理。常用的指示装置有压力表、温度计和水位计。

议一议 ▶▶▶

某厂的制粒车间某味中药用乙醇作润湿剂制粒，制粒后放入烘箱烘干，由于排风不畅，烘箱屋子里乙醇味很重，一工人在门口，一工人开窗，一工人断电，电火花引爆乙醇，断电工人95％面积烧伤，医治无效死亡，另两人不同程度烧伤，车间玻璃和天花板全部震裂。造成1死2伤。

事故原因是工作环境不符合防爆要求，烘箱也不是防爆烘箱，废气排放不畅，电路开关都没有设计成防爆装置，工人违规操作（在乙醇味很浓的情况下，私自开关电闸）。

试分析可以采取哪些措施防止类似事件出现。

知识积累 ▶▶▶

1. 火灾发生的条件是同时具备可燃物、助燃物、点火源，且三者相互作用。

2. 防火的措施主要有阻燃、安全间距、控制点火源、控制可燃物、火灾探测、灭火等。

3. 爆炸的破坏作用主要形式有冲击波、震动、碎片冲击、造成火灾及其他破坏作用。

4. 防爆的主要措施有预防形成爆炸性混合物、消除着火源、爆炸探测、采用防爆安全装置——泄压装置、使用指示装置等。

扫一扫测试

项目二　测试

【目标检测】

一、判断题

1. 可燃物的闪点越高，发生火灾爆炸的危险就越大。（　　）

2. 火灾危险性分为甲、乙、丙、丁、戊五类。（　　）

3. 具备可燃物、助燃物和点火源三条件的物质一定会燃烧。（　　）

4. 火灾接触式探测器是利用某种装置直接接触烟气来实现火灾探测的。（　　）

5. 关闭可燃气体阀门属于隔离灭火。（　　）

6. 水一定不能用来扑救油类物质引起的火灾。（　　）

7. 空气泡沫灭火剂不宜在高温下使用。（　　）

8. 初始压力大小对爆炸极限范围无影响。（　　）

9. 粉尘的粒径越小，爆炸性的可能越大。（　　）

10. 泄压装置包括安全阀和爆破片。（　　）

二、单选题

1. 火灾发生的必要条件是（　　）。

A. 助燃剂　　　　　B. 可燃物　　　　　C. 点火源　　　　　D. 以上均是

2. 火灾的初起阶段，（　　）是反映火灾特征的主要方面。

A. 温度　　　　　B. 烟气　　　　　C. 火光　　　　　D. 火苗

3. 甲类储存物品仓库与厂内主要道路路边之间的防火间距不应小于（　　）m。

A. 50   B. 30   C. 10   D. 5

4. 火灾非接触式探测器适宜探测（　　）的火灾。

A. 发生阴燃   B. 发展较慢   C. 发展较快   D. 发生回燃

5. 用湿棉被、黄沙等覆盖在燃烧物的上面，属于（　　）灭火。

A. 隔离   B. 冷却   C. 窒息   D. 抑制

6. 用于扑灭可燃固体、可燃液体、可燃气体及带电设备的初起火灾的灭火剂是（　　）。

A. 干粉灭火剂   B. 水   C. 泡沫灭火剂   D. 二氧化碳灭火剂

7. 碳酸氢钠干粉灭火剂一般不用于（　　）引起的火灾。

A. 易燃液体   B. 易燃气体   C. 带电设备   D. 可燃固体

8. （　　）不是扑救火灾的一般原则。

A. 边报警，边扑救   B. 先控制，后灭火

C. 先救人，后救物   D. 先报警，后扑救

9. （　　）不是按爆炸速度分类的。

A. 轻爆   B. 核爆炸   C. 爆轰   D. 爆炸

10. （　　）不是爆炸的破坏作用的主要表现形式。

A. 冲击波   B. 碎片冲击   C. 震动   D. 环境污染

11. 储存易燃易爆物质的场所要防明火，（　　）不是产生明火的主要原因。

A. 加热操作   B. 动火作业   C. 飞火   D. 摩擦

三、简答题

1. 燃烧的三要素是什么？如何控制？

2. 扑救火灾的一般原则是什么？

3. 电气设备着火如何扑救？

4. 防爆炸的主要措施有哪些？

扫一扫ppt

项目三 ppt

项目三
制药企业的电气安全管理

学习目标

1. 知识目标
（1）掌握防止触电的措施、各类建筑物的防雷措施。

（2）熟悉影响触电伤害程度的因素、触电急救、防爆电气设备的分类及使用选型程序、建筑物的防雷等级划分依据。

（3）了解触电的种类、雷电的危害、防雷装置的种类。

2. 能力目标
（1）能应用适当方法防触电，根据建筑物的特点采用适当的防雷措施。

（2）能对触电者进行简单急救。

（3）能说出影响触电伤害程度的因素、防爆电气设备的种类及使用选型程序、建筑物的防雷等级划分依据。

（4）知道触电的种类、雷电的危害、防雷装置的种类。

3. 素养目标
（1）进一步培养学生"临危不乱，自我救护"的职业素养。

（2）进一步培养学生"防微杜渐，敬畏生命""安全第一，预防为主"的安全意识。

单元一
认识制药企业的电气安全管理

任务1　理解触电伤害的种类

想一想 >>>

　　1. 为什么有的人触电马上死亡?

　　2. 为什么有的人触电会烧伤或烫伤而不会死亡?

　　通过对上面两个问题的思考,可能大家已经知道了电对人体的伤害有两种,一种是电击,一种是电伤。

相关知识 >>>

触电种类

　　1. 按触及的带电体在正常情况是否带电可分为:①直接接触触电,是指人体触及正常情况下带电的导体而造成的触电;②间接接触触电,是指人体触及正常下不带电,而在故障情况下变为带电体的外露导电部分而造成的触电。

　　2. 按触及带电体的方式和电流通过人体途径,触电又可分为三种情况。①单相触电:是指人体在地面或其他接地导体上,人体触及一相带电体的触电事故。大部分触电事故都是单相触电事故,单相触电的危险程度与电网运行方式有关。一般情况下,接地电网的单相触电比不接地电网的危险大。②两相触电:是指人体在地面或其他接地导体上同时触及两相带电体的触电事故。其危险性一般是比较大的。③跨步电压触电:是指当带电体接地有电流流入地下时,电流在接地点周围土壤中产生电压。人在接地点周围,两脚之间出现的电压即跨步电压,由此引起的触电事故叫跨步电压触电。高压故障接地处,或有大电流流过的接地装置附近都可能出现较高的跨步电压。

1. 电击的含义

　　电击是指电流通过人体内部,破坏人的心脏、中枢神经系统、肺部等重要器官的正常工作,对人体造成的伤害,使人出现痉挛、呼吸窒息、心颤、心搏骤停等症状,甚至造成死亡。它是最危险的触电伤害,绝大多数触电死亡事故都是由电击造成的。

2. 电伤的含义

电伤是指电流的热效应、化学效应、机械效应对人体造成的局部伤害，电伤多见于机体外部，而且往往在机体上留下伤痕。主要有以下几种。

（1）电烧伤　是指电流的热效应对人体造成的伤害，又分为电流烧伤和电弧烧伤。电流烧伤是人体触及带电体时，电流通过人体，由电能转化为热能，对人体造成的伤害；电流烧伤一般发生在低压系统中。电弧烧伤是由电弧产生火花起火而引起的烧伤。其可造成人体大面积、大深度烧伤，甚至烧焦肢体及其他部位，这种伤害称为电弧烧伤。

（2）电烙印　是指当载流导体长期接触人体时，由于电流的化学效应和机械效应的作用，使接触部位皮肤变硬，形成肿块如同烙印一般的伤害。

（3）皮肤金属化　是指在电弧的高温作用下，金属微粒因某种化学原因渗入皮肤，使皮肤变得粗糙而坚硬，一般与电弧烧伤同时发生。

> **相关知识**　▶▷▷
>
> 电伤与电击相比，电伤多属于局部性伤害，但电伤往往与电击同时发生。
>
> 电对人体伤害的严重程度与通过人体的电流大小、电流通过人体的持续时间、电流通过人体的途径、电流的频率以及人体健康状况等因素有关。

任务 2　了解影响触电伤害程度的各种因素

大量触电事故表明，触电都是由电流对人体作用而引起的。电流通过人体时，会引起针刺感、压迫感、打击感、痉挛感、疼痛、昏迷、血压升高、心律不齐甚至心室颤动等症状。其对人体伤害程度主要与如下因素有关。

1. 通过人体的电流大小

一般情况下，通过人体的电流越大、人体的生理反应越明显、感觉越强烈，引起心室颤动所需的时间越短，致命的危险就越大。

按人体对电流的生理反应不同，可将电流分为以下三级。

（1）感知电流　引起人体感觉的最小电流。人体对电流最初的感觉是轻微麻抖和轻微刺痛。实验资料表明，对于不同的人，感知电流的大小也不同，成年男性平均感知电流的有效值（除单独指明外以下都指有效值）约为 1.1mA，成年女性约为 0.7mA。感知电流一般不会对人体造成伤害，但电流增大时，感觉增强，反应变大，可能导致坠落等第二次事故。

（2）摆脱电流　当电流超过感知电流时，会引起人体发热、刺痛的感觉，至电流增大到一定程度，触电者将因肌肉收缩、发生痉挛而紧抓带电体，不能自行摆脱电源。人体触电后能自主摆脱电源的最大电流称为摆脱电流。成年男性最小摆脱电流为 9mA，成年女性最小为 6mA。儿童的摆脱电流较成人小。

当电流略大于摆脱电流，触电者中枢神经麻痹，呼吸停止时，若立即切断电源，即可恢复呼吸并无不良影响。应当指出，摆脱电源的能力是随着触电者触电时间的延长而减弱的。这就是说，一旦触电后不能摆脱电源时，后果是非常严重的。

（3）致命电流　在较短的时间内危及生命的电流称为致命电流。电击致死的原因是比较复杂的。在电流不超过数百毫安的情况下，电击致命的主要原因是电流引起心室颤动，此电流即为致命电流。心室颤动的电流与通电时间的长短有关，时间不足心脏搏动周期，但超过 10ms 并发生在心脏搏动周期特定相位上时，心室颤动电流在数百毫安以上。

2. 电流通过人体的持续时间

通电时间越长，越容易引起心室颤动，即电击危险性越大，原因如下。

① 通电时间越长，能量积累增加，引起心室颤动的电流减小。

心室颤动电流与通电时间的关系可用下式表达：

当 $t \geqslant 1s$ 时，$I = 50mA$。当 $t < 1s$ 时，$I = 50/t (mA)$。

上式所允许的时间范围是 $0.01 \sim 5s$。

② 心脏搏动周期中，有相应于心电图上约 0.1s 的 T 波这一特定相位是对电流最敏感的。通电时间越长，与该特定相位重合的可能性越大，心室颤动的可能性也就越大，即电击危险性越大。

③ 通电时间越长，人体电阻因出汗等原因而降低，导致通过人体的电流进一步增加，电击危险亦随之增加。

3. 电流通过人体的途径

电流通过心脏会引起心室颤动，较大的电流还会使心脏停止跳动，这会使血液循环中断导致死亡。电流通过中枢神经或有关部位，会引起中枢神经系统强烈失调而导致死亡。电流通过头部会使人昏迷。若电流较大，会对脑产生严重损害，使人不醒而死亡。电流通过脊髓，会使人截瘫。

在这几种伤害中，电对心脏的伤害最为严重。因此，从左手到前胸的途径，由于其途经心脏且途径又短，是最危险的电流途径；而从手到脚是危险性较小的电流途径。

4. 电流的频率

直流电流、高频电流、脉冲电流和静电电荷对人体都有伤害作用，其伤害程度一般较工频电流（50～60Hz）轻。

电流的频率不同对人体的伤害程度亦不同。25～300Hz 的交流电对人体的伤害最严重。1000Hz 以上，伤害程度明显减轻，但高压高频电流也有电击致命的危险，而射频高压由于"集肤作用"显著，已无致命危险。

5. 人体健康状况

电流对人体的伤害程度与人身体健康状况有一定关系。

① 电流对人体的作用，女性较男性敏感。女性的感知电流和摆脱电流约比男性低三分之一。

② 小孩遭受电击较成人危险，且小孩年龄越大，其摆脱电流也越大。例如，一个 11 岁男孩的摆脱电流为 9mA，一个 9 岁男孩的摆脱电流为 7.6mA 等。

③ 与体重等因素有关。体重越大、肌肉越发达者的摆脱电流越大，心室颤动电流约与体重成正比。

根据分析，触电事故有如下规律。

1. 季节性明显

一年之中二、三季度事故较多，6～9 月份最集中。主要因为夏、秋两季天热潮湿，降低了电气设备的绝缘性能；且人体多汗，皮肤电阻降低，易导电；天气炎热，操作人员多不穿戴工作服和绝缘用具等。

2. 低压触电多高于高压触电

统计数据表明低压触电事故多高于高压触电事故。主要因为低压设备多，低压电网广，与人接触机会多；低压设备简陋，管理不严；群众缺少电气安全技术知识。所以，应当把防止触电工作的重点放在低压方面。

3. 青年人和中年人触电事故多

一方面的原因是这些人多是主要操作者，即多是接触电气设备工作的人；另一方面的原因是这些人大多数有几年的工龄，不如初学时小心、谨慎，且经验不足，安全知识还比较欠缺。

4. 单相触电事故多

统计资料表明，单相触电占触电事故的 70% 以上。防止触电的技术措施应着重考虑单相触电的危险。

5. "事故点"多数发生在电气联结部位

电气事故多数发生在分支线、电缆头、地爬线、接线端、压接头、焊接头、电线接头、电缆头、灯头、插头、插座、控制器、开闭器、接触器、熔断器等处的短路、接地、闪络、漏电等。

6. 引发触电事故的原因多数由两个以上原因构成

根据统计资料表明，仅一个原因的不到 8%，两个原因的占 35%，三个原因的占 38%，四个原因的占 20%，即有 90% 以上的事故是由两个以上原因引起的。构成事故的四个主要因素是缺乏电气安全知识、违反操作规程、设备不合格、维修不善。应当指出的是，由操作者个人过失造成的触电事故是比较多的。

触电事故往往发生得很突然，而且往往在极短的时间内造成严重的后果，死亡率较高，但触电事故有一些规律。掌握这些规律对于安排和进行安全检查、对于考虑和实施安全技术措施，以及对于安排其他的电气安全工作有很大意义。

议一议 ▶▶▶

通过上面讲解的内容，试分析触电事故具有哪些规律。

单元二
触电事故预防与急救

任务1 熟知直接触电的防护措施

想一想 ▷▷▷

1. 为什么我们平常见到的电线要有一层橡胶皮包住呢?
2. 为什么我们的电气开关要配开关箱呢?
3. 为什么电气设备要安装漏电或断路开关?

通过对以上几个问题的思考,可能大家已经知道这是为了防止人体直接触及带电体采取的一些防护措施。在我们的现实生活中直接触电的防护措施有如下几种。

1. 绝缘

绝缘就是使用绝缘材料把带电体封闭起来的方法,既保证电气线路的正常工作,又能防止人体直接触碰带电体引起触电事故。

电阻率大于 $10^7\Omega\cdot mm^2/m$ 的材料属于绝缘材料,可分为气体、液体、固体三类,绝缘方式应结合线路环境进行选择。气体和液体材料在强电场下被击穿后能够恢复绝缘性能,固体材料被击穿后不能恢复绝缘性能。

绝缘性能指标主要有绝缘电阻、耐压强度、泄漏电流、介质损耗等,绝缘指标可用兆欧表(俗称摇表)测量。

2. 屏护和间距

屏护和间距,除了能够防止直接接触带电体引起触电事故外,也能够防止短路、火灾事故,并方便作业。

(1)屏护 主要分屏蔽和障碍两类。前者防止触及带电体,后者防止接近带电体。屏护方法主要采用遮拦、隔板、护罩、护盖、箱柜等使带电体与外界隔绝。

(2)间距 就是带电体与地面、设备作业场所之间保持一定距离,避免人、工具、材料、车辆靠近带电体引起触电事故。

3. 电工安全用具

电工安全用具是防止触电、坠落、烧伤等事故,保障电气工作人员安全的各种用具。主要包括电压电流指示器,绝缘安全用具,登高安全用具,检修工作中的临时接地线、围栏及各种安全标示牌等。

绝缘安全用具分 1000V 以上和 1000V 以下两类。绝缘安全用具包括绝缘杆、绝缘钳、绝缘手套、绝缘鞋、绝缘站台、电压指示器等，选用时应根据工作条件来确定其类型。

4. 安全电压

根据欧姆定律，当电阻不变时，电压越高，电流也就越大，因此把可能加在人身上的电压限制在某一范围内，以获得足够的安全条件，这样的电压就称为安全电压。安全电压大小是由人身体允许通过的电流和人体电阻等因素而定的。

相关知识 ⟩ ⟩ ⟩

我国的安全电压种类

我国规定 42V、36V、24V、12V 和 6V 为安全电压的额定值。凡手提照明灯、危险环境的携带式电动工具均应采用 42V 或 36V 安全电压；金属容器内、隧道内等工作地点狭窄，行动不便以及周围有大面积接地导体的环境，特别潮湿的环境所使用的照明及电动工具应采用 12V 安全电压；水下作业应采用 6V 安全电压。

安全电压是相对安全的，而不是绝对安全的。因此采用时也应注意下列事项：

① 36V、12V 电压应由降压变压器提供，禁止用电阻降压或自耦变压器降压的办法提供；

② 降压变压器应采用原副线圈绕的安全隔离电源；

③ 用 12～36V 安全电压行灯时，禁止使用灯头开关；

④ 行灯灯泡外面应有可靠的金属保护网，金属保护网应装在绝缘把手上，不应装在灯头上；

⑤ 安全电压的插座、插销不得带有保护插头或插孔，并应有防止与其他电压等级的插座、插销互相插错的安全措施。

5. 电气联锁

将电气设备安装在有电气联锁的特定场所，保证人在通电条件下不能触及或过分接近带电体。如在通往禁区的门窗上安装安全保护开关，门窗一开电源切断，保证作业人员进入禁区时，处于停电状态。

6. 安装漏电保护装置

漏电保护装置又称触电保安器，是保护人身和设备安全的一种保护措施，主要用于漏电事故和火灾事故，以及用于监测或切除各种一相接地故障。

为防止各种人体触电事故，漏电保护装置宜采取高灵敏度、快速型的装置，其额定动作电流与动作时间的乘积不超过 30mA·s。

漏电保护装置对防止触电事故、保障人身安全、减少设备事故起较大作用。为此，以下场地、设备均需要安装漏电保护装置：

① 建筑施工场所，临时线路的施工设备；

② 手持式电动工具（Ⅲ类除外）、移动式生产和生活用的电器设备（Ⅲ类除外），以及触电危险性大的用电设备；

③ 腐蚀环境和特别潮湿的环境及水中安装的电气设备；

④ 安全要求特别高的场所等。

漏电保护装置是作为附加保护装置，即使安装了漏电保护装置，也不得取消电气设备或线路原有的防护措施。安装漏电保护装置时，允许对线路作适当调整，但这些调整也不得降低原有的安全水平。

对运行中的漏电保护装置，应注意检查和维护，每月至少检查一次其动作的可靠性并保持清洁，连接应始终保持良好，如发生故障应及时更换，由专业生产厂家检修，用户不应随意变动。

> **议一议** ▶▶▶
>
> 　　2001 年 5 月 24 日，某厂变电所所长刘某，在高压配电间看到 2 号进线主容柜里面有灰尘，于是就找来一把笤帚打扫，造成 10kV 高压电触电事故。结果造成右手腕内侧和手背、右肩胛外侧三度烧伤，烧伤面积为 3%。
>
> 　　试分析造成刘某被烧伤的原因。

任务 2　熟知间接触电的防护措施

在我们日常生活中经常会发现用手去触摸电气设备的外壳时如电脑主机、电脑显示器、洗衣机等总有一种麻麻的感觉，而有的电气设备又没有。这种现象主要是因为有的电气设备已采取保护接地或保护接零，就不会漏电；而有的电气设备没有采取保护接地或保护接零，就会漏电。比较严重的还会伤及人的生命安全。下面我们就详细分析保护接地与保护接零的含义。

1. 保护接地

保护接地就是把电气设备的金属外壳，以及作业场所的金属构件与大地作电气连接，使其与大地一样同为零电位的技术。

保护接地适用于没有中心点的电网，一般是指三相三线制不接地的供电电网。此类电网内的电气设备或环境，凡由于绝缘损坏或其他原因引起呈现危险电压的金属部分，均应接地保护。例如电气设备或工具的金属外壳、地座等，机械传动装置，金属扶手栏杆，配电系统的箱体，构架接线盒，电缆保护金属层，穿线钢管等。

2. 保护接零

保护接零就是把电气设备的外壳和正常时不带电的金属部分与电网的中心点（零线）作电气连接，使其与零线一样同为零电位的技术。

保护接零适用于有中心点的电网，一般是三相四线制中心线接地的供电电网。为确保安全可靠，供电变压器应可靠接地，供电线路沿途及车间、用电设备周围应进行零线重复接地，使零线电位接近零电位，并确保万一供电线路零线断线仍能使本地设备接地电位接近大地电位。

特别注意：

① 同一供电系统（如变压器所供电的单元系统），不允许部分用电设备使用保护接地方式、部分设备使用保护接零的做法，否则会引起危险；

② 潮湿场所应优先采用保护接零，零线禁止装熔丝；

③ 设备的保护措施一般在设计制造时已安装好，未经专业人员许可不得随便拆除。

任务 3　熟知防触电的综合管理措施

触电事故涉及的原因非常多，为了防止触电事故发生必须采取综合管理措施。做好电气安全生产管理工作，除采取以上措施外，还必须采取如下电气安全组织措施。

① 建立健全并严格执行电气安全规章制度和操作规程。特别是两票三制（工作票、操作票、交接班制、巡回检查制、设备定期试验与轮换制度），以岗位责任制为中心的各项管理制度。

② 进行电气安全教育与培训。电工作业是特种作业人员，必须经当地劳动部门进行专业安全技术培训，并经考试合格取证后，持证上岗作业。

③ 定期进行各种电气安全隐患检查。

④ 严肃处理工伤事故。

> ### 事故案例 ▶ ▶ ▶
>
> 2020年吉林某制药企业有操作工在研发车间洁净区内拆卸设备（粉碎机）过程中发生触电，操作工触电抢救无效死亡。操作工安全意识淡薄，服从管理意识差，违反公司操作规定作业，违章操作是造成事故的直接原因。而间接原因是，企业虽然按规定落实了厂级安全教育培训，但车间教育培训落实不到位。事发粉碎机未按国家标准规定安装剩余电流动作保护器，未按国家标准规定进行三相四线制供电保护接零，致使设备本身存在安全隐患。
>
> 由此可见，操作人员的安全意识和企业完善的管理对预防触电事故的重要性。

任务 4　熟知触电急救的方法

触电急救时，首先要迅速使触电者脱离电源，然后根据触电者具体情况进行施救。在现场抢救时要迅速、准确、就地、坚持。

一、脱离电源

脱离电源就是要把触电者接触的那一部分带电设备的开关、刀闸或其他断路设备断开；或设法将触电者与带电设备脱离。在脱离电源时，救护人员既要救人，也要注意保护自己。触电者未脱离电源前，救护人员不准直接用手接触伤员，因为有触电的危险；如触电者处于高处，解脱电源后会自高处坠落，因此，要采取预防措施。对各种触电场合，脱离电源可采取如下措施。

1. 低压设备上的触电

触电者触及低压带电设备，救护人员应设法迅速切断电源，如拉开电源开关或刀闸、拔除电源插头等，或使用绝缘工具如干燥的木棒、木板、绳索等不导电的东西解脱触电者；也可抓住触电者干燥而不贴身的衣服，将其拖开，切记要避免碰到金属物体和触电者的裸露身躯；也可戴绝缘手套或将手用干燥衣物等包起绝缘后解脱触电者；救护人员也可站在绝缘垫上或干木板上，绝缘自己后再救护伤者。

为使触电者与导电体解脱，最好用一只手进行。如果电流通过触电者入地，并且触电者紧握电线，可设法将干木板塞到其身下，与地隔离，也可用干木把斧子或有绝缘柄的钳子等将电线剪断。剪断电线要分相，一根一根地剪断，并尽可能站在绝缘物体或干木板上进行。

2. 高压设备上的触电

触电者触及高压带电设备，救护人员应迅速切断电源，或用适合该电压等级的绝缘工具（如戴绝缘手套、穿绝缘靴并用绝缘棒等）解脱触电者。救护人员在抢救过程中应注意保持自身与周围带电部分必要的安全距离。

3. 架空线路上的触电

当触电发生在架空线杆塔上时，如是低压带电线路，能立即切断线路电源的，应迅速切断电源，或者由救护人员迅速登杆，束好自己的安全皮带后，用带绝缘胶柄的钢丝钳、干燥的不导电物体或绝缘物体将触电者拉离电源；如是高压带电线路，又不可能迅速切断开关的，可采用抛挂足够截面的适当长度的金属短路线方法，使电源开关跳闸。抛挂前，将短路线一端固定在铁塔或接地引下线上，另一端系重物，但抛掷短路线时，应注意防止电弧伤人或断线危及人身安全。救护人员在使触电者脱离电源时要注意防止发生高处坠落和再次触及其他有电线路的可能。

4. 断落在地的高压导线上的触电

如果触电者触及断落在地上的带电高压导线，如尚未确证线路无电，救护人员在未做好安全措施（如穿绝缘靴或临时双脚并紧跳跃地接近触电者等）前，不能接近断线点至 8～10m 范围内，以防止跨步电压伤人。触电者脱离带电导线后亦应迅速带至 8～10m 以外，并立即开始触电急救。只有在确定线路已经无电时，才可在触电者离开触电导线后，立即就地进行急救。

> **议一议** ▶▶▶
>
> 某厂的工人未发现断落在地上的带电电线，走过时触电；旁边的一位同事看到后立即用手去拉，结果也被触电；幸好旁边的另一位同事立即拉下电闸，结果没有造成人员伤亡。
>
> 试分析在救触电者时，该如何保护自身不受到伤害？

二、伤员脱离电源后的处理

触电伤员如神志清醒者，应使其就地躺平，严密观察，暂时不要站立或走动。

触电伤员神志不清者，应就地仰面躺平，确保其气道通畅，并用 5s 时间呼叫伤员或轻拍其肩部，以判定伤员是否丧失意识。禁止摇动伤员头部呼叫伤员。

需要抢救的伤员，应立即就地坚持正确抢救，并设法联系医疗部门接替救治。

三、呼吸、心跳情况的判定

触电伤员如丧失意识，应在10s内用看、听、试的方法，判定伤员的呼吸心跳情况。

看：观察伤员的胸部、腹部有无起伏动作。

听：用耳贴近伤员的口鼻处，听有无呼气声音。

试：试测口鼻有无呼气的气流。再用两手指轻试一侧（左或右）喉结旁凹陷处的颈动脉有无搏动。

若看、听、试的结果为既无呼吸又无颈动脉搏动，则可判定呼吸、心跳停止。

四、心肺复苏

触电伤员呼吸和心跳均停止时，应立即采取心肺复苏法正确进行就地抢救。心肺复苏措施主要有以下几种。

1. 通畅气道

触电伤员呼吸停止时，重要的是始终确保气道通畅。如发现伤员口内有异物，可将其身体及头部同时侧转，迅速用一个手指或两手指交叉从口角处插入，取出异物。操作中要注意防止将异物推到咽喉深部。

通畅气道可采用仰头法，一只手放在触电者前额，另一只手的手指将其下颌骨向上抬起，两手协同头部推向后仰，舌根随之抬起，气道即可通畅。严禁用枕头或其他物品垫在伤员头下，头部抬高前倾，会加重气道阻塞，并使胸外按压时流向脑部的血流减少，甚至消失。

2. 口对口（鼻）人工呼吸术

口对口（鼻）人工呼吸操作法（见图3-1）是在保持伤员气道通畅的同时，救护人员用一只手自下颌处将伤员的头部托起使之后仰，并使其口张开；另一只手捏住伤员鼻翼，以防气体从鼻孔漏出。然后救护人员深吸气后，与伤员口对口紧合；在不漏气的情况下，先连续大口吹气两次，每次1~1.5s，如两次吹气后试测颈动脉仍无搏动，可断定心跳已经停止，要立即同时进行胸外心脏按压。

图3-1　口对口人工呼吸图

除开始时大口吹气两次外，正常口对口（鼻）呼吸的吹气量不需过大，以免引起胃膨胀。吹气和放松时要注意伤员胸部应有起伏的呼吸动作。吹气时如有较大阻力，可能是头部后仰不够，应及时纠正。触电伤员如牙紧闭，也可口对鼻人工呼吸。口对鼻人工呼吸吹气时，要将伤员嘴唇紧闭，防止漏气。

3. 前区叩击术

令患者仰卧在硬床板或地板上，四肢舒展。在心跳停止90s内，心脏应激性增强，叩击心前区往往可使心脏复跳。方法：术者用拳以中等力叩击心前区，一般连续叩击3~5次，立即观察心音和脉搏。若恢复则复苏成功；反之放弃，改行胸外心脏按压术。

4. 胸外心脏按压术

心脏复苏术患者心搏骤停，应实施胸外心脏按压术进行抢救，操作方法见图3-2、图3-3。

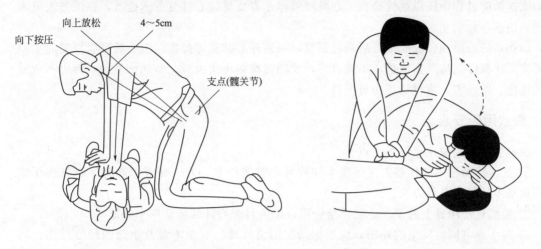

图 3-2　胸外心脏按压术图　　　　　　图 3-3　双人实施心肺复苏图

（1）按压位置　正确的按压位置是保证胸外按压效果的重要前提。确定正确按压位置的步骤为：①右手的食指和中指沿触电伤员的右侧肋弓下缘向上，找到肋骨和胸骨接合处的中点；②两手指并齐，中指放在切迹中点（剑突底部），食指平放在胸骨下部；③另一只手的掌根紧挨食指上缘，置上胸骨上，即为正确按压位置。

（2）按压姿势　正确的按压姿势是达到胸外心脏按压效果的基本保证，正确的按压姿势应符合以下要求：①使触电伤员仰面躺在平硬的地方，救护人员或立或跪在伤员一侧肩旁，救护人员的两肩位于伤员胸骨正上方，两臂伸直，肘关节固定不屈，两手掌根相叠，手指翘起，不接触伤员胸壁；②以髋关节为支点，利用上身的重力，垂直将正常成人胸骨压陷4～5cm（儿童和瘦弱者酌减）；③压至要求程度后，立即全部放松，但放松时救护人员的掌根不得离开胸壁。

按压必须有效，有效的标志是按压过程中可以触及颈动脉搏动。

（3）操作频率　①胸外心脏按压要以均匀速度进行，每分钟100～120次左右，每次按压和放松的时间相等；②胸外心脏按压与口对口（鼻）人工呼吸同时进行，其节奏为单人抢救时，每按压15次后吹气2次（15∶2），反复进行；③双人抢救时（见图3-3），每按压5次后另一人吹气1次（5∶1），反复进行。按压吹气1min后（相当于单人抢救时做了4个15∶2压吹循环），应用看、听、试方法在5～7s时间内完成对伤员呼吸和心跳是否恢复的再判定。若判定颈动脉已有搏动但无呼吸，则暂停胸外心脏按压，而再进行2次口对口人工呼吸，接着5s吹气一次（即12次/min）。如脉搏和呼吸均未恢复，则继续坚持心肺复苏方法抢救。

在抢救过程中，要每隔数分钟再判定一次，每次判定时间均不得超过5～7s。在医务人员未接替抢救前，现场抢救人员不得放弃现场抢救。

注：胸外心脏按压术用力不宜过猛，以免肋骨骨折或引起心脏出血。

五、抢救过程中伤员的移动与转院

心肺复苏应在现场就地坚持进行，不要为方便而随意移动伤员，如确有需要移动时，抢救中断时间不应超过 30s。

移动伤员或将伤员送医院时，除应使伤员平躺在担架上并在其背部垫以平硬阔木板外，移动或送医院过程中还应继续抢救。心跳呼吸停止者要继续心肺复苏术抢救，在医务人员未接替救治前不能终止。

如伤员的心跳和呼吸经抢救后均已恢复，可暂停心肺复苏操作。但心跳呼吸恢复的早期有可能再次骤停，应严密监护，不能麻痹，要随时准备再次抢救。初期恢复后，神志不清或精神恍惚、跳动者，应设法使伤员安静。

六、急救用药要求

触电急救用药应注意以下三点。

① 任何药物都不能代替人工呼吸术和胸外心脏按压术。人工呼吸术和胸外心脏按压术是两种基本的触电急救方法。

② 要慎重使用肾上腺素。一般严禁使用，因为打强心针的救活率十分低。

③ 对于触电同时发生的外伤，应根据情况酌情处理。对于不触及生命的轻度外伤，可放在触电急救之后处理。对于严重的外伤，应与人工呼吸和胸外心脏按压同时处理，如伤口出血，应予以止血。为了防止伤口感染，最好予以包扎。

单元三
制药企业防爆场所的电气选型

任务 1　理解制药企业防爆电气设备的分类与特性

在制药企业中防爆电气可以是电机、开关、断路器、仪器仪表、通信设备、控制设备等。根据结构和防爆原理的不同，防爆电气设备可分为 8 种类型，一种防爆电气设备可以采用一种防爆形式，也可以几种形式联合采用，各种防爆形式的防爆性能（安全程度）有差别，可以根据实际情况按照规定选择防爆电气。

我国将防爆电气分为三大类：Ⅰ类防爆电气适用于煤气井下；Ⅱ类防爆电气适用于爆炸性气体环境；Ⅲ类防爆电气适用于爆炸性粉尘环境。制药企业所用的防爆电气设备多为Ⅱ类防爆电气设备。防爆电气设备在爆炸危险场所运行时，应具备不引燃爆炸物质的性能，要求其表面的最高温度不得超过作业场所危险物质的引燃温度。

1. 隔爆外壳或隔爆型（d）

这种电气设备内装点燃爆炸性气体环境的部件，但具有能承受内部爆炸性混合物爆炸产生的压力，并阻止爆炸传播到外壳周围爆炸性气体环境的外壳。因此，隔爆外壳具有耐爆性能和隔爆性能两个属性。

2. 增安型（e）

也叫防爆安全型，在正常运行条件下，不会产生点燃爆炸性混合物的火花或达到危险的温度，适用于 1 级和 2 级危险区域。

3. 本质安全型（i）

本质安全型在正常运行或在标准试验条件下所产生的火花或热效应均不能点燃爆炸性混合物。本质安全型设备按照其安全程度又分为 ia 级和 ib 级。

ia 级：在正常工作和一个故障及两个故障时不能点燃爆炸性气体混合物；主要用于 0 区。

ib 级：在正常工作和一个故障时不能点燃爆炸性气体的混合物，主要用于 1 区。

4. 正压外壳或正压型（p）

这种电气设备是利用外壳内部压力大于周围环境压力，以确保设备所在危险区有可能存在的爆炸性气体不能进入正压外壳内部，进而阻止与点燃源接触产生爆炸。

5. 液浸型（o）

这种防爆型电气设备是将电气设备或电气设备部件整个浸在保护液体（保护液体是指能防止爆炸性气体与潜在点燃源直接接触的液体）中，使设备不能点燃液面上或外壳外部的爆炸性气体环境。

6. 充砂型（q）

这种电气设备是将能点燃爆炸性气体的部件固定在适当位置上，且完全埋入填充材料中，以防止点燃外部爆炸性气体环境。注意这种防爆型设备不能阻止爆炸性气体进入设备和 Ex 元件而被点燃，但由于填充材料中空隙小，且火焰通过填充材料中的通路时被熄灭从而防止外部爆炸。

7. "n"型

这种电气设备在正常运行条件下不产生电弧、火花，或者产生电弧、火花但采取适当的方法可防止其点燃周围的爆炸性环境；不产生超过设备温度组别所对应的最高表面温度，或者产生了超过设备温度组别所对应的最高表面温度但采取适当的方法可防止表面温度或最高热点的温度点燃周围的爆炸性环境等；且一般不会发生有点燃作用的故障。其主要用于 2 级危险区域场所，适用范围较广。

8. 浇封型（m）

这种防爆电气设备是将可能产生点燃爆炸性混合物的火花或发热的部件完全封入复合物或有黏结的非金属外壳中，使其在运行或安装环境中不能点燃粉尘层或爆炸性环境。

任务 2　熟知制药企业防爆场所的电气选型

1. 爆炸性危险物质分类、分级和分组

为与防爆电气的分类相对应，便于防爆电气选用，根据爆炸性危险物质的物理化学性质，也将其分为三大类，见表 3-1。

表 3-1　爆炸性危险物质分类

类　型	爆炸性物质种类
Ⅰ类	矿井甲烷（注意专指矿井环境下的甲烷及气体混合物）
Ⅱ类	爆炸性气体、蒸气、薄雾
Ⅲ类	爆炸性粉尘、纤维

2. 防爆电气设备的防爆标志

防爆电气设备的防爆标志为"Ex"，标在铭牌的右上方，有些设备外壳上有永久的标志字迹（浇铸或冲压）。根据我国规定，各种防爆电气设备都应标明防爆合格证号，并有防爆类型、类别、级别、温度组别等的铭牌作为标志。其分类、分级、分组与爆炸性物质的分类、分组方法相同，等级参数及符号也相同。例如，Ⅰ类隔爆型，标志为 dⅠ；Ⅱ类隔爆型 B 级 T_3 组，其标志为 dⅡBT_3；Ⅱ类本质安全型 ia 级 B 级 T_5 组，其标志为 iaⅡBT_5。如果采用一种以上的复合型防爆电气设备，须先标出主体防爆形式后再标出其他防爆形式，如主体为增安型，其他部件为隔爆型 B 级 T_4 组，则标志为 edⅡBT_4。

3. 防爆电气设备选型

防爆电气设备应根据爆炸危险环境区域和爆炸物质的类别、级别、组别进行选型。当同一场所存在两种或两种以上爆炸混合物时，应按危险程度较高级别选用。一般情况下，防爆电气设备选型程序可参照图 3-4 和表 3-2。

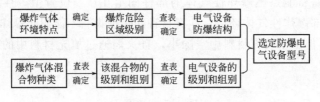

图 3-4　防爆电气设备选型程序

表 3-2　气体和粉尘爆炸危险场所电气设备防爆类型选型表

爆炸危险区域	选用的电气设备类型	电气设备类型符号
0 区	1. 本质安全型（ia 级）	ia
	2. 其他特别为 0 区设计的电气设备（特殊型）	s
1 区	1. 适用于 0 区的防护类型	
	2. 隔爆型	d
	3. 增安型	e
	4. 本质安全型（ib）级	ib
	5. 液浸型	o
	6. 正压型	p
	7. 充砂型	q
	8. 浇封型	m

爆炸危险区域	选用的电气设备类型	电气设备类型符号
2 区	1. 适用于 0 区或 1 区的防护类型	
	2. "n" 型	n
20 区/21 区	1. 适用于 2 区的各种防护类型	
	2. 尘密型	
22 区	1. 适用于 20 区/21 区的各种防护类型	
	2. IP54（用于电机）、IP65（电器仪表）	

注：气体爆炸危险场所的区域等级划分为 0 区、1 区、2 区三个等级，粉尘爆炸危险场所的区域等级划分为 20 区、21 区、22 区三个等级。

爆炸危险场所区域等级的确定是选择防爆电气设备类型的关键。爆炸性物质的类别、级别和组别是选择防爆电气设备类别、级别和组别的依据。场所区域等级的确定和防爆电气类别、级别和组别的选定要适当，要遵照安全又经济的原则进行选定。

单元四
制药企业的防雷保护

雷击是一种自然灾害，它是发生在大气层中的电现象。雷击会产生极高的电压和电流，可以造成建筑物、电力线路、机器设备的损坏，会对危险场所有引燃引爆的危险，还会直接或间接危及人身安全。

雷电有多种类型，但一般常见的有以下三种。

（1）直击雷 大气中带有电荷的积云对地电压可高达几亿伏，当带有雷电荷的云块距地面的高度较低，而周围又没有带异性电荷的云块时，它就在地面的凸出物体上感应出异性电荷。当感应电荷积聚到一定程度时，便会击穿空气，造成地面凸出物与云块间的放电，这种放电就是直击雷。

（2）感应雷 也叫雷电感应、感应雷击或间接雷击。它分为静电感应和电磁感应两种。静电感应是由于雷云接近地面，在地面凸出物顶部感应出大量异性电荷所致。在雷云对其他部位放电后，凸出物顶部的电荷立即失去了束缚，以雷电波的形式，沿凸出物高速传播。电磁感应是由于雷击之后，巨大的雷电流在周围空间发生迅速变化的强大磁场所致。这个磁场能在附近的金属体上感应出很高的电压。感应雷不直接对建筑物起破坏作用，但对火灾爆炸危险场所有引燃引爆的危险。

（3）雷电侵入波 雷电侵入波是由雷击在架空线或空中金属管道上产生的冲击电压，沿线路或管道向两个方向迅速传播的雷电波，它的传播速度可达 300m/μs（在电缆中为 150m/μs）。

另外，还有球形雷击，它是一种特殊雷电现象，是直径约为 20cm 到 10m 的火球，运动速度约为 2m/s，持续时间为数秒钟到几分钟。能在地上滚动，也能从门、窗、烟囱等通道进入室内，俗称"滚地雷"，它对油库的危险很大，但只在少数地区发生。

拓展提高 ▶▶▶

雷电的形成原理

雷电是由积雨云中霰粒与冰晶摩擦造成的。当云中霰粒与冰晶相碰而短时接触摩擦，致使霰粒表面局部温度上升比冰粒高，形成二者之间温度差。在温差起电效应作用下霰粒与冰晶分别带上正、负电荷。由于云体各部分带电性质不同，形成很强的电位差。当电位差达到一定程度时，两种电荷之间发生极短时间放电（不大于 1/1000s），放电时产生 18000～20000℃ 高温。在高温作用下，空气高速膨胀，而后高温在瞬间结束，空气又剧烈收缩，因而产生强大的冲击波，该冲击波除发出巨大轰鸣（即雷）外，还会因高温对建筑物等产生强大的毁坏力。

任务 1　理解雷电的危害

伴随着雷击出现的极高电压和极大电流，具有很大的破坏力。它包括电、热和机械作用等破坏。

1. 电作用的破坏

雷电产生数十万至数百万伏的冲击电压，可损坏发电机、变压器、电动机、断路器等电气设备的绝缘，造成大面积、长时间停电停产事故。绝缘损坏所引起的短路火花以及雷电放电火花还可能引起火灾和爆炸事故；也可能因设备漏电及高压窜入低压回路等，造成人体触电事故。巨大的雷电流流入大地时，能够在连接接地极的金属引下线部分产生极高的对地电压，从而可导致接触电压触电；而在接地极周围，还可能造成跨步电压触电。如果雷云直接对人体放电，将会使人致命。

2. 热作用的破坏

巨大的雷电流流过导体时，在极短的时间内转换成巨大的热能，从而造成发热导体周围的可燃物燃烧，或造成金属熔化飞溅引起火灾和爆炸。如果雷电直接击在易燃物上，便可直接引起火灾。若防雷装置不良，雷电直接击在通有可燃气体生产装置的放空管等处，则会引起可燃气体的爆炸。

3. 机械作用的破坏

巨大的雷电流通过被击物时，瞬间产生大量的热量，如被击物是某种液体的管道或储罐，则被击物内的液体可急剧汽化，并剧烈膨胀，压力增高，致使被击物破坏或爆炸。

4. 其他作用的破坏

此外，静电、电动作用力以及雷击时的气浪等，也都具有很强的破坏作用。

实际上，各种破坏作用都是综合出现的。雷电引起的火灾和爆炸是最严重的，应列为防范的重点。

打雷时，某厂变电所直流配电屏上三相电压指示仪指示，其中一相的相电压由原来的 240V 升高至 320V。35kV 变压器高压 V 相熔断器跌落，油枕与呼吸器连接处喷油。几小时过后，修复人员用手触摸变压器外壳时，变压器外壳依然烫手，用兆欧表测量高压端对地电阻仅有几兆欧，低压端对地电阻只有 50MΩ，说明该变压器已烧坏。由于该厂没有备用供电系统，直接造成经济损失上亿元。

事故原因是雷击坏变压器，变压器的防雷装置不适合。由此可见防雷装置的重要性。

任务 2 熟知制药企业建筑物的防雷等级划分

建筑物的防雷等级视其生产、加工、储存或使用的易燃易爆品种类、性质，以及发生雷电事故的可能性及后果，分为三类。建筑物的防雷等级划分见表 3-3。

表 3-3 建筑物的防雷等级划分

建筑物 防雷等级	划 分 依 据
第一类	1. 凡制造、使用或储存炸药、起爆药、火工品等大量爆炸物质的建筑物，因电火花而引起爆炸，会造成巨大破坏和人身伤亡者
	2. 具有 0 区或 20 区爆炸危险环境的建筑物
	3. 具有 1 区或 21 区爆炸危险环境的建筑物，因电火花而引起爆炸，会造成巨大破坏和人身伤亡者
第二类	1. 国家级重点文物保护的建筑物
	2. 国家级的会堂、办公建筑物、大型展览和博览建筑物、大型火车站、国宾馆、国家级档案馆、大型城市的重要给水水泵房等特别重要的建筑物
	3. 国家级计算中心、国际通信枢纽等对国民经济有重要意义且装有大量电子设备的建筑物
	4. 制造、使用或储存爆炸物质的建筑物，且电火花不易引起爆炸或不致造成巨大破坏和人身伤亡者
	5. 具有 1 区或 21 区爆炸危险环境的建筑物，且电火花不易引起爆炸或不致造成巨大破坏和人身伤亡者
	6. 具有 2 区或 22 区爆炸危险环境的建筑物
	7. 企业内有爆炸危险的露天钢制封闭气罐
	8. 预计雷击次数大于 0.06 次/年的部、省级办公建筑物及其他重要或人员密集的公共建筑物
	9. 预计雷击次数大于 0.3 次/年的住宅、办公楼等一般性民用建筑物
第三类	1. 省级重点文物保护的建筑物及省级档案馆
	2. 预计雷击次数大于 0.012 次/年，且小于或等于 0.06 次/年的省、部级办公建筑物及其他重要或人员密集的公共建筑物
	3. 预计雷击次数大于 0.06 次/年，且小于或等于 0.3 次/年的住宅、办公楼等一般性民用建筑物
	4. 预计雷击次数大于或等于 0.06 次/年的一般性工业建筑物
	5. 根据雷击后对工业生产的影响及产生的后果，并结合当地气象、地形、地质及周围环境等因素，确定需要防雷的 21 区、22 区、23 区火灾危险环境
	6. 在平均雷暴日大于 15d/年的地区，高度在 15m 及以上的烟囱、水塔等孤立的高耸建筑物；在平均雷暴日小于或等于 15d/年的地区，高度在 20m 及以上的烟囱、水塔等孤立的高耸建筑物

任务 3　熟知制药企业建筑物的防雷措施

　　制药企业对不同防雷类别建筑物应采取不同的防雷措施。具体见《建筑物防雷设计规范》。在制药企业，主要是防直击雷的发生。常用措施见表 3-4。

表 3-4　制药企业建筑物常用防雷措施

类　别	常用防范措施
第一类建筑物和构筑物	1. 装独立避雷针或架空避雷线，使被保护建筑物和构筑物及突出屋顶的物体均处于被保护范围。架空避雷网的网格尺寸不应大于 5m×5m 或 6m×4m
	2. 排放爆炸性气体、蒸气或粉尘的放散管、呼吸阀、排风管等管口外以下空间应处于接闪器的保护范围之内
	3. 独立避雷针架空避雷线或架空避雷网应有独立的避雷装置，每一根引下线的冲击接地电阻不宜大于 10Ω。在土壤电阻率高的地区，可适当增大冲击接地电阻
第二类建筑物和构筑物	1. 在建筑物上装设避雷针或架空避雷线或由其组成的接闪器，应沿屋角、屋脊、屋檐和檐角等易受雷击的部位敷设，应在整个屋面组成不大于 10m×10m 或 12m×8m 的网格
	2. 引下线不应少于 2 根，并应沿屋檐均匀布置，其间距不应大于 18m，当仅利用建筑物四周的钢柱或柱子钢筋作为引下线时，可按跨度设引下线，但平均间距不应大于 18m
	3. 每一根引下线的冲击接地电阻不应大于 10Ω
第三类建筑物和构筑物	1. 在建筑物上装设避雷网或避雷带或由两种混合组成的接闪器，应沿屋角、屋脊、屋檐和檐角等易受雷击的部位敷设，并应在整个屋面组成不大于 20m×20m 或 24m×16m 的网格
	2. 每一根引下线的冲击接地电阻不宜大于 30Ω。其接地装置宜与电气设备接地装置共用

任务 4　了解制药企业防雷装置种类

　　制药企业主要采用的防雷装置的种类有避雷针、避雷线、避雷带、避雷网、避雷器等。一套完整的防雷装置包括接闪器、引下线和接地装置。

1. 接闪器

　　被保护设施上那些远高于地的避雷针、线、网、带等，其实都是防雷装置的一部分——接闪器。因它们更接近雷云，在雷电场的影响下，接闪器上感应出大量的异性电荷，这些电荷与雷云之间的电场强度，大大高于被保护设施与雷云之间的电场强度。所以雷云首先对接闪器放电，使强大的雷电流通过接闪器、引下线、接地装置泄入大地，从而使被保护的设施免受直接雷击。

2. 引下线

　　引下线应满足机械强度、耐腐蚀和热稳定的要求。通常多采用圆钢和扁钢制成，绝对不得用铝线作防雷引下线。引下线应取最短途径，尽量避免弯曲，并应每隔 1.5～2m 作一个固定点加以固定。如利用建筑物的金属结构作引下线时，金属物的连接点必须可靠焊接。引下线在地面以上 0.2～2m 一般应用钢管、角钢等加以保护，并将其与引下线连接起来，以减少通过雷电流的电抗。

如建筑物设有多支互相连接的避雷针，或是设有避雷线、避雷网、避雷带等，其引下线不得少于两根，每两根间的距离不得大于 18～30m。

3. 接地装置

接地装置是防雷装置的重要组成部分，起泄放雷电流的作用，使防雷装置对地电压不致过高。

接地装置又称接地体或接地极，其材质与接闪器一样具有耐蚀性，一般用镀锌钢管制作，连接两支接地极的圆钢或扁钢要用沥青防腐。

接地极的接地电阻要求，按其防雷类别和设施不同而异，其阻值可参见表 3-5 中要求的阻值。

表 3-5　防直击雷的接地电阻

建筑物和构筑物类别	工业第一类	工业第二类	工业第三类	民用第一类	民用第二类
接地电阻/Ω	10	10	20～30	10	20～30

知识积累 ▶▷▷

1. 防护触电的措施主要有绝缘、屏护和间距、电工安全用具、安全电压、电气连锁、安装漏电保护装置、保护接地、保护接零、综合管理等。

2. 触电急救时，首先要迅速使触电者脱离电源，然后根据触电者具体情况进行施救，如伤口出血者止血、昏迷者保持其气道通畅、呼吸和心跳均停止者进行心肺复苏等。

扫一扫测试

项目三　测试

3. 我国将防爆电气分为Ⅰ类防爆电气（适用于煤气井下）、Ⅱ类防爆电气（适用于爆炸性气体环境）、Ⅲ类防爆电气（适用于爆炸性粉尘环境）三大类，应根据爆炸危险环境区域和爆炸物质的类别、级别、组别进行防爆电气选型。

4. 我国建筑物的防雷等级分为三类，制药企业应根据不同防雷类别的建筑物采取不同的防雷措施。

5. 我国常用的防雷装置种类有避雷针、避雷线、避雷带、避雷网、避雷器等。

 【目标检测】

一、判断题

1. 绝大多数触电死亡事故都是由电击造成的。（　　）

2. 电弧烧伤是由低电压引起的伤害。（　　）

3. 电流对人体伤害的程度与性别、年龄有关。（　　）

4. 单相触电事故比两相触电事故多。（　　）

5. 只要使用的是安全电压，就不会发生触电事故。（　　）

6. 绝缘是防间接触电措施。（　　　）

7. 根据人体对电流的生理反应，电流一般分为感知电流、摆脱电流、致命电流。（　　　）

8. 一套完整的防雷装置包括接闪器、引下线和接地装置。（　　　）

二、单选题

1. 电流对人体的伤害可分为（　　　）两种。

A. 电击、触电　　　　B. 电击、电伤　　　　C. 触电、电伤　　　　D. 电伤、电光眼

2. 电击致死的常见原因是电流刺激人体，引起（　　　）而致死。

A. 肌肉痉挛　　　　B. 心室颤动　　　　C. 中枢神经麻痹　　　　D. 心律不齐

3. （　　　）Hz 的交流电一般对人体的伤害最严重。

A. 25～300　　　　B. 1000　　　　C. 10～25　　　　D. 300～500

4. 6～9 月触电事故发生机会较多的原因是（　　　）。

A. 人体穿的衣服少　　　　　　　　B. 电气负载较大，易发生短路

C. 电器老化加重　　　　　　　　　D. 电气设备绝缘能力下降

5. 防止间接触电的措施是（　　　）。

A. 保护接零　　　　B. 安装漏电保护器　　　C. 电气联锁　　　　D. 电工安全用具

6. 触电者脱离电源后，现场急救应用的主要方法是（　　　）。

A. 人工呼吸法　　　　B. 胸外心脏按压术　　　C. A＋B　　　　D. 以上均不是

7. 雷电一般常见的形式是（　　　）。

A. 直击雷　　　　B. 感应雷　　　　C. 雷电侵入波　　　　D. A＋B＋C

8. 选择防爆电气设备应根据爆炸危险场所区域和爆炸性物质的（　　　）。

A. 级别、类别　　　B. 类别、级别、组别　　C. 级别、组别　　　D. 组别、类别

9. 心脏复苏，若采用前区叩击法，一般连续叩击（　　　）次。

A. 3～5　　　　B. 5～7　　　　C. 7～9　　　　D. 9～12

三、简答题

1. 避雷装置的种类有哪些？

2. 防止间接触电的措施有哪些？间接触电与直接触电的主要区别是什么？

3. 触电者现场急救需注意哪些问题？

4. 如何选用危险场所的电气设备？

扫一扫ppt

项目四　ppt

项目四
制药企业的防毒安全管理

学习目标

1. 知识目标

（1）掌握职业中毒的含义与特点、防毒的措施。

（2）熟悉工业毒物的毒性与作用条件，中毒现场急救的原则、常用急救措施。

（3）了解工业毒物的含义、分类、对人体的危害，工业毒物在人体内的过程。

2. 能力目标

（1）能初步判断出职业中毒并采取适当措施防止中毒。

（2）能说出工业毒物的毒性与作用条件，中毒现场急救的原则、常用急救措施。

（3）知道工业毒物的含义、分类、对人体的危害，工业毒物在人体内的过程。

3. 素养目标

（1）初步培养学生"保护财产，自我防护"的职业素养。

（2）进一步培养学生"防微杜渐，敬畏生命""安全第一，预防为主"的安全意识。

单元一
认识制药企业的毒物

任务 1　理解制药企业毒物的含义及分类

1. 制药企业毒物的含义

一般来说，凡作用于人体并产生有害作用的物质都叫毒物。习惯上，人们把较小剂量就能引起生物体损害，扰乱或破坏机体的正常功能，引起功能性或器质性改变，导致暂时性或持久性病理损害，甚至危及生命的化学物质叫毒物；其余为非毒物。实际上，毒物与非毒物之间并不存在着明确和绝对的量限，而只是以引起生物体损害的剂量大小相对地加以区别。而在工业生产过程中所使用或产生的毒物，叫工业毒物或生产性毒物。制药企业生产过程中所使用或产生的毒物就属于工业毒物。

毒物侵入人体后与人体组织发生化学或物理化学作用，并在一定条件下破坏人体的正常生理功能，引起某些器官和系统发生暂时性或永久性的病变，这种病变叫中毒。

> **相关知识** ►►► ►
>
> 毒物的含义是相对的，一方面，物质只有在特定条件下作用于人体才具有毒性；另一方面，任何物质只要具备一定的条件，就有可能出现毒害作用。
>
> 中毒是否发生，则与毒物本身的性质、毒物浸入人体的途径及数量、接触时间及身体状况、防护条件等因素有关。

2. 毒物的分类

毒物按照分类的依据不同，可以有多种分类方法。主要有按物理形态分类、按化学类属分类、按毒物作用性质分类和综合分类。

（1）按毒物的物理形态分类　①气体，在常温常压下呈气态的物质，如一氧化碳、氯气、硫化氢等；②蒸气，由液体蒸发、固体升华所形成的，如甲苯挥发产生的蒸气、熔磷时的磷蒸气等；③雾，蒸气冷凝或液体喷散产生的薄雾，即混悬于空气中的液体微滴；④固体粉末，是直径 $0.1 \sim 10 \mu m$ 的固体颗粒，多为固体物质在机械粉碎、研磨、打砂时形成；⑤烟尘，是悬浮于空气中直径小于 $0.1 \mu m$ 的固体微粒，主要是生产过程中产生的金属蒸气在空气中氧化凝聚而成。金属冶炼时放出的金属蒸气经氧化形成的金属氧化物，如氧化锌、氧化铬等。

（2）按化学类属分类　①无机毒物，如汞、铅、砷、氯气、硫化氢、光气等；②有机毒物，如苯、四氯化碳、有机磷、有机苯、硝基苯等。

（3）按毒物作用性质分类　可分为刺激性、腐蚀性、窒息性、麻醉性、溶血性、致敏性、致癌性、致突变性和致畸性毒物共9类。

（4）综合分类　按化学性质及用途结合的分类法，一般分为以下8类：①金属、非金属及化合物，如汞、锰、铅、砷等；②卤族及其无机化合物，如氟、溴等；③强酸、强碱性物质；④氧、氮、碳的无机化合物，如臭氧、氮氧化物、光气等；⑤窒息性气体，如氨、氖、氩等；⑥有机毒物，如苯、四氯化碳、苯的氨基、硝基化合物类如硝基苯、氨基苯、三硝基甲苯等；⑦农药类毒物，如有机磷、有机氯等；⑧高分子化合物类，如塑料、橡胶及树脂类产品等。

任务2　了解毒物对人体的危害

毒物对人体产生的危害主要有神经系统、消化系统、血液系统、泌尿系统、心血管系统、生殖系统以及内分泌系统等器官，具体表现如下。

1. 刺激

（1）皮肤　与皮肤接触时，可致皮肤脱落而引起皮炎等。

（2）眼睛　与眼部接触可导致眼睛睁不开、疼痛、红肿等。

（3）呼吸道　与上呼吸道接触时，会引起灼热、呼吸不适、干痒，强烈刺激导致肺水肿等。

2. 过敏

（1）皮肤　与毒物接触后，在接触部位或其他部位会产生皮炎、发硬、水泡等。

（2）呼吸系统　引起职业性哮喘，这种症状常包括咳嗽、呼吸困难。

3. 窒息

可分为单纯窒息、血液窒息、细胞内窒息。单纯窒息是指外界空间内氧气量不足，如空气中氧浓度降到17%以下，就会产生头晕、恶心、调节功能紊乱等。血液窒息是指化学物质直接影响机体传送氧的能力，典型的血液窒息物质如一氧化碳等。细胞内窒息是指由于化学物质影响机体与氧的结合能力，如氰化氢、硫化氢等。

4. 昏迷与麻醉

接触高浓度的某些化学品如乙醚等，可以导致中枢神经抑制，使人昏迷。

5. 全身中毒

指化学物质引起的对一个或多个系统产生有害影响并扩展到全身的现象。

6. 致癌

据报道人类的癌症80%以上是由于环境因素所引起，目前已知的化学致癌毒物有1100种以上。这些致癌物质作用于机体的方式有两种：一是直接作用，二是间接作用。多数化学致癌毒品属于间接作用。它们进入人体后，经过一系列代谢，一部分被排出体外，另一部分则变为具有致癌作用的中间产物，与细胞内的大分子，如核糖、核酸、蛋白质等结合，从而构成致癌物。

7. 致畸胎

致畸胎是指对未出生胎儿造成危害。受精卵在发育过程中，主要是在胚胎器官分化发育的敏感时期，由于接触了某种化学毒物或受物理因素的刺激，影响器官的分化发育，导致形成程度轻重不同的畸形胎儿。

8. 致突变

致突变是指对人的遗传基因的影响，可能导致后代发生异常。毒物可引起遗传基因的突变，导致长远的遗传影响。突变作用的潜在危害并不一定马上表现出来，有可能在隐性状态经历几代后才出现。突变作用可以发生在生殖细胞，也可以发生在体细胞。生殖细胞发生突变可导致不育、胚胎死亡、流产、出现畸形或引起其他遗传性疾病；体细胞的突变，一般认为就是癌症。最新研究表明，很多致突变物质能引起癌症，同时很多致癌物质又可致突变。

任务 3　熟知毒物的毒性

1. 毒物的毒性

毒性是指某种毒物引起机体损害的能力，用来表示毒物的剂量与中毒反应之间的关系。

在毒理学研究中，通常是以动物先做试验后推广应用到人体进行毒性评价，毒性评价所用的单位一般以化学物质引起试验动物某种毒性反应所需要的剂量表示。

毒性程度常用剂量和浓度来表示。剂量是指某种物质引起一定毒作用效应的量，以每单位动物体重摄入的毒物量来表示(mg/kg)，或每单位动物体表面积摄入毒物的量表示(mg/m^2)。

浓度系指单位体积空气中含有毒物的量，常用 mg/L 表示。

2. 毒性的评价指标

毒性常用的评价指标有：①绝对致死量或浓度（LD_{100} 或 LC_{100}），是指引起染毒动物全部死亡的最小剂量或浓度；②半数致死量或浓度（LD_{50} 或 LC_{50}），是指引起染毒动物半数死亡的剂量或浓度；③最小致死量或浓度（MLD 或 MLC），是指全组染毒动物中个别死亡的剂量或浓度；④最大耐受量或浓度（LD_0 或 LC_0），是指全组染毒动物全部存活的最大剂量或浓度；⑤急性阈剂量或浓度（Lim_{ac}），是指一次染毒后，引起试验动物某种有害反应的最小剂量或浓度；⑥慢性阈剂量或浓度（Lim_{ch}），是指长期多次染毒后，引起试验动物某种有害作用的毒性物质的最小剂量或浓度；⑦慢性"无作用"剂量或浓度，是指在慢性染毒后，试验动物未出现任何有害作用的毒性物质的最大剂量或浓度。

> **相关知识** ❯❯❯
>
> **阈剂量或浓度的含义**
>
> 阈剂量或浓度是指化学物质引起受试对象中的少数个体出现某种最轻微的异常改变所需要的最低剂量或浓度，又称为最小有作用剂量或浓度（MEL）。

3. 毒物的毒性分级

毒物的急性毒性可根据动物染毒试验资料 LD_{50} 进行分级。据此可将毒物分为剧毒、高毒、中等毒、低毒、微毒五级，具体见表 4-1。

表 4-1　毒物的毒性分类

毒性分级	大鼠一次经口 LD$_{50}$/（mg/kg）	6 只大鼠吸入 4h 死亡 2～4 只的浓度/（μg/g）	兔经皮 LD$_{50}$/（mg/kg）	对人可能致死的估计量	
				g/kg	g/60kg 体重
剧毒	<1	<10	<5	<0.05	0.1
高毒	1～50	10～100	5～44	0.05～0.5	3
中等毒性	50～500	100～1000	44～350	0.5～5	30
低毒	500～5000	1000～10000	350～2180	5～15	250
微毒	>5000	>10000	>2180	>15	>1000

注：此表为联合国世界卫生组织推荐的五级标准。

任务 4　熟知毒物的作用条件

接触毒物在一定程度内，机体不一定受到损害，即毒物导致机体中毒是有条件的，而中毒的程度与特点取决于一系列因素和条件。

毒性物质的毒害作用与毒物的数量、存在形态以及作用条件等因素有关。例如氯化钠作为食用盐，被认为无毒；但是如果溅到鼻黏膜上就会引起溃疡，甚至使鼻中隔穿孔；如果一次服用 200～250g，就会使人致死。也就是说，一切物质在一定的条件下均可能成为毒物。由于生产工艺的需要以及所进行的加工过程如加热、加压、破碎、粉碎、筛分、溶解等操作，使毒物常呈气体、蒸气、烟雾、烟尘、粉尘等形式存在。毒物存在的形式直接关系到接触时中毒的危险性，影响到毒物进入人体的途径和病因。

1. 毒物本身的特性

（1）化学结构　毒物的毒性与其化学结构有密切关系。其化学结构决定毒物在体内可能参与和干扰的生理生化过程，因而对决定其毒性大小和毒性作用特点有很大影响。

化学结构相似的毒物，其毒性也相似。在分子结构中，低价的化合物比高价的化合物毒性大。

在碳水化合物的某些同系物中，其毒性随着碳原子的增加而增大，如丁醇、戊醇的毒性比乙醇和丙醇要大。

在不饱和的碳氢化合物中，其毒性与不饱和程度有一定关系。不饱和程度越大，其毒性也就越大，如乙炔的毒性比乙烯、乙烷都大。

在卤代烃化合物中，卤族元素取代的氢愈多，其毒性愈大，如四氯化碳的毒性比三氯甲烷、二氯甲烷和一氯甲烷都大。

（2）物理性质　毒物的物理性质与机体的呼吸速度有关。毒物的物理状态与人体对毒物吸收速度之间的关系，一般为气体毒物＞液体毒物＞固体毒物。

毒物的物理性质对其进入人体的途径及在体内吸收、分布、代谢、排出有重要影响。

① 挥发性　毒物挥发性越大，其在空气中的浓度越大，进入人体的量越大，对人体的危害越大。因此，熔点低、沸点低、蒸气压浓度较高的毒物，易中毒。有些有机溶剂的 LD$_{50}$ 值相似，即其绝对毒性相当，但由于其各自的挥发度不同，故实际毒性可能有很大差异。如苯与苯乙烯的 LC$_{50}$ 值均为 45mg/L，即其绝对毒性相同，但苯易挥发，而苯乙烯的挥发性仅为苯的 1/11，故苯乙烯在空气中形成高浓度就较困难，实际上比苯的危害性低。

② 溶解度　一般来说，毒物可溶性越大，其毒性作用越大；如砒霜（As_2O_3）与雄黄（As_2S_3）相比，前者的溶解度大，毒性也剧烈得多；氧化铅较其他铅化合物易溶解于血清，故其更易中毒。另外，脂溶性大的毒物易透过皮肤角质层进入体内，水溶性的则不易，但水溶性的又易被吸收进入血液。如氯较易溶于水，它能迅速引起结膜和上呼吸道黏膜的损坏；而光气和氮氧化物水溶性较差，则常要经过一定潜伏期而引起呼吸道深部的病变。

③ 分散度　毒物的颗粒越小，其分散度越大，则其化学活性越强，同时易经呼吸道进入人体内，其毒性作用越强；此外，随分散度加大其表面活性加大，而使溶解速度加快，吸收加快。

④ 纯度　毒物一般会含杂质，杂质可影响毒性，有时还会改变毒物作用性质。例如，商品乐果大鼠经口 LD_{50} 为 247mg/kg，而纯品乐果为 600mg/kg。一般认为，如杂质毒性大于主要成分，则样品愈纯，毒性愈小；若杂质毒性小于主要成分，则样品愈纯，毒性愈大。

2. 毒物进入机体的途径

毒物进入机体的途径不同，引起中毒的程度和结果就不同。例如，金属汞口服时，其毒性很小，但汞的蒸气由呼吸道吸入时，其毒性就很大。汞盐类较金属汞在胃肠道易吸收，则前者口服时易中毒。乙二醇、氟乙酸铵毒性大但不易挥发，经呼吸道及皮肤不易吸入，但经消化道进入机体，则可迅速引起中毒。

3. 毒物的浓度、剂量及接触时间

毒物的毒性作用与其剂量密切相关。毒物毒性再高，进入体内的毒物剂量不足也不会引起中毒。劳动环境中的毒物浓度愈高、接触时间愈长，防护条件差，进入体内的剂量增大，则愈容易发生中毒。因此，降低生产环境中的毒物浓度、缩短接触时间、减少毒物进入体内的剂量是预防职业中毒的重要环节。

4. 毒物的联合作用

制药企业的生产环境中经常同时存在多种毒物，两种或两种以上毒物对机体的相互作用称为联合作用。这种联合作用可表现为相加作用、相乘作用或拮抗作用。

相加作用是指当两种以上的毒物同时存在于作业环境时，它们的综合毒性为每个毒物毒性作用的总和。

相乘作用系指多种毒物联合作用的毒性大大超过各个毒物毒性的总和，又称增毒作用，如酒精可增强铅、汞、甲苯、硝基苯等毒物的吸收，故嗜酒者易引起中毒。

拮抗作用即多种毒物联合作用的毒性低于各个毒物毒性的总和，如曼陀罗与有机磷同时存在时，曼陀罗可拮抗有机磷的毒性作用。

5. 生产环境与劳动强度

任何毒物都是在一定的环境条件下呈现其毒作用的，并随着环境因素的不同而有所差异。生产环境中的物理因素与毒物的联合作用日益受到重视。

（1）生产环境对毒作用的影响　在高温或高湿环境中毒物的毒性作用比在常温条件下大。因环境温度高，毒物易挥发，而在高温车间劳动时人的呼吸量也大，故毒物的吸收量会增多。如高温环境可增强氯酚的毒害作用，亦可增加皮肤对硫磷的吸收等。湿度较高时也会增加某些毒物的作用强度，如高湿环境中氯化氢、氟化氮等对人体的刺激性较强。

（2）其他环境因素　如紫外线、噪声和震动可增加某些毒物的毒害作用。

（3）劳动强度　劳动强度大时，机体的呼吸循环加快，可加速毒物的吸收；重体力劳动

时，机体耗氧量增加，使机体对导致缺氧的毒物更为敏感。

6. 机体的功能状态与人体感受性

不同种属的动物对毒物的毒性反应常有很大的差异。毒物对人体的毒性作用反应也会因个人的耐受性、敏感性等不同而有很大差异。

接触同一剂量的毒物，不同的人体可出现迥然不同的反应。造成这种差别的因素很多，主要有以下几点。

（1）性别与生理变化　一般女性比男性敏感，尤其是孕期、哺乳期、经期妇女，如月经期对苯、苯胺的敏感性增高；在怀孕期，铅、汞等毒物可由母体进入胎儿体内，影响胎儿的正常发育或导致流产、早产。

（2）年龄　胎儿、婴儿、儿童、老年人对毒性耐受力差，中毒程度往往较严重。未成年人由于各器官系统的发育及功能不够成熟，对某些毒物的敏感性可能增高。

（3）健康状况与营养状况　健康状态欠佳、营养状态不良和高敏感体质也容易发生中毒。肝、肾病患者，由于其解毒、排泄功能受损，易发生中毒。

（4）免疫状况　免疫功能降低，对某些毒物的抵抗能力减低。将耐受性差的个体区别出来，使之脱离或减少接触并加强医学监护，有利于预防职业危害。

毒物对机体的作用还与神经系统的功能状态有关。当神经系统处于抑制、深睡或麻醉状态时，机体对毒物的敏感性降低。

任务 5　了解毒物最高容许浓度

毒物对人体的作用都有一个量的问题，如果进入人体内的毒物剂量不足，则毒性高也不至于引起中毒，所以存在一个阈浓度，只有当毒物的量超过该浓度时，才会对人产生毒性反应。毒物的量比阈值越低，对人体的毒害作用就越小，人也就越安全。环境卫生标准和作业环境卫生标准一般用最高容许浓度表示。

最高容许浓度是指在毒物定期或终生的、直接或间接的经生态系统作用于人体时，对人的一生或下几代都不会引起用现代检查方法所能发现的肉体或精神疾患或超过生理性适应范围的健康状况变化的浓度。

我国规定车间空气中毒物或粉尘的容许接触限值的上限浓度（最高容许浓度），即在多次有代表性的采样测定中均不应超过的数值（mg/m^3），工人在该浓度下长期进行生产劳动，不致引起急性或慢性职业性危害的浓度。

必须指出的是，职业接触限值不是一成不变的，随着科技的进步，有关毒理学和工业卫生学资料的积累，并结合毒物接触者健康状况观察的结果，会不断修订完善。企业应根据《中华人民共和国职业病防治法》对生产过程中的职业危害因素妥善控制，防止工人职业病的发生。操作人员应按规定佩戴好防毒用品，尽量减少工作场所中吸入毒物的量与接触时间，工作场所毒物最高容许浓度具体见《工作场所有害因素职业接触限值　第 1 部分：化学有害因素》（GBZ 2.1—2019）和《工作场所有害因素职业接触限值　第 2 部分：物理因素》（GBZ 2.2—2007）。

单元二
毒物对人体的危害

任务 1　了解毒物进入人体的途径

毒物进入人体的途径主要有呼吸道、皮肤和消化道。

1. 呼吸道

毒物经呼吸道进入人体是最常见、最主要、最危险的途径。呈气体、粉尘、烟、雾状态的毒物均可经呼吸道进入人体，主要部位是支气管和肺泡。经呼吸道吸收的毒物吸入肺泡后，很快能通过肺泡壁进入血液循环中，毒物随肺循环血液而流回心脏，不经肝脏解毒，就可直接进入体循环而分布到全身各处，产生毒作用，所以危险性更大。毒物引起的急性中毒一般常由此途径进入人体。

> **想一想** ▶▶▶
>
> 呼吸系统结构有哪些？毒物主要在呼吸系统哪个组成部分吸收？

影响毒物经呼吸道吸入的主要因素如下。

（1）毒物粒子大小　毒物能否随吸入的空气进入肺泡，并被肺泡吸收，与毒物的粒子大小有很大的关系。它可以影响其进入呼吸道的深度和溶解度，从而可影响毒性。当毒物呈气体、蒸气、烟等形态时，由于粒子很小，一般在 $3\mu m$ 以下，故易于到达肺泡。而那些大于 $5\mu m$ 以上的雾和粉尘，在进入呼吸道时，绝大部分被鼻腔和上呼吸道所阻留，且通过呼吸道时，易被上呼吸道的黏液所溶解而不易到达肺泡。但在浓度高等特殊情况下，仍有部分可到达肺泡。

（2）毒物水溶性大小　气态毒物进入呼吸道的深度与其水溶性有关。水溶性较大的毒物易为上呼吸道吸收，一般不易到达肺泡（如氨等），除非浓度较高。水溶性较差的毒物则在上呼吸道难以吸收，而在深部呼吸道、肺泡能吸收一部分（如氮氧化物等）。当毒物到达肺泡后，水溶性大的毒物经肺泡吸收的速度要快些；同样，粒子小的毒物，因其溶解较易，故经肺泡吸收也较快。

一般来说，空气中的毒物浓度越高，粉尘状毒物粒子越小，毒物在体液中的溶解度越大，经呼吸道吸收的速度就越快。

此外，呼吸道吸收毒物的速度，还与肺通气量、接触时间等因素有关，人每天吸入空气大约为 $12m^3$。

2. 皮肤

在生产中，毒物经皮肤吸收而中毒者也较常见。某些毒物可透过完整的皮肤进入体内。

经皮肤吸入的毒物，吸收后也不经肝脏的解毒作用，可直接随血液循环分布全身。

议一议 ▶ ▶ ▶

皮肤由哪些部分组成？各组成部分的亲水亲脂性强弱及对药物吸收有无影响？

毒物经皮肤吸收主要通过两条途径，即表皮屏障、毛囊等皮肤附属物。

（1）通过表皮屏障而进入　皮肤吸收的毒物一般主要是通过表皮屏障到达真皮，而进入血液循环的。经表皮进入体内的毒物需要越过三道屏障：①第一道屏障是皮肤的角质层，一般分子量大于 300 的物质不易透过无损皮肤；②第二道屏障是位于表皮角质层下，连接角质层的表皮细胞膜，此层为类脂质层，故对非脂溶性物质具有屏障作用，即它能阻止水溶性物质的通过，而不阻止脂溶性物质的通过；③第三道屏障是表皮与真皮连接处的基膜，它也有类似第二屏障的性质，对水溶性毒物有很好的防护作用。但脂溶性毒物经表皮吸收后，还要有一定水溶性，才能进一步扩散和吸收。故水、脂均溶的毒物易被皮肤吸收，如苯胺同系物，芳香族的氨基、硝基化合物，金属的有机化合物（如四乙铅等），有机磷化合物，三氯甲烷等，可以穿透该层而到达真皮层导致吸收中毒；而脂溶性大而水溶性极微的苯，则经皮肤吸收的量较少。

（2）通过毛囊、皮脂腺或汗腺等皮肤附属物而进入　毒物经皮肤进入机体的第二条途径是绕过表皮屏障，通过毛囊直接透过皮脂腺细胞和毛囊壁进入真皮乳头毛细血管而被血吸收。一般来说，因毛囊和皮脂腺总截面积仅占表皮面积的 0.1%～1.0% 左右，故实际意义不是很大。

皮肤最易吸收毒物的部位为腋窝、腹股沟、四肢的内侧、颈部和薄嫩而潮湿的部位。若表皮屏障的完整性遭破坏如外伤、烧伤等，可促进毒物的吸收。此外，毒物经皮吸收的数量、速度还与毒物本身的黏稠度，与皮肤的接触面积、部位，以及与外界的气温、湿度等有关。

3. 消化道

在生产环境中，毒物从消化道吸收而引起中毒的机会是比较少见的。毒物经此途径吸收多由不良卫生习惯造成，如在生产环境中进食或饮水而导致误食。另外，当毒物由呼吸道侵入人体时，一部分黏附在鼻咽部混于其分泌物中，也有可能被无意吞入等。

我们对毒物进入体内的途径有所了解后，才能在防护过程中采取相应的防护措施。

知识拓展 ▶ ▶ ▶

毒物危害程度分级

GBZ/T 230—2010《职业性接触毒物危害程度分级》依据急性毒性、急性中毒发病状况、慢性中毒患病状况、慢性中毒后果、致癌性和最高容许浓度 6 项指标，将职业性接触毒物分为极度危害（Ⅰ级）、高度危害（Ⅱ级）、中度危害（Ⅲ级）、轻度危害（Ⅳ级）4 个级别。

任务 2　了解毒物在人体中的分布、生物转化及排除

1. 毒物在人体内的分布

毒物经不同途径进入体内后，由血液分布到各组织。由于各种毒物的化学结构和理化特

性不同，它们与人体内某些器官的亲和力是不同的，从而使毒物相对聚集在某些器官和组织内。例如一氧化碳对血液的亲和力极大，而一氧化碳与血红蛋白结合生成碳氧血红蛋白，会造成组织缺氧（称低氧血症），使人感到头晕、头痛、恶心，甚至昏迷致死，即通常所说的一氧化碳中毒。当毒物与某组织或器官的亲和性较大，若长期接触此类毒物时，会出现该组织或器官中毒物量逐渐增多的现象，此现象称为蓄积。某种毒物首先在某一器官中蓄积并达到毒作用的临界浓度，这一器官就被称为该毒物的靶器官。例如脑是甲基汞的靶器官；甲状腺是碘化物的靶器官；骨骼是镉的靶器官；砷和汞常蓄积在肝脏器官；农药具有脂溶性，易在脂肪组织中蓄积。

2. 毒物的生物转化

进入体内的毒物，除少部分水溶性强、分子量极小的毒物可以原形被排出体外，绝大部分毒物都要经过某些酶的代谢（或转化），从而增强其水溶性而易于排出体外。毒物进入体内后，经过水解、氧化、还原和结合等一系列过程后，其化学结构和毒性会发生一定的改变，称为毒物的生物转化或代谢转化。毒物经生物转化后，若其毒性减弱或消失称解毒或生物失活；若生成新的毒性更强的物质，则称为致死性合成或生物活化。如氟乙酸盐在代谢过程中转变成氟柠檬酸后，竞争性抑制乌头酸酶的活性。

生物转化过程一般分两步进行：一是氧化、还原和水解反应；二是与某些极性强的物质结合，增强其水溶性，以利排出体外。当然这两步在生物转化的过程中不一定都发生。

3. 毒物的排出

进入体内的毒物，经代谢转化后，可通过泌尿系统、消化系统、呼吸系统等途径排出体外。进入细胞内的毒物除少数能随各种上皮细胞的衰老脱落外，大多数需经尿和胆汁排泄。但也有些毒物可通过乳腺、泪腺、汗腺和皮肤排出。

任务 3　理解职业中毒

职业中毒，是指在劳动过程中由于工业毒物引起的中毒，是在职业活动中因接触各种有毒物质等因素而引起的急慢性疾病。

1. 职业中毒的类型

职业中毒按发生速度快慢分为三类。

（1）急性中毒　是指在短时间内或是指一次性有害物质大量进入人体所引起的中毒。此类中毒具有发病急、变化快和病情重的特点。如果救护不及时或治疗不当，易造成死亡或留有后遗症。如一氧化碳中毒、氰化物中毒等。

（2）慢性中毒　是指少量的有害物质经过长时间的侵入人体所引起的中毒，也就是职业病。此类中毒发病慢，病程进展迟缓，病情初期较轻，与一般疾病较难区分，容易误诊。如果诊断不当，治疗不及时，会发展成严重的慢性中毒。慢性中毒绝大部分是蓄积性毒物所引起的，如慢性铅、汞、锰等中毒。

（3）亚急性中毒　是指介于急性与慢性中毒之间，病变较急性时间长，发病症状较急性中毒缓和，但病程进展比慢性中毒快得多，病情较重的中毒。如二硫化碳、汞中毒等。

2. 职业中毒的特点

（1）接触史　职业中毒发生时，中毒人群均有明确的工业毒物的接触史。

（2）群发性　同一车间的同工种工人接触某种工业毒物时，若有人发生中毒，则多为群体性中毒，很少出现个别人中毒。

（3）特异性　许多毒物可选择性作用于某系统或某器官，故中毒发生时，常出现典型的系统症状。

（4）潜伏期　职业中毒具有一定潜伏期。如慢性职业中毒发病慢，从开始接触毒物到发病一般有很长一段时间，且症状会逐渐加重；在急性职业中毒的过程中，吸入毒物后有一定刺激症状，但随即症状消失，经过无明显症状的潜伏期后，可突然发生严重症状。

3. 职业中毒诊断过程

（1）急性职业中毒　急性职业中毒多数都是在事故发生时造成的，诊断较容易。但在抢救急性中毒病人的同时，还是要积极组织现场调查，了解引起中毒的毒物种类和浓度。因为毒物种类不同，抢救的措施不同。如氮肥厂原料气中除一氧化碳外还有硫化氢等；电化厂乙炔气中往往混有砷化氢、磷化氢等。混合毒物中毒时，只治疗其中某一种毒物的中毒，往往难以奏效。

许多毒物中毒都有一定的潜伏期，在潜伏期内要静心休息、注意观察。如光气、氮氧化物等常在被吸入 $12\sim24h$ 后突然发生中毒性肺水肿。若在潜伏期内注意休息和进行抗肺水肿治疗，就可能不发生肺水肿，即使发病也很轻。若在潜伏期内没有进行治疗并做剧烈活动，则可能发病很重，甚至难以抢救。对于间歇性中毒发作，应随时注意病情变化。如一氧化碳中毒治疗清醒后，经数小时或数日有可能会再度出现昏迷症状等。

（2）慢性职业中毒　慢性职业中毒由于起病缓慢、病程较长，有些毒物中毒又无特异诊断指标，所以诊断时应注意辨别确诊，谨防误诊。对于暂时难以确诊者，可进行动态观察或驱毒试验，住院观察治疗后，再做出诊断。

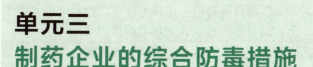

议一议

如何判断某种中毒是否是职业中毒？

单元三
制药企业的综合防毒措施

任务 1　熟知防毒的技术措施

防毒技术措施是指在生产工艺、设备、操作等方面，从安全防毒角度来考虑设计、计划、检查、保养等措施，尽可能减少人与毒物直接接触的机会。

1. 改革工艺

防毒的根本性措施就是改革工艺。要优先选用那些在生产过程中不产生毒物或将毒物消灭在生产过程中的工艺流程。

例如，采用氢气在催化剂作用下与硝基苯直接合成苯胺，代替过去的铁粉还原法，消除了含有硝基苯和氨基苯的大量铁泥废渣，从而减少了硝基苯和氨基苯对作业环境的污染。

分离邻位和对位硝基氯苯，过去用的是结晶分离法。该法不但操作复杂、副产品多，而且由于结晶器在冷热交替的条件下运行，腐蚀严重，密封性差，"跑、冒、滴、漏"现象十分严重，尤其是高温化料时，生产现场硝基苯浓度大，气味很重，严重影响工人的身体健康。1979年采用斜孔精馏塔分离试验获得成功后，实现了连续化生产，减少了硝基苯的污染。

一些散剂产品，在包装时散发出大量有毒粉尘，严重影响包装工人身体健康。如果将散剂改制成颗粒剂或片剂，则可消除或减少粉尘的危害。例如，过去生产的三盐基硫酸铅、氰化钠是散剂产品，现制成三盐基硫酸铅颗粒剂及氰化钠片剂产品，则减少了粉尘的危害。

2. 以无毒或低毒原料代替有毒或高毒原料

在生产过程中，采用无毒原料代替有毒或高毒原料，是消除毒性物料危险的有效措施。

过去在石油危险化学品生产中常用的汞仪表（如差压计、温度计），经常扩散出汞蒸气，使生产工人，尤其是仪表工人汞中毒。现在石油化工企业已基本淘汰了汞仪表，将汞差压计改装成气动（电动）差压计。用热偶、热敏电阻或双金属温度计代替水银温度计，从而消除了汞对工人的危害。

事故案例 ▶ ▶ ▶

2011年浙江某制药厂一个车间里发生工业气体泄漏。上班的多名员工不同程度感到身体不适，有的胸闷，有的咳嗽，有的呼吸困难。事故原因判定为反应釜盖垫圈破裂造成工业气体泄漏，员工中毒主要是因为吸入了氯化氢气体。

由此可见生产过程中选择无毒或低毒原料的重要性。

---

3. 生产设备密闭化、管道化、连续机械化措施

在制药生产中，如敞开式加料、搅拌、反应、测温、取样、出料、存放等操作，均会造成有毒物质的散发、外逸、污染环境等。为了控制有毒物质，使其不在生产过程中散发出来造成危害，关键在于生产设备本身的密闭化，以及生产过程各个环节的密闭化。

在制药生产过程中，大多数情况下是间歇操作，生产过程中需要经常配料、加料，频繁地进行调节、分离、出料、干燥、粉碎和包装等，反应设备时而敞开、时而密闭，很难做到系统密闭。故此在危险性较大和使用大量有毒物料的工艺过程，操作人员会频繁接触毒性物料，对操作人员造成相当严重的危害。若采用连续化操作可以消除上述弊端，如料液过滤时若采用间歇操作的板框式压滤机进行过滤，则每压滤一次就得拆一次滤板、滤框，并清理安放滤布等，使操作人员直接接触大量物料，并消耗大量的体力；若采用连续操作的真空吸滤机，操作人员只需观察吸滤机运转情况，调整真空度即可。所以，连续化的过程不但简化了操作程序，而且还可防止有害物料泄漏、减少生产环境中毒物的浓度。

生产设备的密闭化，常常与减压操作和通风排毒措施结合起来使用，以提高设备密闭的

效果和有毒物质的排出，消除或减轻有毒物质的危害。设备的密闭化尚需辅以管道化、机械化的投料和出料，才能使设备完全密闭。

4. 隔离操作和自动控制

由于条件限制，若毒物浓度不能降低至国家卫生标准时，则可以采用隔离操作的措施。隔离操作是把操作人员与生产设备隔离开来，使其免受毒物的危害。

目前，常用的隔离方法有两种，一种是全部或个别毒害严重的生产设备放置在隔离室内，采用排风等方法，使室内呈负压；另一种是将操作人员的工作地点放置在隔离室内，采用输送新鲜空气等方法，使室内呈正压。

5. 消除二次尘毒源

所谓二次尘毒源，是指粉尘和毒物从生产过程中泄漏或储存过程中散洒于车间或厂区内，成为再次散发粉尘和毒的来源。例如，农药散剂加工车间、氰化钠粉料包装岗位的农药或氰化钠粉尘洒落在地面，当工人走过或有风吹过时，粉尘又会飞扬起来。

消除二次尘毒源可以采取加强车间管理，消灭"跑、冒、滴、漏"。另外，地面勤冲洗、勤清扫等也是消除二次尘毒源的主要措施。

6. 通风排毒

生产过程中常因设备的"跑、冒、滴、漏"，使毒物逸入空气中，因此，采取适当的通风措施，及时排走空气中的毒物，是降低车间空气中毒物浓度的一项重要措施。通风措施可分为自然通风和机械通风、全面通风和局部通风。在制药企业中，用于通风排毒的多为机械送风或排风。

7. 毒物净化措施

通过上述治理措施后，毒物浓度仍高于排放标准时，可以采用净化措施进行处理（含气体净化和除尘），以免造成大气污染，危害健康。目前净化措施主要有脱硫、冷凝、焚烧、吸附和吸收等方法；除尘措施主要有机械除尘器、湿式除尘器、过滤式除尘器、电除尘器4类。

任务 2　熟知防毒的管理措施

防止毒物对人体的危害，必须坚持"预防为主，防治结合"的方针和"分类管理，综合治理"的原则，实施"法制管理、技术控制和全民教育"策略。

"预防为主，防治结合"，就是要强化预防意识，从源头上控制毒物危害，预防与治理相结合。

"分类管理，综合治理"，就是要对不同毒性的物品采取不同的预防、控制措施，对高毒物实施严格的管理措施，通过使用替代品、加强防护、缩短劳动时间、增加轮换等综合措施，减少和消除其危害。

"法制管理、技术控制和全民教育"，就是要认真贯彻执行国家有关毒物使用的法律、法规，依法治理毒物危害；加强毒物生产、使用的建设项目管理、场所管理和人员健康管理；加强全民教育，提高毒物危害认识水平和防护能力。

防毒的管理可以从以下几个方面进行。

1. 建立健全管理机构

毒物生产企业都应设专（兼）职职业安全卫生管理机构和管理人员，做好防毒的管理和监督工作。

新建、扩建项目和技术改建、技术引进项目，有可能产生中毒的，应当依照《职业病防治法》的规定进行职业病危害预评价，并经卫生行政部门批准才能施工；可能产生中毒的建设项目的中毒防护设施应当与主体工程同时设计、同时施工、同时投入生产和使用；建设项目竣工应经职业卫生和职业安全评价，并经有关行政部门验收合格，方可投产。

2. 加强防毒的宣传教育，健全防毒的管理制度

各企业要有组织、有计划地进行职业卫生法规、标准的宣传教育，对职工进行防毒知识和急救知识的教育。

企业要制定防毒操作规程、检测制度、剧毒物品保管领用制度、毒物储藏运输制度等。

3. 做好毒物监测

按国家颁布的规范要求，定期进行毒物监测、评价、治理和检查，建立毒物管理档案。

4. 卫生保健制度

对从事毒物作业的职工，按规定发放保健品，做好个人卫生，并定期进行健康检查等。到有毒岗位作业的从业人员需要进行就业前健康检查，建立个人健康监护档案。

剧毒车间应备齐急救用的医药器材或设立医疗急救站。

事故案例 ▶ ▶ ▶

2009 年在某药业公司实习的某学校学生，从事药品包装工作 2 个月后，突然感到浑身酸疼、肌肉颤抖，掉头发、腰腿部疼痛尤为厉害，被省职业病医院确诊为"汞中毒并肾损害"。事故原因是实习单位未告知此项工作有毒，未采取任何防护措施，以及未进行定期的职业健康检查等。

由此可见防毒管理措施的重要性。

任务 3   熟知个体防毒措施

个人防护也是防毒的预防措施之一，主要分为呼吸道防护和皮肤防护两大类。

1. 重视个人卫生

禁止在有毒作业场所吃饭、饮水、吸烟等。饭前洗手漱口，班后洗澡，定期清洁工作服等。这对于防止有毒物质从皮肤、口腔、消化道侵入人体，具有重要意义。

2. 防毒措施

① 严格遵守安全操作规程加强个人防护，要注意正确选择和有效地使用安全防护用品，避免中毒事件的发生。

② 为防止毒物从皮肤侵入人体，皮肤防护常采用穿防护服、防护鞋，戴防护手套、防护帽等防护用品；对裸露皮肤，应视其所接触的物质不同，采用相应的保护油膏或清洁剂。尘毒岗位工人下班后，应进行淋浴冲洗。

③ 为防止毒物从呼吸道侵入人体，应使用过滤式或隔离式防毒用具。过滤式防毒用具有简易防毒口罩、防尘口罩和过滤式防毒面具等；隔离式防毒用具可分为氧气呼吸器、空气

呼吸器、自吸式长管面具和送风式防毒面具等。

应根据现场作业环境的条件如含氧量、毒物的性质、毒性和浓度等，正确选择和使用防毒面具。

单元四
制药企业急性中毒的现场救护

任务 1　熟知制药企业现场急救的物资储备

有剧毒物质的企业、车间、作业场所，应设置救护室或救护站。医护人员应熟悉毒物作业环境，能够分析事故原因，掌握职业中毒的特点和急救的医疗措施，随时做好救护和抢救的工作准备。救护站或救护室应配备充足的急救设备、器械和急救药品等。

1. 急救设备和器械的储备

救护站应配备救护车、抢救担架、救护床；防毒面具、防护手套、防护服、防护鞋；吸引器、氧气呼吸器、苏生器、氧气瓶或袋；心脏监护设备、除颤器、体外起搏器；清水及清洗设备等。

应配备的医疗器械有听诊器、血压计、叩诊锤、开口器、压舌板；外科切开和缝合器具、消毒包；止血带、纱布、棉球；洗胃器、洗眼器、吸水器；针灸针、夹板、绷带等。

2. 抢救药品的储备

一般药物，如2%的硼酸水、5%的碳酸氢钠溶液等；呼吸中枢兴奋剂，如尼可刹米、洛贝林等；强心剂，如毛花苷丙、肾上腺素、异丙基肾上腺素等；镇静剂，如安定、氯丙嗪等；其他，如氧气，葡萄糖及维生素C等注射液。

解毒药品应根据毒物作业场所的毒物种类作相应的准备。

任务 2　熟知制药企业现场急救原则及准备

1. 入院前急救原则

毒物中毒的急救一般分院前急救（现场急救）、医院急救中心急救和重症监护（CCU）三部分，其中院前急救对挽救伤病员的生命是至关重要的，故必须做到：①建立起畅通无阻、不间断的通信联系；②建立起具有指挥和协调作用的急救调度中心；③组织现场群众互救和医务人员急救的现场救护；④备有安全、迅速运送伤病员的工具。

2. 救护者防护准备

急性中毒发生时，毒物多由呼吸系统或皮肤进入体内。因此，救护人员在抢救之前应做好自身呼吸系统和皮肤的防护，如穿好防护服、佩戴供氧式防毒面具或氧气呼吸器等。否则，救护者非但不能救助中毒者，反而会使自己也中毒，使中毒事故进一步扩大。

3. 切断毒物来源

救护人员进入现场后，除对中毒者进行抢救外，还应采取有力措施切断毒物来源，如关闭泄漏管道阀门、堵塞设备泄漏处、停止输送物料等。对于已经泄漏出来的有毒气体或蒸气，应迅速开启通风排毒设施或打开门窗，或者进行中和处理，降低毒物在空气中的浓度，为抢救工作创造有利条件。

4. 中毒者急救准备

救护人员进入现场后，①应迅速将中毒者撤离毒区，移至空气新鲜、通风良好的地方。在抢救抬运过程中，不能强拉硬拽以防造成外伤，使病情加重。松开患者衣领、腰带，并仰卧，以保持呼吸道通畅；同时要注意保暖。②迅速脱去被毒物污染的衣服、鞋袜、手套等。用大量清水或解毒液（根据毒物性质选择）彻底清洗被毒物污染的皮肤。要注意防止清洗剂促进毒物的吸收，以及清洗剂本身所致的吸收中毒。对于黏稠性毒物，可用大量肥皂水冲洗（敌百虫不能用碱性液冲洗），尤其要注意皮肤褶皱、毛发和指甲内的污染。对于强酸类毒物，应先用棉絮、干布等擦掉毒物，再用清水冲洗。③若毒物经口入胃引起急性中毒，对于非腐蚀性毒物，应迅速用 1/5000 的高锰酸钾溶液或 $1\% \sim 2\%$ 的碳酸氢钠溶液洗胃，而后用硫酸镁溶液导泻。对于腐蚀性毒物，一般不宜洗胃，可用蛋清、牛奶或氢氧化铝凝胶灌服，保护胃黏膜。④让中毒者吸氧。若患者呼吸停止或心搏骤停，应立即施行心肺复苏术。

5. 尽快送医院治疗

对中毒者进行现场的初步抢救后，中毒者病重需转送医院时，应根据病人症状采取相应的救治措施，并佩戴好毒物周知卡。治疗措施如吸氧、补液、使用中枢及呼吸兴奋剂、去泡沫剂、糖皮质激素等。昏迷者应取下义齿，将舌引向前方，以保持呼吸道通畅。在转送医院的同时，应先电话通知医疗单位作接诊准备，以便到达医院后参考毒物周知卡，可及时采取有效的抢救措施，防止患者频繁活动增加耗氧，使病情加重及误诊。

任务 3　熟知制药企业现场急救的措施

心肺复苏术主要由两个部分组成：一是心脏复苏术，心前区叩击术、胸外心脏按压术、应用心脏复苏药物等，目的在于维持血液循环和恢复自由的血液循环；二是呼吸复苏术，人工呼吸、应用呼吸中枢兴奋药物等，目的在于维持肺呼吸供应氧气，排出二氧化碳和恢复自主呼吸。

1. 心脏复苏术

患者心搏骤停，应实施心前区叩击术或胸外心脏按压术进行抢救，具体操作过程见项目三。

2. 呼吸复苏术

呼吸复苏术与心脏复苏术应同时进行，可单人进行，也可双人合作。若不进行呼吸复苏术，人体组织缺氧，心脏复苏也无法成功。口对口的人工呼吸是最简便有效的方法，具体操作见项目三。其潮气量较大，适于现场急救。表 4-2 为几种人工呼吸法的潮气量比较。

表 4-2　几种人工呼吸法的潮气量

人工呼吸法	潮气量/L	人工呼吸法	潮气量/L
仰卧压胸法	350	口对口人工呼吸法	1250
举臂压胸法	875	胸外心脏按压法	125～250

若有苏生器，采用苏生器自动进行人工呼吸更佳。苏生器能自动把氧气输入患者肺内，然后又能自动把肺内气体抽出，并连续工作。

3. 解毒和排毒措施

对于急性职业中毒的患者，应根据毒物性质及时采取有效的解毒和排毒措施，降低或排除毒物对人体的损害。如金属及其盐类的中毒，可采用各种金属络合剂如依地酸二钠钙及其同类化合物、巯基络合物以及二乙基二硫代氨基甲酸钠等，与毒物中的金属离子络合生成稳定的有机化合物，随尿液排出体外；氰化氢中毒，先吸入亚硝酸异戊酯，然后立即静脉缓慢注射 3％的亚硝酸钠 10～15mL，并以同一针头再注射 25％～50％的硫代硫酸钠 50mL；光气中毒静脉注射 20％的乌洛托品 20～40mL；急性有机磷农药中毒，可采用阿托品或氯磷定、解磷定等胆碱酯酶复活剂静脉注射；急性苯胺或硝基苯中毒，可采用 1％的亚甲蓝解毒剂治疗等。

一氧化碳急性中毒者可立即吸入氧气，不但可以缓解机体缺氧，对毒物排出也有一定作用。中和体内毒物及其分解产物，也是救治中毒者经常采用的治疗措施。如甲醇中毒时，其主要临床症状是酸中毒，则可采用碱性药物纠正；溴甲烷或碘甲烷在体内也可分解成酸性产物，急性中毒时也可用碱性药物治疗。此外，也可采用利尿、换血以及腹膜透析或人工肾等方法，促进毒物尽快排出体外。

议一议 ▶▶▶

1996 年 3 月，某化工厂硫醇车间发生一起硫酸二甲醇泄漏事故，致使 4 名工人和附近居民中毒，1 人死亡。

事故原因是操作工人违规操作，将本应在 10h 左右滴加完的 250kg 硫酸二甲醇在 10min 内全部加入了反应釜，致使反应异常剧烈，釜内压力急剧上升，将安全阀冲开，释放大量毒气而引发中毒。

试分析：如何进行现场急救？如何防止类似事件出现？

知识积累 ▶▶▶

1. 职业中毒是指在劳动过程中由于工业毒物引起的中毒，具有接触史、群发性、特异性、潜伏期等特点。

2. 防毒的技术措施有改革工艺，以无毒或低毒原料代替有毒或高毒原料，生产设备密闭化、管道化、连续机械化、隔离操作和自动控制，通风排毒等。

扫一扫测试

项目四　测试

3. 防毒的管理措施有建立健全管理机构、加强防毒的宣传教育、健全防毒的管理制度、做好毒物监测、做好卫生保健制度等。

4. 个体防毒措施有重视个人卫生，穿防护服、防护鞋，戴防护手套、防护帽、防毒用具等。

5. 中毒现场急救的措施有心肺复苏术、解毒和排毒措施。

 【目标检测】

一、判断题

1. 毒物在特定条件下才有毒性危害。（　　）

2. 刺激可能是毒物对人体产生危害的表现。（　　）

3. 阈剂量又称为最大无作用剂量。（　　）

4. 无毒是工业毒物的毒性级别之一。（　　）

5. 毒物的纯度越高，毒性也越大。（　　）

6. 两种或两种以上毒物对机体作用时，毒性增强。（　　）

7. 若腐蚀性毒物经口入胃引起急性中毒时，不宜洗胃。（　　）

8. 一氧化碳急性中毒立即吸入氧气，对促进毒物排出有一定作用。（　　）

二、单选题

1. 不属于按毒物作用性质分类的是（　　）。

A. 刺激性毒物　　　　　　　　　　　B. 窒息性毒物

C. 麻醉性毒物　　　　　　　　　　　D. 综合性毒物

2. 影响毒物对人体产生危害程度的因素是（　　）。

A. 毒物的浓度　　　　　　　　　　　B. 机体的功能状态

C. 接触时间　　　　　　　　　　　　D. A＋B＋C

3. 在生产过程中，毒物进入人体最主要的途径是（　　）。

A. 呼吸道　　　　　　　　　　　　　B. 消化道

C. 皮肤　　　　　　　　　　　　　　D. 皮肤附属物

4. 不属于职业中毒的类型是（　　）。

A. 急性中毒　　　　　　　　　　　　B. 慢性中毒

C. 亚慢性中毒　　　　　　　　　　　D. 亚急性中毒

5. 不属于职业中毒特点的是（　　）。

A. 接触史　　　　　　　　　　　　　B. 群发性

C. 特异性　　　　　　　　　　　　　D. 致癌性

6. （　　）不属于综合防毒技术的措施。

A. 技术　　　　　　B. 管理　　　　　　C. 急救　　　　　　D. 教育

7. 防止毒物对人体危害的原则是（　　）。

A. 预防为主，防治结合　　　　　　　B. 分类管理，综合治理

C. 法制管理，技术控制和全民教育　　D. 安全第一，预防为主

8. 若毒物经口入胃引起急性中毒时，若非腐蚀性毒物，可用（　　）碳酸氢钠溶液洗胃。

A. 1％～2％　　　　　　　　　　　　B. 3％～4％

C. 5％～6％　　　　　　　　　　　　D. 10％～20％

9. 金属及其盐类中毒时，可采用（　　）进行解毒。

A. 氯磷定
B. 依地酸二钠钙

C. 硫代硫酸钠
D. 阿托品

10. 综合防毒技术措施不包括（　　）。

A. 通风
B. 毒物净化

C. 宣传
D. 隔离

三、简答题

1. 简述毒物的作用条件。

2. 诊断职业中毒的依据有哪些？

3. 毒物对人体的危害主要表现在哪些方面？

4. 综合防毒的技术措施有哪些？

5. 影响毒物对人体危害程度的因素有哪些？

扫一扫ppt

项目五 ppt

项目五
制药企业废水、废气、废渣安全管理

  制药企业在生产过程中都要排出大量的发酵工业废液、一定量废菌渣及污泥，并排出大量废气，即"三废"。制药工业的废液属于高浓度的有机废水，药厂排出的"三废"往往具有毒性、刺激性和腐蚀性等特点。在防治"三废"时，必须把那些数量大、毒性高、腐蚀性强、刺激性大的"三废"治理放在首要地位。近年来，许多工厂都采取措施加强对"三废"的治理，在减轻环境污染的同时，也能变废为宝，为企业带来更好的效益。

学习目标

1. 知识目标
（1）掌握制药企业废水、废气、废渣的处理措施。
（2）熟悉废水的污染控制指标、废渣来源。
（3）了解制药企业废水的处理级数、废气种类。

2. 能力目标
（1）能熟练说出废水、废气、废渣的处理措施。
（2）能说出废水的污染控制指标、废渣来源。
（3）知道制药企业废水的处理级数、废气种类。

3. 素养目标
（1）初步培养学生"减少浪费，降低成本"的职业素养。
（2）初步培养学生"节约用水，减少耗能"的环保意识。

单元一
制药企业废水安全管理

任务 1　理解废水的污染控制指标

> **想一想** ▶▶▶
>
> 1. 我们平时见到的"三废"有哪些？在哪里见到？
> 2. "三废"防治哪一环是最重要的？
> 3. 企业的工业废水直接排放的后果是什么？

通过对上面三个问题的思考，可能大家已经知道了化学制药厂"三废"中，废水的数量最大、种类最多、危害最严重，对生产的持续发展影响最大，因此它是化学制药厂"三废"无害化处理的主要对象。

> **议一议** ▶▶▶
>
> 1994 年 7 月，淮河上游河南境内突降暴雨，颍上水库水位超过防洪警戒线后开闸泄洪，水经之处河水泛浊，鱼虾死亡。下游一些地方居民饮用了虽经自来水厂处理，但未能达到饮用标准的水后，出现恶心、腹泻、呕吐等症状。沿河各自来水厂被迫停止供水达 54 天之久，百万人口饮水告急，这就是震惊中外的"淮河水污染事件"。
>
> 试分析超标原因和水质指标监控必要性，工业上有哪些监控指标？

1. 水质指标

水质指标是表征废水性质的参数，对废水进行无害化处理，控制和掌握废水处理设备的工作状况和效果，必须定期分析废水的水质。表征废水水质的指标很多，比较重要的有 pH 值、悬浮物（SS）、生化需氧量（BOD）、化学需氧量（COD）等指标。

（1）pH 值　是反映废水酸碱性强弱的重要指标。它的测定和控制，对维护废水处理设施的正常运行，防止废水处理及输送设备的腐蚀，保护水生生物和水体自净化功能都有重要的意义。处理后的废水应呈中性或接近中性。

（2）悬浮物　是指废水中呈悬浮状态的固体，是反映水中固体物质含量的一个常用指标，可用过滤法测定，单位为 mg/L。

（3）生化需氧量（BOD）　是指在一定条件下微生物分解水中有机物时所需的氧量，单位为 mg/L。微生物分解有机物的速度和程度与时间有直接的关系。在实际工作中，常在 20℃下，将废水培养 5 日，然后测定单位体积废水中溶解氧的减少量，即 5 日生化需氧量，常用 BOD_5 表示。BOD 反映了废水中可被微生物分解的有机物的总量，其值越大，表示水中有机物越多，水体被污染的程度越高。

（4）化学需氧量（COD）　是指在一定条件下用强氧化剂（$K_2Cr_2O_7$ 或 $KMnO_4$）氧化废水中的污染物所消耗的氧量，单位为 mg/L。这些污染物包括能被强氧化剂氧化的有机物及无机物。测定结果分别标记为 COD_{Cr} 或 COD_{Mn}，我国的废水检验标准规定以重铬酸钾作氧化剂，一般为 COD_{Cr}。BOD 与 COD 都可表征水被污染的程度，但是 COD 能更精确地表示废水中污染物的含量，而且测定时间短，不受水质限制，因此常被用作废水的污染指标。COD 与 BOD 之差表示废水中不能被微生物分解的污染物含量。

不同工业污水综合排放标准的对比见表 5-1。

表 5-1　不同工业污水综合排放标准的对比（1998.1.1 之后建设）　　单位：mg/L

污染物	适用范围	一级标准	二级标准	三级标准
悬浮物	边远地区砂金选矿	70	800	—
	城镇二级污水处理厂	20	30	—
	采矿、选矿、选煤工业	70	300	—
	其他排污单位	70	150	400
BOD_5	甘蔗制糖、苎麻脱胶、湿法纤维板、染料、洗毛工业	20	60	600
	甜菜制糖、酒精、味精、皮革、化纤浆粕工业	20	100	600
	城镇二级污水处理厂	20	30	—
	其他排污单位	20	30	300
COD	味精、酒精、医药原料药、生物制药、苎麻脱胶、皮革、化纤浆粕工业	100	300	1000
	石油化工业（包括石油炼制）	60	120	500
	城镇二级污水处理厂	60	120	—
	其他排污单位	100	150	500

2. 废水污染控制指标

相关知识

制药工业废液有其自身的特点，一般含菌丝体、未利用完的培养基、无机盐、有机溶剂及部分目标产品（如残留抗生素），重金属含量很低。另外，制药工业废液的 COD 高。大多数制药废液 COD 指标平均为 $10000 \sim 50000$ mg/L，与我国相关污水综合排放标准（GB 8978—1996）的二级标准相比较，平均超标倍数达 $33 \sim 167$ 倍。换言之，即每立方米制药废液排入环境中，会造成 $50 \sim 250 m^3$ 地面水中的 COD 值超标，可见其污染程度是严重的。

制药工业的废水来源一般是废母液，反应罐废残液，设备清洗液，洗液；"跑、冒、滴、漏"的原辅材料，物料事故跑料液，废气吸收液，废渣稀释液，排入下水管道的废水等。这些废水污染物种类繁多、浓度很高，生化处理所需时间长，对环境污染严重，处理后达到排放标准方可排放。在《污水综合排放标准》（GB 8978—1996）中，按污染物对人体健康的影响程度，一般可分为以下两类。

（1）第一类污染物　指能在环境或生物体内蓄积，对人体健康产生长远不良影响者。《污水综合排放标准》中规定此类污染物有13种，即总汞、烷基汞、总镉、总铬、六价铬、总砷、总铅、总镍、苯并（a）芘、总铍、总银、总α放射性、总β放射性。含有这一类有害污染物质的废水，不分行业和排放方式，也不分受纳水体的功能差别，一律要在车间或车间的处理设施排出口取样，其最高允许排放浓度必须符合表5-2的规定。

表5-2　第一类污染物最高允许排放浓度　　　　　　　　　　　　　　单位：mg/L

序号	污染物	最高允许排放浓度	序号	污染物	最高允许排放浓度
1	总汞	0.05	8	总镍	1.0
2	烷基汞	不得检出	9	苯并（a）芘	0.00003
3	总镉	0.1	10	总铍	0.005
4	总铬	1.5	11	总银	0.5
5	六价铬	0.5	12	总α放射性	1Bq/L
6	总砷	0.5	13	总β放射性	10Bq/L
7	总铅	1.0			

（2）第二类污染物　指其长远影响小于第一类的污染物质。在《污水综合排放标准》中规定1997年12月31日之前建设的单位需检查pH值、化学需氧量（COD_{Cr}）、五日生化需氧量（BOD_5）、色度、悬浮物（SS）、石油类、动植物油、挥发酚、总氰化合物、氨氮、硫化物、氟化物、磷酸盐、甲醛、苯胺类、硝基苯类、阴离子表面活性剂、总铜、总锌、总锰等共26项；而1998年1月1日之后建设的单位除检查1997年7月1日之前建设的单位需检查的26项外，还需要检查乐果、四氯乙烷、苯、苯酚、甲苯、总有机碳（TOC）等30项。含有第二类污染物的废水在排污单位排出口取样，根据受纳水体的不同，执行不同的排放标准。部分第二类污染物（生物制药企业）最高允许排放浓度列于表5-3中。

表5-3　部分第二类污染物（生物制药企业）最高允许排放浓度

污染物	一级标准		二级标准		三级标准	
	1997.12.31 之前建设	1998.1.1 之后建设	1997.12.31 之前建设	1998.1.1 之后建设	1997.12.31 之前建设	1998.1.1 之后建设
pH值	6～9	6～9	6～9	6～9	6～9	6～9
悬浮物/(mg/L)	70	70	200	150	400	400

污染物	一级标准		二级标准		三级标准	
	1997.12.31 之前建设	1998.1.1 之后建设	1997.12.31 之前建设	1998.1.1 之后建设	1997.12.31 之前建设	1998.1.1 之后建设
五日生化需氧量（BOD_5）/（mg/L）	30	20	60	30	300	300
化学需氧量（COD_{Cr}）/（mg/L）	100	100	300	300	1000	1000
石油类/（mg/L）	10	5	10	10	30	20
动植物油/（mg/L）	20	10	20	15	100	100
挥发酚/（mg/L）	0.5	0.5	0.5	0.5	2.0	2.0
总氰化合物/（mg/L）	0.5	0.5	0.5	0.5	1.0	1.0
硫化物/（mg/L）	1.0	1.0	1.0	1.0	2.0	1.0
氟化物/（mg/L）	10	10	10	10	20	20
硝基苯类/（mg/L）	2.0	2.0	3.0	3.0	5.0	5.0

国家按照地面水域的使用功能要求和排放去向，对向地面水域和城市下水道排放的废水分别执行一级、二级、三级标准。对排入城镇下水道并进入二级污水处理厂进行生化处理的污水执行三级标准。对排入未设置二级污水处理厂的城镇污水，必须根据下水道出水受纳水体的功能要求，分别执行一级或二级标准。

事故案例 ⟫ ⟫ ⟫

2006 年 1 月 6 日上午 9 时，由于湖南省株洲市霞湾港清淤治理工程施工致使长期接纳附近工厂含镉废水而导致镉含量长期严重超标的两湖湖水水位升高，湖中的含镉废水通过老霞湾港集中排入湘江，造成湘江株洲霞湾港至长沙江段发生严重水污染事故，导致湘潭、长沙两市水厂取水水源的水质受到不同程度污染。

由此可见控制工业废水污染的重要性。请说说镉属于哪一类污染源？

任务 2　理解废水的处理级数

想一想 ⟫ ⟫ ⟫

1. 我们平常接触到的净水设备都是几级的？

2. 我们都接触过哪些水，能说出它们的不同吗？

通过对上面两个问题的思考，可能大家已经知道水的处理不能一蹴而就，需要分级处理，达到不同的目的，而且水质标准的差异决定了水处理指标的不同。

药厂废水的处理级数可分为一级、二级和三级处理。

（1）一级处理　主要是预处理，用物理方法或简单化学方法使废水中悬浮物、泥沙、油类或胶态物质沉淀下来，以及调整废水的酸碱度等。通过一级处理可减轻废水的污染程度和后续处理的负荷。在大多数情况下，一级处理后的废水仍达不到国家的排放标准，需要进行二级处理，必要时还需要进行三级处理才能符合排放要求。对于少数含有机污染物少的场合，经一级处理后能够达到国家排放标准的废水可直接排放。一级处理具有投资少、减轻二级处理负荷、降低废水处理成本等特点。

（2）二级处理　主要指生化处理法，适用于处理各种含有机污染物的废水。生化法包括好氧法和厌氧法。经生化法处理后，废水中可被微生物分解的有机物一般可去除 90％，固体悬浮物可去除 90％～95％。BOD_5 可降至 20～30mg/L，二级处理能大大改善水质，处理后的废水一般能达到排放标准。

（3）三级处理　又称深度处理，是一种净化要求较高的处理。目的是除去二级处理中未能除去的污染物，包括不能被微生物分解的有机物，可导致水体富营养化的可溶性无机物（如氮、磷等），以及各种病毒、病菌等。三级处理所使用的方法很多，如过滤、活性炭吸附、臭氧氧化、离子交换、电渗析、反渗透以及生物法脱氮除磷等。废水经过三级处理后，BOD_5 可从 20～30mg/L 降至 5mg/L 以下，最后达到地面水、工业用水的水质要求。

任务 3　熟知废水的处理措施

一、废水治理的基本措施

1. 采用"清污"分流

所谓的"清污"分流是指将清水（一般包括冷却水、雨水、生活用水等）、废水（包括药物生产过程排出的各种废水）分别经过各自的管路或渠道进行排泄和存留，以利于清水的套用和废水的处理。在药厂中清水的数量通常超过废水许多倍，采用"清污"分流，不但可以节约大量清水，而且可以大幅度降低废水量，提高废水的浓度，从而大大减轻废水的输送负荷和"三废"处理负担。

2. 将特殊废水与一般废水分开

把含某种成分的特殊废水与一般废水分开，以利于特殊废水的单独处理与一般废水的常规处理。例如，含剧毒物质（如某些重金属）的废水应与准备生化处理的废水分开；不能让含氰废水、含硫化合物废水和呈酸性的废水混合等。

3. 利用废水处理技术处理废水中的污染物

废水处理技术就是将废水中的污染物分离出来，或将其转化为无害物质，从而使废水得到净化的方法。废水处理技术很多，按作用原理一般可分为物理法、化学法、物理化学法和生物法。

（1）物理法　是利用物理作用将废水中呈悬浮状态的污染物分离出来，在分离过程中不改变其化学性质，如沉降、气浮、过滤、离心、蒸发、浓缩等。物理法常用于废水的一级处理，主要是分离或回收废水中的悬浮物等有害物质。

（2）化学法　是利用化学反应原理来分离、回收废水中各种形态的污染物，如凝聚、中和、氧化还原等。一般用于有毒、有害废水的处理，使废水达到不影响生化处理的条件。

（3）物理化学法　是综合利用物理和化学作用分离废水中的溶解物质，回收有用成分，使废水进一步得到处理，如吸附、离子交换、电渗析、反渗透等。近年来，物理化学法处理废水已形成了一些固定的工艺单元，得到了广泛的应用。

（4）生物法　是利用微生物的代谢作用，使废水中呈溶解和胶体状态的有机污染物转化为稳定、无害的物质，如 H_2O 和 CO_2 等。生物法能够去除废水中的大部分有机污染物，是常用的二级处理法。

二、各类典型废水的处理

1. 含悬浮物或胶体的废水

对于废水中所含的悬浮物一般可用沉淀、上浮或过滤等方法除去。对于相对密度小于 1 或疏水性悬浮物的分离，如采用沉淀法进行固液分离效果不好，可以采用气浮法进行分离；也可直接通蒸汽加热、加入无机盐等，使悬浮物聚集沉淀或上浮分离。对于极小的悬浮物或胶体，则可用混凝法或吸附法处理。例如，安乃近中间体 FAA（4-甲酰氨基安替比林）的废母液中含有许多树脂状物，必须除去后才能进行回收利用和进一步处理。这种树脂状物不能用静置的方法分离。可将此废母液用蒸汽加热并加入浓硫酸铵废水，使其相对密度增大到 1.1，即有大量树脂状物沉淀和上浮，分出的树脂状物用热水洗出含有的 FAA 后，还可以用作燃料；除去树脂状物后的废水和洗液合并后浓缩回收 FAA，残液可用作农肥。

从废水中除去悬浮物和胶体可大大降低二级处理的负荷，且费用一般较低，现已成为一种常规的预处理方法。

2. 酸碱性废水

化学制药过程中常排出含有各种酸、碱的废水，其中酸性废水占多数。酸碱性废水直接排放不仅会造成排水管道的腐蚀和堵塞，而且会污染环境和水体。对于浓度较高的酸性或碱性废水应尽量考虑回收利用或综合利用。如利用废硫酸作混凝剂，用废磷酸制磷肥等。对于没有经济价值、含量在 1% 以下的酸（或碱）废水，则需经中和处理后才能排放。中和时应尽量使用现有的废酸或废碱。

3. 含无机物废水

溶解于废水中的无机物通常为卤化物、氰化物、硫酸盐以及重金属离子。常用的处理方法有稀释法、浓缩结晶法以及各种化学处理法。对于不含毒物而一时又无法回收综合利用的无机物废水可用稀释法处理。单纯的无机盐废水可用浓缩结晶法回收利用。如在制药工业中硫酸钠废水浓度较高时，可采用浓缩结晶法回收硫酸钠粗品，然后加工成无水硫酸钠作为干燥剂用；也可和碳在高温下还原成硫化钠作为还原剂使用。一般来说，浓缩结晶法仅对那些浓度较大、数量较多、组成单一的废水才是经济可行的。

对于毒性大的氰化物、氟化物废水必须经处理后方可排放。处理方法一般为化学法。例如，高浓度含氰废水可用高压水解法处理，去除率可达 99.99%。

$$NaCN + 2H_2O \xrightarrow[170\sim180℃,1.4MPa]{1\%\sim1.5\%NaOH} HCOONa + NH_3 \tag{5-1}$$

含氟废水也可用化学法进行处理。如氟轻松软膏生产中的含氟废水可用中和法处理，去除率达 99.99% 以上。

$$2NH_4F + Ca(OH)_2 \xrightarrow{pH13} CaF_2 + 2H_2O + 2NH_3 \tag{5-2}$$

废水中常见的重金属离子包括汞、镉、铬、铅、镍等离子。此类废水的处理方法主要为化学沉淀法，即向废水中加入某些化学物质作为沉淀剂，使废水中的重金属离子转化为难溶于水的物质而发生沉淀，从而从废水中分离出来。

在化学沉淀法中，以中和法和硫化法应用最为广泛。①中和法是向废水中加入生石灰、消石灰、氢氧化钠或碳酸钠等中和剂，使重金属离子转化成相应的氢氧化物沉淀而除去，并控制在一定的 pH 范围内，使处理水含重金属离子达到最小的浓度。中和法可以处理除汞以外的所有常见的重金属废水，且工艺简单、处理成本低廉。此法最大的缺点是中和渣脱水困难。②硫化法是向废水中加入硫化钠或通入硫化氢等硫化剂，使废水中重金属离子与 S^{2-} 生成溶解度很小的硫化物而除去。其优点是排出的水中含重金属离子比中和法低，特别是对汞、镉等废水；沉渣量比中和法少，渣中金属含量相应提高，更有利于回收利用。该法的缺点是使用的硫化剂价格较贵，且处理水中残硫高。硫化法国内多用于含汞废水的处理。

4. 含有机物废水

> **议一议** ▶▶▶
>
> 2003 年我国海域发生赤潮 119 次，累计面积 1.4 万平方公里。其中，东海发生赤潮 86 次，南海 16 次，渤海 12 次，黄海 5 次。2004 年 6 月，黄河口附近海域发现 $1850km^2$ 有毒赤潮，天津塘沽附近海域至渤海湾中东部及北部海域赤潮面积 $3200km^2$，对沿海养殖业造成重大威胁。
>
> 试分析：赤潮由工业废水中的哪些物质引发？有机物污染与无机物污染有何不同？

含有机物废水的处理是制药厂废水处理中最复杂、也是最重要的课题。废水中常含有许多有机原辅材料、产物、副产物等，在无害化处理前，应视为一种资源尽可能回收利用。常用的方法有蒸馏、萃取、化学处理等。

有机废水的无害化处理有多种方法，对于易被氧化分解的高浓度有机废水，可采用湿式氧化法或厌氧生物处理法进行处理。而对于浓度高、热值高、用其他方法不能解决或处理效果不佳的有机废水，可采用焚烧的方法予以处理。该法可将废物完全氧化成无害物质，COD 的去除率可达 99.5% 以上。

对于低浓度的有机废水，目前制药厂多数采用生化法进行处理。生化法是借助微生物的作用来完成的。几乎所有的有机物都能被相应的微生物氧化分解，即使是烃类化合物经某些微生物长时间适应后，也能用作这些微生物的食物。生化法具有处理效率高、运转费用低的特点，目前已被广泛用于各种有机废水的处理。对于低浓度、不易氧化分解的有机废水，生化法往往达不到排放标准。对这些废水可用沉淀、萃取、吸附等物理、化学方法进行处理。

三、废水的生化处理法

利用微生物的生命代谢活动，使废水中的有机污染物得以氧化分解是一种十分有效的废水处理方法。根据微生物的种类及其对氧气要求条件的不同，可以把生物处理工艺分为好氧生物处理法和厌氧生物处理法两种类型。其中好氧生物处理法又可分为活性污泥法和生物膜法。由于药厂废水种类繁多、性质各异，因此选择处理方法时，要根据废水的水质、水量等情况，因地制宜地选用。

生物处理对水质的要求

1. 温度

好氧生物处理的水温宜控制在 20～40℃，而厌氧生物处理的水温与各种产甲烷菌的适宜温度条件有关，其适宜水温可分别控制在 10～30℃、35～38 ℃和 50～55℃。

2. pH 值

好氧生物处理，废水的 pH 值控制在 6～9 范围内；厌氧生物处理，废水的 pH 值控制在 6.5～7.5 范围内。

3. 营养物质

微生物生长繁殖所需要的碳源，由废水中的有机物来供应。当废水中缺少某些养分时，可投加所缺的养分或加入生活废水进行均化。

4. 溶解氧

好氧生物处理，水中的溶解氧宜保持在 2～4 mg/L，如出水中的溶解氧不低于 1 mg/L，则可以认为废水中的溶解氧已经足够。而厌氧微生物对氧气很敏感，在厌氧生物处理中，处理设备要严格密封，隔绝空气。

5. 有机物浓度

好氧生物处理中，废水中的有机物浓度不能太高，否则易造成缺氧。而厌氧生物处理是在无氧条件下进行的，可处理较高浓度的有机废水。

（一）基本原理

1. 好氧生物处理法

好氧生物处理是在有氧条件下，利用好氧微生物的作用将废水中有机物氧化分解为 CO_2 和 H_2O，并释放出能量的代谢过程。有机物（$C_xH_yO_z$）在氧化过程中释放出的氢是以氧作为受氢体的。如下式所示：

$$C_xH_yO_x + O_2 \xrightarrow{\text{酶}} CO_2 + H_2O + 能量 \tag{5-3}$$

在好氧生物处理过程中，有机物的分解比较彻底，释放的能量较多，代谢速度较快。用好氧生物法处理有机废水，基本上没有臭气产生，有机物的生物去除率达 80%～90%。因此，好氧生物法已在有机废水处理中得到了广泛应用，活性污泥法、生物滤池、生物转盘等都是常见的好氧生物处理法。好氧生物法的缺点是对于高浓度的有机废水，要供氧比较困难，需先用大量的水对废水进行稀释，且不断地补充溶解氧。

2. 厌氧生物处理法

厌氧生物处理是在无氧条件下，利用厌氧微生物的厌氧作用，来处理废水中的有机物。厌氧处理最终的代谢产物是 CH_4、H_2S 和 NH_4^+ 等低分子有机物。

厌氧生物处理主要依靠三大类细菌，即水解产酸细菌、产氢产乙酸细菌和产甲烷细菌的联合作用来完成。厌氧生物处理过程可分为 3 个阶段，即水解酸化阶段，产氢、产乙酸阶段和产甲烷阶段，如图 5-1 所示。

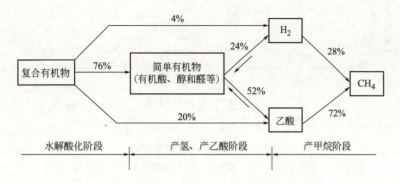

图 5-1　厌氧生物处理的三个阶段和 COD 转化率

厌氧生物处理过程中不需要供给氧气（空气），故动力消耗少，设备简单，并能回收一定数量的甲烷气体作为燃料，因而运行费用较低。目前，厌氧生物法主要用于中、高浓度有机废水的处理。该法的缺点是处理时间长，常有硫化氢或其他一些硫化物生成。

（二）常用处理方法

1. 活性污泥法

活性污泥法又称曝气法，是利用含有大量需氧性微生物的活性污泥，在强力通气条件下使废水净化的生物化学法。它在国内外废水处理技术中占据首要地位，不仅用于处理化学制药工业废水，而且可以处理石油化工、农药、造纸等工业以及生活废水，并取得了较好的净化效果。

（1）活性污泥的性质　活性污泥是一种绒絮状小泥粒，它是由好氧微生物及其代谢和吸附的有机物、无机物组成的生物絮凝体。活性污泥的制备可在含粪便的废水池中不断通入空气，经过一段时间后就会产生褐色絮状胶团，这种带有大量微生物的胶团就是活性污泥。活性污泥表面积大，具有很强的吸附与分解有机物质的能力，其外观呈黄褐色，因水质不同，也可呈深灰、灰褐、灰白等色。

> **相关知识** ▶ ▶ ▶
>
>

活性污泥的生物相
>
>
> 活性污泥的生物相十分复杂，除大量细菌以外，尚有原生动物、霉菌、酵母菌、单细胞藻类等微生物，还可见到后生动物如轮虫、线虫等，其中主要为细菌与原生动物。
>
> 细菌在活性污泥中起着主导作用，是去除废水中有机物的主力军，其中以革兰阴性细菌为主。活性污泥中的细菌大多数被包埋在胶质中，以菌胶团的形式存在。而当曝气池中出现大量固着型纤毛虫时，说明废水处理运转正常，效果良好；当出现大量鞭毛虫、根足虫时，说明运转不正常。

（2）活性污泥法的工艺流程及生物学过程　活性污泥法处理工业废水，就是让生物絮凝体悬浮在废水中形成混合物，使废水中的有机物与絮凝体中的微生物充分接触。在微生物细胞外酶作用下，分解为溶解性的小分子有机物。活性污泥法的基本工艺流程如图5-2所示。

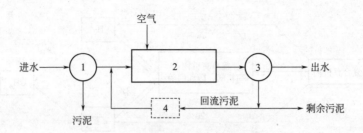

图 5-2　活性污泥法工艺流程

1—初次沉淀池；2—曝气池；3—二级沉淀池；4—再生池

　　废水首先进入初次沉淀池中进行预处理，以除去较大的悬浮物及胶体状颗粒等，然后进入曝气池。在曝气池内，通过充分曝气，一方面使活性污泥悬浮于废水中，确保废水与活性污泥充分接触；另一方面使活性污泥混合液始终保持富氧条件，保证微生物的生长和繁殖。废水中的有机物被活性污泥吸附后，其中小分子有机物直接渗入到微生物的细胞体内，而大分子有机物先被微生物的细胞外酶分解为小分子有机物，然后再渗入细胞体内。在微生物细胞内酶作用下，进入细胞体内的有机物一部分被吸收形成微生物有机体，另一部分则被氧化分解，转化成 CO_2、H_2O、NH_3、SO_4^{2-}、PO_4^{3-} 等简单无机物，并释放出能量。

　　曝气池中的混合液进入沉淀池后，活性污泥在此聚集而沉降。其上清液就是已被净化了的水。经沉降的活性污泥，一部分使之再回流到曝气池中与未生化处理的废水混合，重复上述处理过程；另一部分作为剩余污泥另行排出，并应施以净化处理，以免造成新的污染。

　　（3）评价活性污泥的指标　活性污泥法处理废水的关键在于具有足够数量且性能优良的活性污泥。除通过镜检观察生物相外，衡量活性污泥中微生物数量和凝聚沉淀等性能好坏的指标主要有污泥浓度、污泥沉降比（SV）、污泥容积指数（SVI）等。

　　① 污泥浓度　指 1L 混合液中所含的悬浮固体（MLSS）或挥发性悬浮固体（MLVSS）的量，单位为 g/L。污泥浓度的大小可直接反映混合液中所含微生物的数量。其中每升混合液所含悬浮固体（MLSS）的量也称污泥干重，而每升混合液所含挥发性悬浮固体（MLVSS）的量称挥发性污泥。

　　② 污泥沉降比（SV）　指一定量的曝气池混合液静置 30min 后，沉淀污泥体积占混合液体积的百分数。污泥沉降比可以反映曝气池正常运行时的污泥量以及污泥的沉淀和凝聚性能，可用于控制剩余污泥的排放。通常情况下，曝气池混合液宜保持沉降比在 15%～20% 的范围内。

　　③ 污泥容积指数（SVI）　有时简称污泥指数，是指一定量的曝气池混合液静置 30min 后，1g 干污泥所占有的沉淀污泥的体积，单位为 mL/g。污泥容积指数的计算方法为

$$SVI = \frac{SV \times 1000}{MLSS} \tag{5-4}$$

　　例如，曝气池混合液的污泥沉降比 SV 为 25%，污泥浓度 MLSS 为 2.5g/L，则污泥指数为

$$SVI = \frac{25\% \times 1000}{2.5} = 100 \ (mL/g)$$

污泥指数是反映活性污泥松散程度的指标。SVI 过低，说明污泥颗粒细小紧密，无机物

较多，缺乏活性；反之，SVI过高，说明污泥松散，难以沉淀分离。

（4）活性污泥法处理系统 活性污泥法有多种类型。以其曝气方式不同，可分为普通曝气法、逐步曝气法、加速曝气法、纯氧曝气法、深井曝气法、旋流式曝气法等多种方法。其中普通曝气法是最基本的曝气方法，其他方法都是在普通曝气法的基础上逐步发展起来的，国内以加速曝气法居多。

① 普通曝气法 该法的工艺流程如图5-2所示。废水和回流污泥从曝气池的一端流入，净化后的废水由另一端流出。曝气池进口处的有机物浓度较高，生物反应速度较快，需氧量较大。随着废水沿池长流动，有机物浓度逐渐降低，需氧量逐渐下降。而空气的供给常常沿池长平均分配，故供应的氧气不能被充分利用。普通曝气法可使废水中有机物的生物去除率达到90%以上，出水水质较好，适用于处理要求较高而水质较为稳定的废水。

② 逐步曝气法 为改进普通曝气法供氧不能被充分利用的缺点，将废水改为由几个进口入池，如图5-3所示。该法可使有机物沿池长分配比较均匀，池内需氧量也比较均匀，从而避免了普通曝气池前段供氧不足、后段供氧过剩的缺点。逐步曝气法适用于大型曝气池及高浓度有机废水的处理。

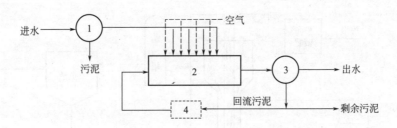

图 5-3 逐步曝气池工艺流程

1—初次沉淀池；2—曝气池；3—二级沉淀池；4—再生池

③ 加速曝气法 属完全混合型的曝气法，曝气、二沉、污泥回流集中于一池，充氧设备使用表面曝气叶轮，这是目前应用较多的活性污泥处理法。它与普通曝气池的区别在于混合液在池内循环流动，废水和回流废水进入曝气池后立即与池内混合液混合，进行吸收和代谢活动。由于废水和回流污泥与池内大量低浓度、水质均匀的混合液混合，因而进水水质的变化对活性污泥的影响很小，适用于水质波动大、浓度较高的有机废水的处理。常用的加速曝气池如图5-4所示，称为圆形表面曝气沉淀池。

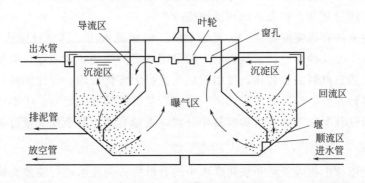

图 5-4 圆形表面曝气沉淀池

④ 纯氧曝气法　与普通曝气法相比，纯氧曝气的特点是氧的分压高，氧的传递速度快，池中能维持 6～10g/L 的污泥浓度，可以提高处理负荷；氧的利用率高，由空气曝气法的 4%～10% 可提高到 85%～90%；高浓度的溶解氧可使污泥保持较高的活性，从而提高废水处理的效率，能适应水量、水质的变化；剩余污泥少。当曝气时间相同时，纯氧曝气法与空气曝气法相比，有机物的去除率和化学去除率可分别提高 3% 和 5%，且降低了成本。

此法的缺点是土建要求高，而且必须有稳定价廉的氧气。另外，废水中不能含有酯类，否则有发生爆炸的危险。

⑤ 深井曝气法　是以地下深井作为曝气池的一种废水处理技术。井内深水可达 50～150m，深井的纵向被分隔为下降管和上升管两部分，混合液在沿下降管和上升管反复循环的过程中，废水得到处理。深井深度大、静水压力高，可大大提高氧传递的推动力，井内有很高的溶解氧，氧的利用率可达 50%～90%。深井曝气工艺具有充氧能力强、效率高；耐冲击负荷性能好，运行管理简单；占地少及污泥产量少等优点，适合高浓度有机废水的处理。深井曝气的缺点是投资较大，施工亦较难。深井曝气的工艺流程及装置，如图 5-5 所示。

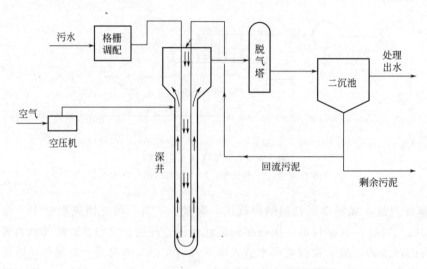

图 5-5　深井曝气的工艺流程及装置

（5）剩余污泥的处理　好氧法处理废水会产生大量的剩余污泥。这些污泥中含有大量的微生物、未分解的有机物甚至重金属等毒物。这类污泥堆积在场地上，如不妥善处理，由于其量大、味臭、成分复杂，亦会造成环境污染。

污泥脱水的方法有沉淀浓缩法、污泥晾晒法、机械脱水法、真空过滤法和离心去水法。剩余污泥处置有下面几种途径：①焚烧，一般采用沸腾炉焚烧，效果好，但投资大，而且耗能量亦多；②作建筑材料的掺和物，使用前应先进行无害化处理；③作肥料，污泥含丰富的氮、磷、钾等多种养分，经堆肥发酵或厌氧处理后是良好的有机肥料；④繁殖蚯蚓，蚯蚓可以改进污泥的通气状况以加速有机物的氧化分解，去掉臭味，并杀死大量有害微生物。

2. 生物膜法

生物膜法是依靠生物膜吸附和氧化废水中的有机物并同废水进行物质交换，从而使废水得到净化的好氧生物处理法。生物膜不同于活性污泥悬浮于废水中，它是附着于固体介质

（滤料）表面上的一层黏膜状物。生物膜法比活性污泥法具有生物密度大、适应能力强、不存在污泥回流与污泥膨胀、剩余污泥较少和运行管理方便等优点。根据处理方式与装置的不同，生物膜法可分为生物滤池法、生物转盘法、生物接触氧化法、流化床生物膜法等多种。

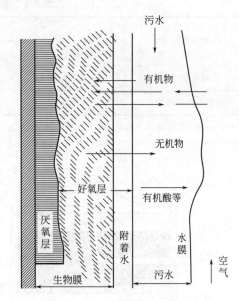

图 5-6　生物膜净化处理示意图

（1）生物膜净化原理　生物膜是由废水中的胶体、细小悬浮物、溶质物质及大量微生物所组成，主要成分是菌胶团及丝状菌，微生物群体所形成的一层黏膜状物即生物膜，附于载体表面，一般厚 1～3mm，经历一个初生、生长、成熟及老化剥落的过程。生物膜净化有机废水的原理，如图 5-6 所示。当附着水的有机质被生物膜吸附并氧化分解时，附着水层的有机质浓度降低，运动水层中的浓度相对高，因而发生传质过程，废水中的有机质不断地从运动水层转移到附着水层，被生物膜吸附后由微生物氧化分解。与此同时，微生物所消耗的氧，是沿着空气→运动水层→附着水层而进入生物膜；而微生物分解有机物产生的二氧化碳及其他无机物、有机酸等则沿相反方向排出。进入厌氧层的有机物在厌氧微生物的作用下分解为有机酸和硫化氢等产物，这些产物通过膜表面的好氧层而排入废水中。

（2）生物滤池

① 工艺流程　生物滤池处理有机废水的工艺流程如图 5-7 所示。废水首先在初次沉淀池中除去悬浮物、油脂等杂质，这些杂质会堵塞滤料层。经预处理的废水进入生物滤池进行净化，净化后的废水在二次沉淀池中除去生物滤池中剥落下的生物膜，以保证出水的水质。

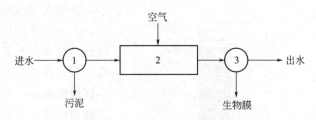

图 5-7　生物滤池法工艺流程
1—初次沉淀池；2—曝气池；3—二级沉淀池

② 生物滤池的负荷　负荷是衡量生物滤池工作效率高低的重要参数，生物滤池的负荷有水力负荷和有机物负荷两种。水力负荷是指单位体积滤料或单位滤池面积每天处理的废水量，单位为 $m^3/(m^3 \cdot d)$ 或 $m^3/(m^2 \cdot d)$，后者又称为滤率。有机物负荷是指单位体积滤料每天可除去废水中的有机物的量（BOD_5），单位为 $kg/(m^3 \cdot d)$。根据承受废水负荷的大小，生物滤池可分为普通生物滤池（低负荷生物滤池）和高负荷生物滤池，两种生物滤池的工作指标，如表 5-4 所示。

表 5-4　生物滤池的负荷量

生物滤池类型	工作指标		
	水力负荷/[m³/(m²·d)]	有机物负荷/[kg/(m³·d)]	有机物的生物去除率(5d)/%
普通生物滤池	1～3	100～250	80～95
高负荷生物滤池	10～30	800～1200	75～90

注：高负荷生物滤池进水的 BOD₅ 应小于 200mg/L。

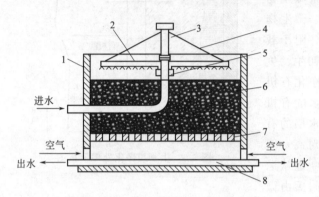

图 5-8　普通生物滤池的构造示意图

1—池体；2—旋转布水器；3—旋转柱；4—钢丝绳；
5—水银液封；6—滤床；7—滤床支撑；8—集水管

③ 普通生物滤池　是最早出现的生物膜法处理装置，主要由滤床、布水器和排水三部分组成，具有结构简单、管理方便的特点。滤床一般采用碎石、卵石和炉渣作滤料，铺成厚度 1.5～2m 的滤床；配水及布水装置可使废水均匀洒向滤床表面以充分发挥每一部分滤料的作用，提高滤池的工作效率，普通生物滤池的构造见图 5-8。

普通生物滤池的水力负荷和有机物负荷均较低，时间长，出水水质较好，但普通生物滤池的卫生条件较差，容易滋生蚊蝇，且处理效率低。

④ 塔式生物滤池　是在普通滤池的基础上发展起来的一种新型高负荷生物滤池。高度一般在 20m 以上，径高比为（1:6）～（1:8），形似高塔，通常为数层，设隔栅以承受滤料。滤料采用煤渣、高炉渣、塑料波纹板、酚醛树脂浸泡过的蜂窝纸及泡沫玻璃块等。塔式生物滤池的构造示意图如图 5-9 所示。

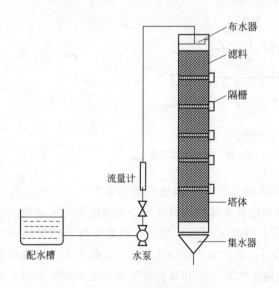

图 5-9　塔式生物滤池构造示意图

多数塔式滤池通常采用自然通风，在冬天维持塔内水温。由于滤池较高，废水与空气和生物膜的接触非常充分，而且在不同的塔高处存在着不同的生物相，废水可以受到不同微生物的作用，其水力负荷和有机物负荷均大大高于普通生物滤池。同时塔式生物滤池的占地面积较小，基建费用较低，操作管理比较方便，主要缺点是废水需用泵提升，从而使运转费用增加。

（3）生物转盘法　生物转盘又称浸没式生物滤池，是一种由生物滤池演变来的新型膜法废水处理装置，其工作原理和生物滤池法基本相同，但结构形式却完全不同。生物转盘是由装配在水平横轴上的、间隔很近的一系列大圆盘组成，结构如图 5-10 所示。工作时，圆盘近一半的面积浸没在废水中。当废水在池中缓慢流动时，圆盘也缓慢转动，盘上很快长了一层生物膜。浸入水中的圆盘，其生物膜吸附水中的有机物，转出水面时，生物膜又从大气中吸收氧气，从而将有机物分解破坏。这样，圆盘每转动一圈，即进行一次吸附→吸氧→氧化分解过程，如此反复，废水得到净化处理。

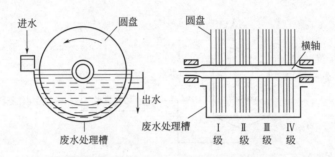

图 5-10　单轴四级生物转盘构造示意图

生物转盘的优点在于突变负荷耐受性强，事故少而恢复快，既可处理高浓度废水，又可处理低浓度废水。缺点是：①适应性差，生物转盘一旦建成后，很难调整其性能；②传氧速率有限，如处理高浓度的有机废水，供氧较为困难；③处理量小，寒冷地区需保温。

（4）生物流化床　生物流化床是将固体流态化技术应用于废水的生物处理，使处于流化状态下的载体颗粒表面上生长、附着生物膜，是一种高效的废水处理技术。

生物流化床主要由床体、载体和布水器等组成。床体通常为一圆筒形塔式反应器，其内装填一定高度的无烟煤、焦炭、活性炭或石英砂等，其粒径一般为 0.5～1.5mm，比表面积较大，微生物以此为载体形成生物膜。废水和空气由反应器底部通入，从而形成了气、液、固三相反应系统。当废水流速达到某一定值时，废水中的有机物在载体表面上的生物膜作用下充分氧化分解，废水得到净化。布水器是生物流化床的关键设备，其作用是使废水在床层截面上均匀分布。图 5-11 是三相生物流化床处理废水的工艺流程示意图。

生物流化床法兼有生物膜法和活性污泥法的优点，而又远远胜于它们。它具有高浓度生物量、高比表面积、高传质速率等特点，因此对水质、负荷、床温变化的适应性也较强。

3. 厌氧生物处理法

废水的厌氧生物处理是环境工程和能源工程中的一项重要技术。农村广泛使用

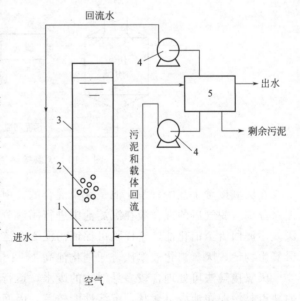

图 5-11　三相生物流化床处理废水工艺流程
1—布水器；2—载体；3—床体；4—循环泵；5—二次沉淀池

的沼气池，就是利用厌氧生物处理原理进行工作的。与好氧生物处理相比，厌氧生物处理具有能耗低（不需充氧）、有机物负荷高、氮和磷的需求量小、剩余污泥产量少且易于处理等优点，而且可以获得大量的生物能——沼气。

（1）传统厌氧消化池　传统消化池适用于处理有机物及悬浮物浓度较高的废水，处理方法采用完全混合式。其工艺流程如图5-12所示。废水或污泥定期或连续加入消化池，经消化的污泥和废水分别从消化池的底部和上部排出，所产的沼气也从顶部排出。

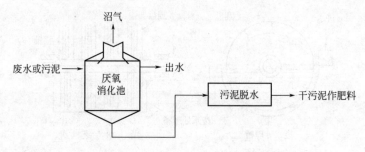

图 5-12　传统厌氧消化工艺流程

传统厌氧消化池的特点是在一个池内实现厌氧发酵反应以及液体与污泥的分离过程。为了使进料与厌氧污泥充分接触，池内可设置搅拌装置，一般情况下每隔2～4h搅拌一次。此法的缺点是缺乏保留或补充厌氧活性污泥的特殊装置，故池内难以保持大量的微生物，且容积负荷低、反应时间长、消化池的容积大、处理效果不佳。

（2）厌氧接触法　厌氧接触法是在消化池的基础上开发的厌氧处理工艺。与传统厌氧消化池法的区别在于增加了污泥回流。其工艺流程如图5-13所示。

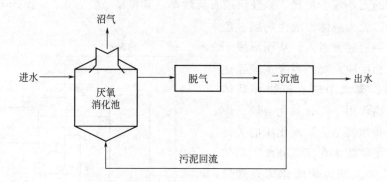

图 5-13　厌氧接触法工艺流程

在厌氧接触工艺中，消化池是完全混合的。由消化池排出的混合液通过真空脱气，利于泥水分离。脱气后的混合液在沉淀池中进行固液分离，废水由沉淀池上部排出，沉降下来的厌氧污泥回流至消化池，这样既可保证污泥不会流失，又可提高消化池内的污泥浓度，增加厌氧生物量，厌氧消化效率比普通消化池高1～2倍。

厌氧接触法可处理含较多悬浮物的废水，运行稳定，有一定的抗冲击负荷能力。此工艺的缺点是污泥在池内呈絮状，沉淀性能较差，因而难以在沉淀池中进行固液分离，且不能处理低浓度的有机废水。

（3）上流式厌氧污泥床　上流式厌氧污泥床是一种高效生物处理装置，是一种悬浮生长型的生物反应器，主要由反应区、沉淀区和气室三部分组成，如图 5-14 所示。

反应器的下部为浓度较高的污泥层，称为污泥床。由于气体（沼气）的搅动，污泥床上部形成一个浓度较低的悬浮污泥层，通常将污泥区和悬浮层统称为反应区。在反应区的上部设有气、液、固三相分离器。待处理的废水从污泥床底部进入，与污泥床中的污泥混合接触，其中的有机物被厌氧微生物分解产生沼气，由于沼气上升时产生的剧烈扰动，在污泥床的上部形成了悬浮污泥层。气、液、固（污泥颗粒）的混悬液上升至三相分离器内，沼气碰到分离器下部的反射板时，折向气室而被有效地分离排出。污泥和水则经孔道进入三相分离器的沉淀区，在重力作用下，水和污泥分离，上清液由沉淀区上部排出，沉淀区下部的污泥沿着挡气环的斜壁回流至悬浮层中。

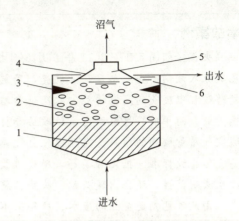

图 5-14 上流式厌氧污泥床
1—污泥床；2—悬浮层；3—挡气环；
4—集气罩；5—气室；6—沉淀区

上流式厌氧污泥床的体积较小，且不需要污泥回流，可直接处理含悬浮物较多的废水，不会发生堵塞现象。但装置的结构比较复杂，设计与安装要求较高。

单元二
制药企业废气安全管理

任务 1　认识制药企业废气的种类

化学制药厂排出的废气主要含有悬浮物废气（又称粉尘）、无机物废气、有机物废气三类。这些废气具有短时期内排放浓度高、数量大的特点，若不认真治理，则严重危害操作者的身体健康，并造成环境污染。含尘废气的处理实际上是一个气、固两相混合物的分离问题，可利用粉尘质量较大的特点，通过外力的作用将其分离出来；而处理含无机或有机污染物的废气则要根据所含污染物的物理性质和化学性质，通过冷凝、吸收、吸附、燃烧、催化等方法进行无害化处理。对于高浓度的废气，一般均应在本岗位设法回收或作无害化处理。对于低浓度废气，则可通过管道集中后进行洗涤、吸收等处理或高空排放。洗涤、吸收等处理产生的废水，应按废水处理方法进行无害化处理。

央视《朝闻天下》2011年6月5日播出"某制药企业总厂污染物排放调查",记者几次深入该制药企业总厂厂区调查,了解到产生臭味的主要原因是药厂青霉素生产车间发酵过程中废气的高空排放,以及蛋白培养烘干过程和污水处理过程中,无全封闭的废气排放。两年前,黑龙江省多位政协委员曾就此问题联名提案,并提供了对药厂相邻区域空气质量检测的结果,发现硫化氢气体超标1150倍,氨气超标20倍,均超过国家恶臭气体排放标准。据记者了解,废气排放严重超标,长期吸入可能导致隐性过敏,产生抗生素耐药性,还会出现头晕、头痛、恶心、呼吸道以及眼睛刺激等症状。

由此可见制药企业的废水、废气若不处理就直接排放,将造成巨大的危害。

任务2 熟知制药企业废气的处理措施

一、含尘废气一般处理措施

药厂排出的含尘废气主要来自原辅材料的粉碎、碾磨、筛分、粉状药品和中间体的干燥以及锅炉燃烧所产生的烟尘等。常用的除尘方法有3种,即机械、洗涤和过滤除尘。

（1）机械除尘 是利用机械力（重力、惯性力、离心力）将悬浮物从气流中分离出来。这种设备结构简单,运转费用低,适用于处理含尘浓度高及悬浮物粒度较大[$(5\sim10)\times10^{-6}$ m]的气体。缺点是细小粒子不易除去。为取得好的效率,可采用多级联用的形式,或在其他除尘器使用之前,将机械除尘作为一级除尘使用。

（2）洗涤除尘（又称湿式除尘） 是用水（或其他液体）洗涤含尘废气,使尘粒与液体接触而被捕获,尘粒随液体排出,气体得到净化。此类装置气流阻力大,因而运转费用也大;但除尘率较高,一般为80%~95%,高效率的装置可达99%。排出的洗涤液必须经过净化处理后方能排放。洗涤除尘的装置种类很多,常见的有喷雾塔、填充塔、旋风水膜除尘器等,适用于极细尘粒[$(0.1\sim100)\times10^{-6}$ m]的去除。

（3）过滤除尘 是使含尘气体经过过滤材料,把尘粒截留下来。药厂中最常用的是袋式过滤器。在使用一定时间后,滤布的孔隙会被尘粒堵塞,气流阻力增加。因此,需要专门清扫滤布的机械（如敲打、震动等）定期或连续清扫滤布。这类除尘器适用于处理含尘浓度低、尘粒较小[$(0.1\sim20)\times10^{-6}$ m]的气体,除尘率较高,一般为90%~99%。但不适于温度高、湿度大或腐蚀性强的废气。

由于各种除尘装置各有其优缺点,对于那些粒径分布幅度较宽的尘埃,常将两种或多种不同性质的除尘器组合使用。例如,某化学制药厂用沸腾干燥器干燥氯霉素成品,氯霉素的干燥粉末随气流排出,经两只串联的旋风分离器除去大部分粉末后,再经一只袋式过滤器滤去粒径细小的粉末。经过上述处理,尚有一些粒径极细的粉末未能被袋滤器捕获,导致从鼓风机口排出的尾气形成一股白烟,这样既损失了产品,又污染了环境。后在鼓风机出口处再安装洗涤除尘器,可将尾气中的悬浮物基本除尽,还可以从洗涤水中回收一些氯霉素。

二、含特殊成分的废气处理措施

1. 含无机物废气处理

化学制药厂含无机物的废气中常含有氯化氢、二氧化硫、氮氧化物、氯气、氨气、氰化氢等。对于这一类气体一般用水或适当的酸性、碱性液体进行吸收处理。如氨气可用水或稀硫酸或废酸水吸收，把它制成氨水或铵盐溶液，可作农肥；氯化氢、溴化氢等可用水吸收成为相应的酸，回收利用，其尾气中残余的酸性气体可用碱液吸收除尽；氰化氢可用水或碱液吸收，然后用氧化、还原及加压水解等方法进行处理；二氧化硫、氧化氮、硫化氢等酸性气体，一般可用氨水吸收，吸收液根据情况可作农肥或其他综合利用。有些气体不易直接为水或酸、碱性液体所吸收，则须先经化学处理，成为可溶性物质后，再进行吸收。例如，一氧化氮的可溶性能差，可先用空气氧化成较易被吸收的二氧化氮，再用氨水吸收得硝酸铵，回收利用。这些气体的吸收一般需要在特定的吸收塔内进行。吸收的方式可以是气体通入吸收液中直接吸收，也可以是气体与喷淋的水接触而被水捕获，即喷淋吸收等多种运行方式。

2. 含有机物废气处理

一般可采用冷凝、吸收、吸附和燃烧4种方法。

（1）冷凝法　用冷却器冷却废气，使其中的有机蒸气凝结成液滴分离。本法适用于浓度高、沸点高的有机物废气。对低浓度的有机物废气，就需冷却至较低的温度，故需要制冷设备。

（2）吸收法　选用适当的吸收剂，除去废气中的有机物是有效的处理方法。适用于浓度较低或沸点较低的废气。此法可回收利用被吸收的有机物质。如胺类可用乙二醛水溶液或水吸收，吡啶类可用稀硫酸吸收，醇类和酚类可用水吸收，醛类可用亚硫酸氢钠溶液吸收，有些有机溶剂（如苯、甲醇、醋酸丁酯等）可用柴油或机油吸收等。但是浓度过低，吸收效率就明显降低，而大量吸收剂反复循环的动力消耗和吸收损失较大，因此对极稀薄气体的处理，可采取吸附法处理。

（3）吸附法　将废气通过吸附剂，其中的有机成分被吸附，再经过加热、解析、冷凝可回收有机物。采用的吸附剂有活性炭、氧化铝、褐煤等。各种吸附剂有不同的吸附效果，如活性炭对醇、羧酸、苯、硫醇等气体均有较强的吸附力，对丙酮等有机溶剂次之，对胺类、醛类吸附力最差。本法效果好，工艺成熟，但不适于处理浓度高、气体量大的气体，否则吸附剂用量太大，提高了生产成本。另外，废气中若含有胶黏物质，也容易使吸附剂失效。

（4）燃烧法　若废气中易燃物质浓度较高，可将废气通入焚烧炉中燃烧，燃烧产生的热量可予以利用。燃烧的温度可控制在 $800 \sim 900 \, ℃$，废气在焚烧炉中的停留时间一般为 $0.3 \sim 0.5 s$。这是一种简便可行的方法。

> **议一议** ▶▶▶
> 含有机物废气的处理方法有哪些？各自的优缺点是什么？

单元三
制药企业废渣安全

任务 1 熟知制药企业废渣的主要来源

　　药厂废渣污染问题与废气、废水相比，一般要小得多，废渣的种类和数量也比较少。常见的废渣包括蒸馏残渣、失活催化剂、废活性炭、胶体废渣、反应残渣（如铁泥、锌泥等）、不合格的中间体和产品，以及用沉淀、混凝、生化处理等方法产生的污泥残渣等。如果对这些废渣不进行适当处理，任其堆积，必将造成环境污染。

任务 2 熟知制药企业废渣的处理措施

1. 一般处理方法

　　各种废渣的成分及性质很不相同，因此处理的方法和步骤也不相同。一般来说，首先应注意是否含有贵重金属和其他有回收价值的物质，是否有毒性。对于前者，要先回收后再做其他处理；对于后者，则要除毒后才能进行综合利用。例如，钯催化剂套用失活后，可用王水处理生成氯化钯；废活性炭可以考虑再生后利用；铁泥可以制作氧化铁红、磁芯；锰泥可以作氧化剂等。

　　废渣经回收、除毒后，一般可进行最终处理。

2. 废渣的最终处理

　　各种废渣的成分不同，最终处置的方法也不同。废渣的最终处理方法常有综合利用法、焚烧法、填土法等多种方法。

　　（1）综合利用法　　其实质上是资源的再利用，综合利用可从以下几个方面考虑：①用作本厂或他厂的原辅材料，如氯霉素生产中排出的铝盐可制成氢氧化铝凝胶等。②用作饲料或肥料，有些废渣，特别是生物发酵后排出的废渣常含有许多营养物质，可根据具体情况用作饲料或农肥。好氧法产生的活性污泥经厌氧消化后，若不含重金属等有害物质，一般可作农肥。③作铺路或建筑材料，如硫酸钙可作优质建筑材料，电石渣除了可用于 pH 值调节外，也可用作建筑材料。

　　（2）焚烧法　　焚烧能大大减少废物的体积，消除其中的许多有害物质，同时又能回收热量。因此，对于一些暂时无回收价值的可燃性废渣，特别是当用其他方法不能解决或处理不彻底时，焚烧则是一个有效的方法。该法可使废物完全氧化成无害物质，COD 的去除率可达 99.5% 以上。焚烧法工艺系统占地不大，建造费用也不算高，因此焚烧法被广泛采用。

　　关于废物的燃烧需注意以下几点。

① 废物的发热量　废物的发热量越高，也就是可燃物含量越高，则焚烧处理的费用就越低。发热量达到一定程度，如对废液来说，一般为 2500kcal/kg（1kcal＝4.18kJ）以上，点燃后即能自行焚烧；发热量较低，如每千克只有几百千卡（4000kJ 以下）的，不能自行维持燃烧，要靠燃料燃烧产生高温来保持炉温，故燃料的消耗量取决于废物发热量的大小。

② 焚燃的温度　为了保证废物中的有机成分或其他可燃物全部烧毁，必须要有一定的燃烧温度。一般来说，含较多有机物的废物焚燃范围在 800～1100℃，通常 800～900℃ 基本可符合要求。

③ 烟气的处理　含碳、氢、氧、氮的化合物，经完全焚烧生成无害的二氧化碳、水、氮气等排入大气，一般可不经处理直接排放。含氯、硫、磷、氟等元素的物质燃烧后有氯化氢、二氧化硫、五氧化二磷等有害物质生成，必须进行吸收等处理至符合排放标准后才能排放。

④ 残渣的处理　许多废物焚烧时可完全生成气体，有的则仍有一些残渣。这种残渣大多是一些无机盐和氧化物，可进行综合利用或作工业垃圾处理。有些残渣含有重金属等有害物质，应设法回收利用或妥善处置，焚燃残渣中不应含有机物质，否则说明焚燃不完全。不完全燃烧产生的残渣具有一定的污染性，不能随意抛弃，亦须妥善处置。

（3）填土法　此法是将废渣埋入土中，通过长期的微生物分解作用而使其进行生物降解。填埋地方要经过仔细考察，特别要注意不能污染地下水。此法虽比焚烧法更经济些，但常有潜在的危险性，如有机物分解时放出甲烷、氨气及硫化氢等气体以及污染地下水的问题。因此，应先将废渣焚烧后再用填土法处理。国内外也有利用废矿井、山谷、洼地进行废渣填土处理。

除了上述几种方法外，废渣的处理还有湿式氧化法、化学处理法等多种方法。湿式氧化法是将有机物质在 150～300℃ 的温度下，在水溶液中加压氧化的方法，系统内不会生成粉尘、二氧化硫和氮氧化物。化学处理法处理废渣也是一个很有前途的方法，它可以使废渣中所含有的有机物加氢制成燃料，将含氮、碱的废渣制成肥料等。

议一议 ▶▶▶

1952 年 12 月 5 日至 8 日，英国首都伦敦市上空烟雾弥漫，粉尘积蓄不散，造成了震惊一时的烟雾事件。这起事件使 4000 名健康市民因此死亡，8000 名患肺部疾病的人也因吸入过多的有毒物质而停止呼吸。在毒雾事件之后的两个月内，还陆续有 8 千人病死。事故原因之一是粉尘中含有一种三氧化二铁的成分，促使空气中的二氧化硫氧化成三氧化硫，遇大雾中的水滴变成硫酸，硫酸液沫或附着在烟尘上或凝聚在雾点上进入人的呼吸系统，使人发病或加速慢性病患者的死亡。

试分析：制药企业废渣有哪些污染物？会引起哪些危害？如何控制？

知识积累 ▶▶▶

1. 废水处理的基本措施有"清污"分流，将特殊废水与一般废水分开，利用废水处理技术如物理法、化学法、物理化学法和生物法等处理废水中的污染物。

2. 含尘废气一般处理措施为机械除尘、洗涤除尘和过滤除尘。

扫一扫测试

项目五　测试

3. 含无机物废气，若无机物可用水或酸或碱吸收的，则先用水或酸或碱吸收，再回收利用；若不易直接为水或酸、碱性液体所吸收，则须先经化学处理，成为可溶性物质后，再经吸收后回收利用。

4. 含有机物废气的处理一般可采用冷凝、吸收、吸附和燃烧。

5. 废渣的一般处理措施是无毒废渣先回收再做处理，有毒废渣要先除毒后才能进行综合利用；最终处理方法有综合利用法、焚烧法、填土法等。

 ## 【目标检测】

一、判断题

1. 生化需氧量（BOD）是指在一定条件下用强氧化剂（$K_2Cr_2O_7$ 或 $KMnO_4$）氧化废水中的污染物所消耗的氧量，单位为 mg/L。（   ）

2. BOD 与 COD 都可表征水被污染的程度，但 BOD 能更精确地表示废水中污染物的含量，而且测定时间短，不受水质限制，因此常被用作废水的污染指标。（   ）

3. COD 与 BOD 之差表示废水中不能被微生物分解的污染物含量。（   ）

4. 生物法能够去除废水中的大部分有机污染物，是常用的三级处理法。（   ）

5. 安乃近中间体 FAA（4-甲酰氨基安替比林）的废母液中含有许多树脂状物，必须用静置的方法分离后才能进行回收利用和进一步处理。（   ）

6. 化学制药过程中常排出含有各种酸、碱的废水，对于没有经济价值、含量在 1% 以下的酸（或碱）废水，必须中和处理才能排放。（   ）

7. 好氧生物法已在有机废水处理中得到了广泛应用，活性污泥法、生物滤池、生物转盘等都是常见的好氧生物处理法。（   ）

8. 好氧法处理废水会产生大量的剩余污泥，这些污泥可以作为有机肥料在农田中使用。（   ）

9. 化学制药厂排出的废气中，低浓度废气一般在本岗位设法回收或作无害化处理，高浓度的废气则可通过管道集中后进行洗涤、吸收等处理或高空排放。（   ）

10. 化学制药厂含一氧化氮的废气可先在水中氧化成二氧化氮，再用氨水吸收得硝酸铵，回收利用。（   ）

二、单选题

1. 药厂废水的处理程度可分为一级、二级和三级处理，（   ）处理能大大改善水质，处理后的废水一般能达到排放标准。

　　A. 一级　　　　　　B. 二级　　　　　　C. 三级　　　　　　　　D. 均可

2. 废水经过三级处理后，BOD_5 可降至（   ）以下。

　　A. 20～30mg/L　B. 10～20mg/L　　C. 5mg/L　　　　　D. 0.5mg/L

3. 下面（   ）不属于第二类污染物范畴。

　　A. 氰化物　　　B. 烷基汞　　　　　C. 氟化物　　　　　D. 苯胺类

4. 含氟废水可用化学法进行处理，如氟轻松软膏生产中的含氟废水可用（   ）处理，去除率达 99.99% 以上。

　　A. 中和法　　　B. 高压水解法　　　C. 硫化法　　　　　D. 萃取法

5. 厌氧生物处理是利用厌氧微生物来处理废水中的有机物。厌氧处理最终的代谢产物是（   ）等低分子有机物。

　　A. CH_4、CO_2 和 NH_4^+　　　　　　　　　B. CH_4、H_2O 和 NH_4^+

C. H_2O、CO_2 和 O_2　　　　　　D. CH_4、H_2S 和 NH_4^+

6. 活性污泥法处理废水的关键在于（　　）。

A. 污泥质量　　　B. 微生物组成　　　C. 温度　　　　　　D. 曝气时间

7. 活性污泥法有多种类型，国内以（　　）居多。

A. 普通曝气法　　B. 逐步曝气法　　C. 加速曝气法　　　D. 旋流式曝气法

8. 洗涤除尘是用水（或其他液体）洗涤含尘废气，它的除尘率较高，一般为（　　）。

A. $80\%\sim95\%$　　B. $90\%\sim99\%$　　C. $70\%\sim90\%$　　D. $90\%\sim95\%$

9. 若废气中易燃物质浓度较高，可将废气通入焚烧炉中燃烧，燃烧的温度可控制在（　　）。

A. $500\sim600℃$　　B. $600\sim700℃$　　C. $700\sim800℃$　　D. $800\sim900℃$

10. 下列（　　）方法不属于废渣的处理方法。

A. 综合利用法　　B. 焚烧法　　　C. 湿式氧化法　　　D. 生物膜法

三、简答题

1. 简述活性污泥法的工艺流程。

2. "清污"分流对废水处理的意义是什么？

3. 活性污泥法有哪些处理系统？国内较多采用的是哪种？简述其工艺特点。

4. 废水的厌氧生物处理是一项重要技术，简述厌氧接触法的工艺流程。

5. 制药企业废气分为哪些种类？常用的处理方法是什么？

项目六
危险化学品的认识及安全生产管理

学习目标

1. 知识目标

（1）掌握危险化学品的分类、安全生产标志。

（2）熟悉危险化学品的危害、生产安全措施、运输安全措施、储存安全措施。

（3）了解危险化学品的定义、特性。

2. 能力目标

（1）能识别危险化学品的类别，能够正确使用危险化学品的标志。

（2）能够说出危险化学品的危害。

（3）能采取适当措施增加危险化学品生产、运输、储存过程的安全性。

（4）知道危险化学品的定义、特性。

3. 素养目标

（1）初步培养学生"遵守纪律，严谨认真"的职业素养。

（2）提升学生"防微杜渐，敬畏生命""安全第一，预防为主"的安全意识。

单元一
认识危险化学品

任务 1　理解危险化学品的内涵

想一想 ▶▶▶

1. 火柴、打火机为什么不能带上飞机？
2. 为什么要禁止燃放烟花、爆竹？

　　通过对上面两个问题的思考，可能大家已经知道了火柴、打火机、烟花、爆竹都属于易燃易爆品，而易燃易爆品就是我们要讲到的危险化学品之一。

　　中华人民共和国国务院令第 591 号《危险化学品安全管理条例》中所称危险化学品是指具有毒害、腐蚀、爆炸、燃烧、助燃等性质，对人体、设施、环境具有危害的剧毒化学品和其他化学品。

相关知识 ▶▶▶

危险化学品的不同名称

　　危险化学品在不同场合，其叫法或者说称呼是不一样的，如在生产、经营、使用场所统称为化工产品，一般不单称为危险化学品；在运输过程中，包括铁路运输、公路运输、水上运输、航空运输都称为危险货物；在储存环节，一般又称为危险物品或危险品，当然作为危险货物、危险物品，除危险化学品外，还包括一些其他货物或物品。

　　在国家的法律法规中称呼也不一样，如在《中华人民共和国安全生产法》中称"危险物品"，在《危险化学品安全管理条例》中称"危险化学品"。

1. 危险化学品的特征

由危险化学品的含义可知，其特征是：

① 具有爆炸性、易燃、毒害、腐蚀、放射性等性质；

② 在生产、运输、使用、储存和回收等过程中，易造成人员伤亡和财产损毁；

③ 需要特别防护。

2. 危险化学品在药品生产中的应用

通过对上述问题的讨论，我们知道化学药品中有些本身就是危险化学品，药品使用的原料有时也要用到危险化学品等。

（1）有些化学药品本身属于危险化学品　某些药物制剂产品因医疗需要本身就是危险化学品，如精神类药品等本身为危险化学品，对安全生产的影响不容忽视。精神类药物中的麻醉镇痛剂，如鸦片、海洛因、吗啡等。这类药物有止痛、降低焦虑的作用，可使人产生昏睡、抑制呼吸、恶心，本身是禁止流通的毒品。抗菌药物如青霉素等应用可导致焦虑不安、意识混乱、抽搐等症状，本身有过敏性，具有生物污染性；有些麻醉药物如麻醉乙醚等，医用消毒剂如 75％乙醇溶液等，本身就是易燃液体。

（2）化学原料药生产的原辅料及中间产品使用了危险化学品　化学药品生产经常要使用易燃溶剂，如乙醚、乙醇、丙酮和苯等；易燃易爆的气体，如氢气、乙炔等；有腐蚀的药品，如浓硫酸、氯磺酸、烧碱等；有毒的原料，如光气、硝基苯、某些有机磷化合物等；生成的中间体，如有机溴化合物、有机过氧化物、有机磺化物等都是危险化学品。

（3）化学原料药生产工艺危险性大　化学制药属于精细化工领域，其生产具有易燃、易爆、有毒物质多，深冷、负压、压力容器多等特点，生产工艺中有卤化、烷基化、酰化、缩合、氧化、还原相转移催化等，如管理失控将会导致火灾、爆炸、中毒、烧伤等事故，可能造成重大人员伤亡和财产损失。

任务 2　熟知我国危险化学品的分类

目前，我国危险化学品分类的主要依据有《化学品分类和危险性公示　通则》（GB 13690—2009）和《危险货物品名表》（GB 12268—2012）。按前者及联合国化学品分类及标记全球协调制度（GHS），化学品的危险划分为以下三大类，每一类又分为若干项，即理化危险（16类）、健康危险（10类）、环境危险。

一、理化危险

理化危险有以下16类，包括：爆炸物、易燃气体、易燃气溶胶、氧化性气体、压力下气体、易燃液体、易燃固体、自反应物质或混合物、自燃液体、自燃固体、自热物质和混合物、遇水放出易燃气体的物质或混合物、氧化性液体、氧化性固体、有机过氧化物、金属腐蚀剂。

1. 爆炸物

爆炸物是指其本身能通过化学反应在内部产生一定速度、一定温度与压力的气体，且能对周围环境具有破坏作用的一种固体或液体物质（或物质的混合物）。其中也包括发火物质，即使它们不放出气体。发火物质（或发火混合物）是通过非爆炸自持放热化学反应产生的热、光、声、气体、烟或所有这些的组合来产生效应的一种物质或物质的混合物。

2. 易燃气体

易燃气体是指20℃、101.3kPa时与空气混合有一定易燃范围的气体。

3. 易燃气溶胶

易燃气溶胶判定要素：易燃成分所占比例；燃烧热；点燃距离；火焰高度；泡沫实验；封闭空间实验。

4. 氧化性气体

氧化性气体是指通过提供氧气，比空气更能导致或促使其他物质燃烧的任何气体。

5. 压力下气体

压力下气体是指高压气体在压力大于或等于200kPa（表压）下装入贮器的气体，或是液化气体或冷冻液化气体。其包括压缩气体、液化气体、溶解液体、冷冻液化气体。

6. 易燃液体

易燃液体是指闪点不高于93℃的液体。根据闪点和初沸点，将易燃液体按照危险性的不同具体细分为四类。

7. 易燃固体

易燃固体是容易燃烧或通过摩擦可能引燃或助燃的固体。

8. 自反应物质或混合物

自反应物质是即使没有氧（空气）也容易发生激烈放热分解的热不稳定液态或固态物质或者混合物。本定义不包括根据统一分类制度分类为爆炸物、有机过氧化物或氧化物质的物质和混合物。

9. 自燃液体

自燃液体是指即使数量小也能在与空气接触后5min之内引燃的液体。

10. 自燃固体

自燃固体是指即使数量小也能在与空气接触后5min之内引燃的固体。

11. 自热物质和混合物

此类是指除自燃液体或固体以外，与空气反应不需要能源供应就能够自己发热的固体或液体物质或混合物。这类物质或混合物与自燃液体或固体不同，因为这类物质只有数量很大（千克级）并经过长时间（几小时或几天）才会燃烧。

12. 遇水放出易燃气体的物质或混合物

遇水放出易燃气体的物质或混合物是通过与水作用，容易具有自燃性或放出危险数量的易燃气体的固态或液态物质或混合物。

13. 氧化性液体

氧化性液体是本身未必燃烧，但通常因放出氧气可能引起或促使其他物质燃烧的液体。

14. 氧化性固体

氧化性固体是本身未必燃烧，但通常因放出氧气可能引起或促使其他物质燃烧的固体。

15. 有机过氧化物

有机过氧化物是含有二价—O—O—结构的液态或固态有机物质，可以看作是一个或两个氢原子被有机基团替代的过氧化氢衍生物。该术语也包括有机过氧化物配方（混合物）。有机过氧化物是热不稳定物质或混合物，容易放热自加速分解。另外，它们可能具有下列一种或几种性质：①易于爆炸分解；②迅速燃烧；③对撞击或摩擦敏感；④与其他物质发生危险反应。

16. 金属腐蚀剂

金属腐蚀剂是通过化学作用显著损坏甚至毁坏金属的物质或混合物。

二、健康危险

健康危险有以下 10 类，包括：急性毒性、皮肤腐蚀/刺激、严重眼损伤/眼刺激、呼吸或皮肤过敏、生殖细胞致突变性、致癌性、生殖毒性、特异性靶器官系统毒性——单次接触、特异性靶器官系统毒性——重复接触、吸入危险。

1. 急性毒性

急性毒性是指在单剂量或在 24h 内多剂量口服或皮肤接触一种物质，或吸入接触 4h 之后出现的有害效应。

2. 皮肤腐蚀/刺激

皮肤腐蚀是对皮肤造成不可逆损伤，即施用试验物质达到 4h 后，可观察到表皮和真皮坏死。腐蚀反应的特征是溃疡、出血、有血的结痂，而且在观察期 14d 结束时，皮肤、完全脱发区域和结痂处由于漂白而褪色。应考虑通过组织病理学来评估可疑的病变。皮肤刺激是施用试验物质达到 4h 后对皮肤造成可逆损伤。

3. 严重眼损伤/眼刺激

严重眼损伤是在眼前部表面施加试验物质之后，对眼部造成在施用 21d 内不能完全可逆的组织损伤，或严重的视觉物理衰退。眼刺激是在眼前部表面施加试验物质之后，在眼部造成在施用 21d 内完全可逆的变化。

4. 呼吸或皮肤过敏

呼吸过敏物是吸入后会导致气管超敏反应的物质。皮肤过敏物是皮肤接触后会导致过敏反应的物质。

5. 生殖细胞致突变性

本危险类别涉及的主要是可能导致人类生殖细胞发生可传播给后代的突变的化学品。但是，在本危险类别内对物质和混合物进行分类时，也要考虑活体外致突变性/生殖毒性试验和哺乳动物活体内体细胞中的致突变性/生殖毒性试验。突变定义为细胞中遗传物质的数量或结构发生永久性改变。"突变"一词用于可能表现于表型水平的可遗传的基因改变和已知的基本 DNA 改性（例如，特定的碱基对改变和染色体易位）。引起突变和致变物两词用于在细胞和/或有机体群落内产生不断增加的突变的试剂。生殖毒性的和生殖毒性这两个较具一般性的词汇用于改变 DNA 的结构、信息量、分离试剂或过程，包括那些通过干扰正常复制过程造成 DNA 损伤或以非生理方式（暂时）改变 DNA 复制的试剂或过程。生殖毒性试验结果通常作为致突变效应的指标。

6. 致癌性

致癌物一词是指可导致癌症或增加癌症发生率的化学物质或化学物质混合物。在实施良好的动物实验性研究中诱发良性和恶性肿瘤的物质也被认为是假定的或可疑的人类致癌物，除非有确凿证据显示该肿瘤形成机制与人类无关。产生致癌危险的化学品的分类基于该物质的固有性质，并不提供关于该化学品的使用可能产生的人类致癌风险水平的信息。

7. 生殖毒性

生殖毒性包括对成年雄性和雌性性功能和生育能力的有害影响，以及在后代中的发育毒性。

8. 特异性靶器官系统毒性——单次暴露/重复接触

划分出此类的目的是提供一种方法，用以对由于单次接触/长时间或反复接触而产生特异性、非致命性目标器官/系统毒性的物质或混合物进行分类。所有可能损害机能的，可逆和不可逆的，即时和/或延迟的显著健康影响都包括在内。

此类可将化学物质划为特定目标器官/系统有毒物，可以表明这些化学物质可能对接触者的健康产生潜在有害影响。化学物质是否属于此类，取决于是否拥有可靠证据，表明与该物质的单次接触对人类或试验动物产生了一致的、可识别的毒性效应，影响组织/器官的机能或形态的毒理学显著变化，或者使生物体的生物化学或血液学发生严重变化，而且这些变化与人类健康有关，故人类数据是这种危险分类的主要证据来源。评估不仅要考虑单一器官或生物系统中的显著变化，而且还要考虑涉及多个器官的严重性较低的普遍变化。特定目标器官/系统毒性可能以与人类有关的任何途径发生，即主要以口服、皮肤接触或吸入途径发生。

9. 吸入危险

划分出此类的目的是提供一种方法，用于对可能对人类造成吸入毒性危险的物质或混合物进行分类。"吸入"指液态或固态化学品通过口腔或鼻腔直接进入或者因呕吐间接进入器官和下呼吸系统。吸入毒性包括化学性肺炎，不同程度的肺损伤或吸入后死亡等严重性效应。物质和混合物的吸入可能在消化后呕吐出来时发生，故此种情况下，特别是会引起急性毒性时，在标签中需标明消化后引起呕吐的建议。

三、环境危险

危险化学品对环境危害主要为危害水生环境。危害水生环境又可分为急性水生毒性和慢性水生毒性。

2004 年 9 月 7 日上午 10 时许，浙江金华某医药化工有限公司厂房突然发生爆炸，并引发大火。经过当地消防救援人员的奋力扑救，火势终被控制。该事故造成 7 人伤亡。事故的主要原因是设备检修操作过程中，设备清洗、置换未到位，未进行动火分析，导致检修动火爆炸。

由此可知，危险化学品是非常危险的。

危险化学品具有易燃、易爆、腐蚀、有毒等特点，在生产、储存、运输和使用过程中因意外或人为破坏等原因发生泄漏、火灾爆炸，极易造成人员伤害和环境污染。因此，从事危险化学品相关工作的人员熟悉影响其安全的因素是非常有必要的。

影响危险化学品安全的主要因素有温度、明火和电火、机械力、空气、水和杂质等几个方面。

1. 温度

温度对危险化学品安全有着较大的影响，几乎所有的危险化学品发生危险性变化都对温度有一定的要求。如果温度达不到要求，它们就不会分解、燃烧或自燃、爆炸。一般来说，危险化学品的性质随着温度的升高而趋向于不稳定，分解速度加快，容易引起化学变化。当温度达到一定程度时，就会发生突变而导致燃烧或爆炸。而在较低的温度下，危险化学品较为稳定，储存运输也较为安全。

2. 明火和电火

明火是指暴露在外的火，包括各种火焰、炽热、火星、燃着物、烟头以及火柴余烬等。电火包括电火花、静电火花和雷电等。明火和电火，即便是很小的火星或火花，却具有很高的温度，足以引起许多危险化学品的燃烧和爆炸。

3. 机械力

机械力主要是指在搬动、装卸和运输等过程中摩擦、震动、碰摔、撞击、挤压等作用。这些机械力的作用不仅容易造成危险化学品包装的损坏，而且还容易引起危险化学品发生危险性的变化。摩擦、震动、碰摔、撞击、挤压等不仅能产生热量和火花，而且能产生一定的波动。在热、火和波动的作用下，危险化学品的性质将会变得不稳定，因此容易引起燃烧、爆炸、漏洒等危险。

4. 空气、水和杂质

许多危险化学品能在空气中发生危险性变化，也有一些危险化学品长时间在空气的氧化下会变质，变质后物品的危险性可能进一步增加。水能溶解许多物质，某些危险化学品溶于水时能放出大量的热，短时间产生大量的热能使物体膨胀而爆炸，例如骤然往浓硫酸、氢氧化钠中加入水就可能出现爆炸事故。水还能和一些危险化学品作用生成危害性巨大的物品，并且放出热量，从而导致危险。杂质的影响主要指危险化学品和某些其他物质接触后，能发生危险性变化或能促使危险性变化的发生。

单元二
危险化学品的安全生产管理

任务1　熟知危险化学品的生产安全措施

事故案例 ▶▶▶

　　2009年5月11日，江苏省××市某家化工厂发生泄漏，导致距此工厂大门二三十米远的××中学七八十名师生中毒，就诊人数达到五六百人。后来调查发现原因是该厂在生产二碳酸二叔丁酯产品过程中，操作人员发现滴加氯甲酸三氯甲酯（俗称双光气）的阀门泄漏，而在更换阀门时有氯甲酸三氯甲酯漏出，于是操作人员用水冲洗泄漏的氯甲酸三氯甲酯，而氯甲酸三氯甲酯遇水后，产生氯化氢为主的并伴有微量光气的有毒腐蚀性气体，随风飘散到工厂东侧的中学内，引起此中学的师生中毒。

　　由此可见厂址选址的重要性。

　　由上面的案例可知危险化学药品的厂址选择不好，将会对其周围环境和社区产生很多危险，如从工厂飘出的有毒气体或有害气体有可能进入社区，损害社区居民的身体健康；又如易燃气体可能飘过如其他工厂煅烧炉之类的火源，引起火灾。

　　危害化学品的生产安全管理主要从厂址的选择与布局、工艺设计、单元区域规划、生产装置设计、生产装置维护、公用工程设施安全等方面控制。

一、选择合适的厂址

议一议 ▶▶▶

　　1. 你所在城市中，化工与制药企业通常建在哪些区域，为什么？

　　2. 医药化工企业应建在当地常年主导风向的上风向还是下风向？

　　3. 危险化学品企业的选址距离学校、商场、铁路等大型设施有何规定？

1. 厂址选择的总体要求

应避免低于洪水位或在采取措施后仍不能确保不受水淹的地段，还应避免布置在下列地区：①发震断层地区和基本烈度9度以上的地震区；②厚度较大的Ⅲ级自重湿性黄土地区；

③易遭受洪水、泥石流、滑坡等危害的山区；④有开采价值的矿藏地区；⑤国家规定的历史文物、生物保护和风景游览地区；⑥对机场、电台等使用有影响的地区。

2. 选择厂址的综合考虑因素

（1）原料和市场　厂址应靠近各种原料产地和产品市场，这样可以大大减少原料的运输及储存费用以及缩短产品运输所需时间及销售费用。

（2）能源　大多数工厂需要大量的蒸汽，而动力和蒸汽通常需由燃料提供，因此，在选择厂址时，动力和燃料是个主要因素，例如电解工业需要廉价电源，如厂址能靠近大型水电站则更好；需要大量燃料的工厂，则厂址靠近这些燃料的供应地点，对提高经济效益是十分有利的。

（3）气候　气候条件也会影响建厂的经济效益。位于寒冷地带的工厂，需要把工艺设备安放在保护性的建筑物中，会增加基建投资；如果气温高，则可能需要特殊的凉水塔或空调设备，增加日常操作费用和基建投资。因此，选择厂址时应把气候条件这一因素考虑在内。

（4）运输条件　水路、铁路和公路是大多数企业常用的运输途径，应当注意当地的运费高低及现有的铁路线路。应该尽量考虑靠近铁路枢纽以及利用河流、运河、湖泊或海洋进行运输的可能性。公路运输可用作铁路运输和水运的补充。另外，供职工使用的交通设施也是选择厂址需要考虑的内容之一。

（5）供水　化工厂使用大量的水，用于产生蒸汽、冷却、洗涤，有时还用作原料。因此，厂址必须靠近水量充足和水质良好的水源。靠近大的河流或湖泊最好，如无此条件，也可考虑使用深井，这需要以厂址的水文地质资料作为依据。

（6）对环境的影响　选厂址时应注意当地的自然环境条件，对工厂投产后给环境可能造成的影响作出预评价，并应得到当地环保部门的认可。选择的厂址，应该便于妥善地处理废物（废气、废水和废渣）。

（7）劳动力的来源　必须调查厂址附近能够得到的劳动力的种类和数量以及工资水平等。

（8）节约用地　尽量少占耕地。

（9）协作条件　厂址应选择在储运、机修、公用工程（电力、蒸汽）和生活设施等方面具有良好协作条件的地区。

（10）预防灾害及其他。

二、平面布局合理

工厂布置的任务是要总体地解决全厂所有的建筑物和构筑物在平面和竖向上的布置、运输网和地上、地下工程技术管网的布置、行政管理、福利及美化设施的布置等问题。

1. 工厂总体布局的三个要求

（1）生产要求　总体布局首先要求保证径直和短捷的生产作业线，尽可能避免交叉和迂回，使各种物料的输送距离为最短，同时将水、电、汽耗量大的车间尽量集中，形成负荷中心，并使其与供应源靠近，使水、电、汽输送距离为最短。工厂总体布局还应使人流和货流的交通路线径直和短捷，避免交叉和重叠。

（2）安全要求　工厂具有易燃、易爆、有毒的特点，厂区应充分考虑安全布局、严格遵守防火、卫生等安全规范和标准的有关规定，重点是防止火灾和爆炸的发生。

（3）发展要求　厂区布置要求有较大的弹性，对于工厂的发展变化有较大的适应性。也就是说，随着工厂不断的发展变化，厂区的不断扩大，厂内的生产布局和安全布局方面仍能保持合理的布置。

2. 工厂的区域合理

（1）区域划分和功能　　工厂总体布局的划分为五区一道，即生产区、公用工程区、库区、生活区、办公区和主次干道。生产区是包括产品生产装置的分厂、车间、工段、操作单元的区域；公用工程区是包括供应水、电、气、汽、冷等公用部分的区域；库区是包括原料库、产品库、备品备件库等的区域；生活区是包括食堂、浴室、停车场、卫生室、运动场等的区域；办公区是包括行政办公楼、营销公司、档案馆、图书资料室等的区域；主次干道包括人流、物流、安装维护、消防安全在内的人车通行道路。通常同类集中在一个区域，也有因生产、生活、办公需要分成若干小区域，基本上由主次干道相连接。

（2）装置与设备的平面布置　　选好厂址，确定了其面积和形状之后，就应决定厂区各装置的位置，也就是决定生产单元区块、原料区、产品库房及出厂设施、公用工程设备、服务部门、管理部门、主要道路的布置。由于各工厂的特点不同，做这些规划不能一概而论。总平面布置，即包括各装置及其附属设备的规划和装置内设备布置，被主要道路分割的一个区域内的设备布置两个方面。

三、生产装置、设施、工艺等设计合理

根据危险化学品的危险性，选择合适的生产装置、设施、工艺等。如必须使用防爆工具，灯具应是防爆灯，储存设施装有避雷设备，装卸机械设有防火防爆或防静电的装置等。

四、规范化生产

> **事故案例** ❯❯❯
>
> 2017年江西某化工公司一高压反应釜发生爆炸，事故造成3人死亡、3人受伤。事故的直接原因是：该企业涉及胺化反应，反应物料具有燃爆危险性，事故发生时冷却失效，且安全联锁装置被企业违规停用，大量反应热无法通过冷却介质移除，体系温度不断升高；反应产物对硝基苯胺在高温下发生分解，导致体系温度、压力极速升高造成爆炸。
>
> 由此可见生产规范化的重要性。

危险化学品规范化生产可以从以下几个方面进行。

1. 企业操作人员掌握工艺安全信息

企业操作人员需要掌握以下工艺信息：

① 化学品危险性的信息，如物理特性、反应活性、腐蚀性、热和化学稳定性、毒性、职业接触限值等；

② 工艺信息，如流程图，化学反应过程，最大储存量，工艺参数（如压力、温度、流量等），安全上、下限值等；

③ 设备信息，如设备材料、设备和管道图纸、电器类别、调节阀系统设计、安全设施

（如报警器、联锁等）等。

2. 生产装置开车前应组织检查和条件确认

生产装置开车前组织检查和条件确认，应达到下列要求：

① 现场工艺和设备符合设计规范；

② 系统气密测试、设施空运转调试要合格；

③ 安全操作规程和应急方案已制定；

④ 操作人员培训要合格；

⑤ 各种危险得到消除或控制。

3. 生产装置停车应符合要求

生产装置停车应满足下列要求：

① 编制停车方案，正常停车必须按停车方案中规定的步骤进行，用于紧急处理的自动停车联锁装置，不得用于正常停车；

② 设备、容器卸压时，要防止易燃、易爆、易中毒等危险化学品的排放和散发从而避免引发事故；

③ 冬季停车后，要采取防冻保温措施。

4. 建立生产装置紧急情况处理方案

生产装置紧急情况处理应遵守下列要求：

① 发现或发生紧急情况，应妥善处理，同时向有关方面报告；

② 工艺及机电设备等发生异常情况时，应迅速采取措施，并通知有关岗位协调处理，必要时，按步骤紧急停车。

5. 排放物处理

企业生产装置泄压系统或排空系统排放的危险化学品应引至安全地点，并得到妥善处理。

6. 严格安全操作规程

企业操作人员应严格执行安全操作规程，工艺参数控制不得超出安全限值。对工艺参数运行出现的偏离情况及时分析，保证工艺参数偏差及时得到纠正。

7. 关键装置及重点部位的安全管理

关键装置及重点部位，制定关键装置、重点部位安全管理制度，实行企业管理人员定点承包的安全管理机制。

承包人对所负责的关键装置、重点部位负有安全监督与指导责任，内容符合本规范要求，并至少每月到承包点进行一次安全活动；安全生产管理部门每季度对承包人承包到位情况进行一次考核，并进行公布；建立关键装置、重点部位档案及安全检查书面报告制度，定期进行监督或巡检；制定关键装置、重点部位应急预案，至少每半年进行一次演练。

8. 检维修

建立生产设施安全检维修管理制度，明确检维修时机和频次；制订检维修计划；进行检维修前，对检维修作业进行风险评价，采取有效措施控制风险；对检维修作业现场进行安全管理。

9. 拆除和报废

建立生产设施安全拆除和报废制度；对拆除作业进行风险评价，制订拆除计划或方案；凡拆除的容器、设备和管道内仍存有危险化学品的，应先清洗干净，验收合格后方可报废。

10. 作业许可证

对动火作业、进入受限空间作业、破土作业、临时用电作业、高处作业等实施作业许可证管理，履行严格的审批手续。

> **事故案例** ▷▷▷
>
> 2007年5月8日15时20分左右，新干县某医药化工有限公司缩合车间在设备检修中发生爆炸并引发火灾，事故造成3人死亡、1人重伤、11人轻伤。经查，该医药化工有限公司是一家医药化工企业，企业员工120多人。发生事故车间主要生产医药中间体二硝基二苄，主要原料有金属钠、甲醇钠、邻硝基甲苯、二甲苯、煤油等。事故主要原因为车间动火操作未按企业制度规定要求执行。

11. 作业安全

在易燃易爆、有毒有害场所的适当位置张贴警示标志和告知牌；产生职业危害的企业，在醒目位置设置公告栏，公布有关职业危害防治的规章制度、操作规程、职业危害事故应急救援措施和工作场所职业危害因素检测结果；在可能产生严重职业危害作业岗位的醒目位置设置警示标志和警示说明，告知产生职业危害的种类、后果、预防及应急救治措施等内容；在检维修、施工、吊装等作业现场设置警戒区域和警示标志。

12. 直接作业环节

对动火作业、进入受限空间作业、临时用电作业、高处作业、起重作业、破土作业、施工作业、高温作业等直接作业环节进行风险分析，制定控制措施，配备、使用安全防护用品，配备监护人员；对承包商施工作业现场进行安全管理，发现问题提出整改要求；制定和履行严格的危险化学品储存、出入库安全管理制度及运输、装卸安全管理制度，规范作业行为，减少事故发生。

五、生产过程中的防火防爆

在化学药品生产中，所处理的物料很多是易燃、易爆的，故火灾、爆炸危险性的问题甚于其他企业，因此，医药化工生产中的安全防火和环境保护是值得高度重视的。

具体的防火防爆方法见项目二。

> **议一议** ▷▷▷
>
> 2018年四川某企业发生重大爆炸事故，造成19人死亡、12人受伤，直接经济损失4000余万元。事故的直接原因是操作人员将无包装标识的氯酸钠当作丁酰胺，投入到反应釜中进行脱水操作，发生化学爆炸，造成重大人员伤亡和财产损失。
>
> 试分析，如何防止类似事故的发生？

想一想 ▷ ▷ ▷

1. 化工与制药企业涉及危险化学品储存时，有哪些储存标准？

2. 什么是性质相忌物质？

3. 腐蚀品和易燃品能储存在同一库房内吗？

根据《危险化学品仓库储存通则》（GB 15603—2022）的要求，危险化学品在储存时必须满足以下几方面的安全要求。

一、危险化学品储存的基本要求

① 储存危险化学品必须遵照国家法律、法规和其他有关的规定。

② 危险化学品必须储存在经公安部门批准设置的专门的危险化学品仓库中，经销部门自管仓库储存危险化学品及储存数量必须经公安部门批准。未经批准不得随意设置危险化学品储存仓库。

③ 危险化学品露天堆放，应符合防火、防爆的安全要求，爆炸物品、一级易燃物品、遇湿燃烧物品及剧毒物品不得露天堆放。

④ 储存危险化学品的仓库必须配备具有专业知识的技术人员，其库房及场所应设专人管理，管理人员必须配备可靠的个人安全防护用品。

⑤ 储存的危险化学品应有明显的标志，标志应符合 GB 190—2009《危险货物包装标志》的规定。同一区域储存两种或两种以上不同级别的危险品时，应按最高等级危险物品的性能标志。

⑥ 危险化学品储存方式分为三种，即 a. 隔离储存：指在同一间房或同一区域内，不同物料之间分开一定的距离，非禁忌物料之间用通道保持空间的储存方式；b. 隔开储存：指在同一建筑或同一区域内，用隔板或墙，将其与禁忌物料（即容易发生化学反应或灭火方法不同的物料）分隔开的储存方式；c. 分离储存：指在不同的建筑物或同一建筑物不同房间的储存方式。

⑦ 根据危险品性能分区、分类、分库储存。各类危险品不得与禁忌物料混合储存。

⑧ 储存危险化学品的建筑物和区域内严禁吸烟和使用明火。

⑨ 储存危险化学品的建筑物不得有地下室或其他地下建筑，其耐火等级、层数、占地面积、安全疏散和防火间距，应符合国家有关规定。

⑩ 储存地点及建筑结构的设置，除了应符合国家的有关规定外，还应考虑对周围环境和居民的影响。

⑪ 危险化学品储存建筑物、场所消防用电设备应能充分满足消防用电的需要，并符合 GB 55037—2022《建筑防火通用规范》中的有关规定。

⑫ 化学危险品储存区域或建筑物内输配电线路、灯具、火灾事故照明和疏散指示标志，都应符合安全要求。

⑬ 储存易燃、易爆危险化学品的建筑，必须安装避雷设施。

⑭ 储存危险化学品的建筑必须安装通风设备，并注意设备的防护措施。

⑮ 储存危险化学品的建筑通排风系统应设有导除静电的接地装置。

⑯ 通风管应采用非燃烧材料制作。

⑰ 通风管道不宜穿过防火墙等防火分隔物，如必须穿过时应用非燃烧材料分隔。

⑱ 储存危险化学品建筑采暖的热媒温度不应过高，热水采暖不应超过80℃，不得使用蒸汽采暖和机械采暖。

⑲ 采暖管道和设备的保温材料，必须采用非燃烧材料。

二、危险化学品储存量限制及储存安排

危险化学品储存安排取决于危险化学品分类、分项、容器类型、储存方式和消防的要求。其储存量及储存安排要求见 GB 17914—2013《易燃易爆性商品储存养护技术条件》、GB 17915—2013《腐蚀性商品储存养护技术条件》、GB 17916—2013《毒害性商品储存养护技术条件》。

1. 化学危险品储存安排

储存量及储存安排举例见表 6-1。

表 6-1　储存量及储存安排举例

储存要求	储存类别			
	露天储存	隔离储存	隔开储存	分离储存
平均单位面积储存量/(t/m²)	1.0～1.5	0.5	0.7	0.7
单一储存区最大储量/t	2000～2400	200～300	200～300	400～600
垛距限制/m	2	0.3～0.5	0.3～0.5	0.3～0.5
通道宽度/m	4～6	1～2	1～2	5
墙距宽度/m	2	0.3～0.5	0.3～0.5	0.3～0.5
与禁忌品距离/m	10	不得同库储存	不得同库储存	7～10

2. 易燃易爆性商品的储藏条件、养护技术和储藏期限等技术要求

（1）建筑条件　应符合 GB 50016—2014 中的要求，库房耐火等级不低于二级。

（2）库房条件　储藏易燃易爆商品的库房，应冬暖夏凉、干燥，易于通风、密封和避光。根据各类商品的不同性质、库房条件、灭火方法等进行严格的分区分类，分库存放。爆炸品宜储藏于一级轻顶耐火建筑的库房内。低、中闪点液体，一级易燃固体，自燃物品，压缩气体和液化气体类宜储藏于一级耐火建筑的库房内。遇湿易燃物品、氧化剂和有机过氧化物可储藏于一、二级耐火建筑的库房内。二级易燃固体、高闪点液体可储藏于耐火等级不低于二级的库房内。

（3）安全条件　商品避免阳光直射，远离火源、热源、电源及产生火花的环境。除另有规定分类储存外，以下品种应专库储藏：①爆炸品，黑色火药类、爆炸性化合物分别专库储藏；②压缩气体和液化气体，易燃气体、不燃气体和有毒气体分别专库储藏；③易燃液体均可同库储藏，但灭火方法不同的商品应分库储存；④易燃固体可同库储藏，但发乳剂 H 与

酸或酸性物品分库储藏；⑤硝酸纤维素酯、安全火柴、红磷及硫化磷、铝粉等金属粉类应分库储藏；⑥自燃物品，黄磷、烃基金属化合物，浸动、植物油制品必须分别专库储藏；⑦遇湿易燃物品专库储藏；⑧氧化剂和有机过氧化物，一、二级无机氧化剂与一、二级有机氧化剂必须分别储藏，但硝酸铵、氯酸盐类、高锰酸盐、亚硝酸盐、过氧化钠、过氧化氢等必须分别专库储藏。

（4）环境卫生条件　库房周围无杂草和易燃物。库房内经常打扫，地面无漏洒商品，保持地面与货垛清洁卫生。

（5）温湿度条件　各类易燃易爆品适宜储存的温、湿度如表 6-2 所示。

表 6-2　各类易燃易爆品适宜储存的温、湿度条件

类别	品名	温度/℃	相对湿度/%	备注
爆炸品	黑火药、化合物	≤32	≤80	
	水作稳定剂的	≥1	<80	
压缩气体和液化气体	易燃、不燃、有毒	≤30		
易燃液体	低闪点	≤29		
	中高闪点	≤37		
易燃固体	易燃固体	≤35		
	硝酸纤维素酯	≤25	≤80	
	安全火柴	≤35	≤80	
	红磷、硫化磷、铝粉	≤35	<80	
自燃物品	黄磷	>1		
	烃基金属化合物	≤30	≤80	
	含油制品	≤32	≤80	
遇湿易燃物品	遇湿易燃物品	≤32	≤75	
氧化剂和有机过氧化物	氧化剂和有机过氧化物	≤30	≤80	
	过氧化钠、过氧化镁、过氧化钙等	≤30	≤75	
	硝酸锌、硝酸钙、硝酸镁等	≤28	≤75	袋装
	硝酸铵、亚硝酸钠	≤30	≤75	袋装
	盐的水溶液	>1		
	结晶硝酸锰	<25		
	过氧化苯甲酰	2~25		含稳定剂
	过氧化丁酮等有机氧化剂	≤25		

3. 腐蚀性化学品的储藏条件、技术、期限等技术要求

（1）库房条件　库房应是阴凉、干燥、通风、避光的防火建筑。建筑材料最好经过防腐蚀处理。储藏发烟硝酸、溴素、高氯酸的库房应是低温、干燥通风的一、二级耐火建筑。溴氢酸、碘氢酸要避光储藏。

（2）货棚、露天货场条件　货棚应阴凉、通风、干燥，露天货场应地面高、干燥。

（3）安全条件　商品避免阳光直射、暴晒，远离热源、电源、火源，库房建筑及各种设

备符合 GB 50016—2014 的规定。按不同类别、性质、危险程度、灭火方法等分区分类储藏，性质相抵的禁止同库储藏；GB 17916—2013 标准的附录给出了化学危险物品混存性能互抵表。

（4）环境卫生条件　库房地面、门窗、货架应经常打扫，保持清洁。库区内的杂物、易燃物应及时清理，排水沟保持畅通。

（5）温湿度条件　温、湿度条件应符合表 6-3 要求。

表 6-3　腐蚀性化学品温、湿度条件

类别	主要品种	适宜温度/℃	适宜相对湿度/%
酸性腐蚀品	发烟硫酸、亚硫酸	0～30	≤80
	硝酸、盐酸及氢卤酸、氟硅（硼）酸、氯化硫、磷酸等	≤30	≤80
	磺酰氯、氯化亚砜、氧氯化磷、氯磺酸、溴乙酰、三氯化磷等多卤化物	≤30	≤75
	发烟硝酸	≤25	≤80
	溴素、溴水	0～28	
	甲酸、乙酸、乙酸酐等有机酸类	≤32	≤80
碱性腐蚀品	氢氧化钾（钠）、硫化钾（钠）	≤30	≤80
其他腐蚀品	甲醛溶液	10～30	

4. 毒害性商品的储藏条件、技术、期限等技术要求

（1）库房条件　库房结构完整、干燥、通风良好。机械通风排毒要有必要的安全防护措施。库房耐火等级不低于二级。

（2）安全条件　仓库应远离居民区和水源。商品避免阳光直射、暴晒，远离热源、电源、火源，库房内在固定方便的地方配备与毒害品性质适应的消防器材、报警装置和急救药箱。不同种类毒品要分开存放，危险程度和灭火方法不同的要分开存放，性质相抵的禁止同库混存，GB 17916—2013 标准的附录给出了化学危险物品混存性能互抵表。剧毒品应专库储存或存放在彼此间隔的单间内，需安装防盗报警器，库门装双锁。

（3）环境卫生条件　库区和库房内要经常保持整洁。对散落的毒品应按照其安全技术说明上提供的方法妥当采集处理库区的杂草也应及时清除。用过的工作服、手套等用品必须放在库外安全地点，妥善保管或及时处理。更换储藏毒品品种时，要将库房清扫干净。

（4）温度、湿度条件　库区温度以不超过 35℃ 为宜，易挥发的毒品应控制在 32℃ 以下，相对湿度应在 85% 以下，对于易潮解的毒品应控制在 80% 以下。

三、危险化学品的分类储存原则

危险化学品安全储存是流通过程中非常重要的一个环节，处理不当就会造成事故。为了避免事故的发生，危险化学品的储存应遵守分类储存的原则，其原则如下。

① 危险化学品应根据其化学性质分区、分类、分库储存，禁忌物料不能混存，灭火方法不同的危险化学品不能同库储存。部分危险化学品的灭火方法举例见表 6-4。

表 6-4 部分危险化学品的灭火方法举例

类　别	品　名	灭火剂	禁用灭火剂	备　注
爆炸品	黑火药	雾状水		
压缩及液化气	液化气	大量水		冷却钢瓶
易燃液体	甲醇	抗溶泡沫		
易燃固体	硫化磷	干粉	禁用水	
自燃物品	烃基金属化合物	干粉	禁用水	
遇湿易燃物品	钾、钠	干粉	禁用水、二氧化碳、四氯化碳	
氧化剂,过氧化物	过氧化钾	干粉	禁用水	
腐蚀品	硝酸	雾状水、砂土、二氧化碳	高压水	
	氢氟酸、溴素	雾状水,砂土、二氧化碳	高压水	
	磺酰氯	干粉,干砂	水	
	硫化钠	二氧化碳,砂土	水或酸、碱式灭火器	
毒害品	砷酸盐	砂土,水		
	硒粉	干粉,干砂	水	
	氯化钡	砂土,水		
	硫酸二甲酯	泡沫,二氧化碳,雾状水,干砂		

② 遇火、遇热、遇潮能引起燃烧、爆炸或发生化学反应,产生有毒气体的危险化学品不得在露天或在潮湿、积水的建筑物中储存。

③ 受日光照射能发生化学反应引起燃烧、爆炸、分解、化合或能产生有毒气体的危险化学品应储存在一级建筑物中,其包装应采取避光措施。

④ 爆炸物品不准和其他类物品同储,必须单独隔离限量储存,仓库不准建在城镇,还应与周围建筑、交通干道、输电线路保持一定安全距离。

⑤ 压缩气体和液化气体必须与爆炸物品、氧化剂、易燃物品、自燃物品、腐蚀性物品隔离储存。易燃气体不得与助燃气体、剧毒气体同储;氧气不得与油脂混合储存,盛装液化气体的容器属压力容器的,必须有压力表、安全阀和紧急切断装置,并定期检查,不得超装。

⑥ 易燃液体、遇湿易燃物品、易燃固体不得与氧化剂混合储存,具有还原性的氧化剂应单独存放。

⑦ 有毒物品应储存在阴凉、通风、干燥的场所,不要露天存放,不要接近酸类物质。

⑧ 腐蚀性物品,包装必须严密,不允许泄漏,不要露天存放,不要接近酸类物质;严禁与液化气体和其他物品共存。

四、化学危险品的养护

① 危险化学品入库时,应严格检验物品质量、数量、包装情况、有无泄漏。

② 危险化学品入库后应采取适当的养护措施,在储存期内,定期检查,发现其品质变

化、包装破损、渗漏、稳定剂短缺等，应及时处理。

③ 库房温度、湿度应严格控制、经常检查，发现变化及时调整。

④ 储存危险化学品的仓库，必须建立严格的出入库管理制度。

⑤ 危险化学品出入库前均应按合同进行检查验收、登记，验收内容包括数量、包装、危险标志。经核对后方可入库、出库，当物品性质未弄清时不得入库。

⑥ 进入危险化学品储存区域的人员、机动车辆和作业车辆，必须采取防火措施。装卸、搬运危险化学品时应按有关规定进行，做到轻装、轻卸。严禁摔、碰、撞、击、拖拉、倾倒和滚动。装卸对人身有毒害及腐蚀性的物品时，操作人员应根据危险性，穿戴相应的防护用品。不得用同一车辆运输互为禁忌的物料。修补、换装、清扫、装卸易燃、易爆物料时，应使用不产生火花的铜制、合金制或其他工具。

⑦ 具有适当的消防措施。根据危险品特性和仓库条件，必须配置相应的消防设备、设施和灭火药剂，并配备经过培训的兼职和专职的消防人员。储存危险化学品建筑物内应根据仓库条件安装自动监测和火灾报警系统。储存危险化学品的建筑物内，如条件允许，应安装灭火喷淋系统（遇水燃烧危险化学品、不可用水扑救的火灾除外），其喷淋强度为 $15L/(min \cdot m^2)$、供水持续时间为 $90min$。

⑧ 堆垛符合规定。商品堆垛要符合安全、方便的原则，便于堆码、检查和消防扑救，苫垫物料要专用。堆垛方法，商品不得就地堆码，货垛下应有隔潮设施，垛底一般不低于 $15cm$。一般可堆成大垛，挥发性液体毒品不宜堆大垛，可堆成行列式。要求货垛牢固、整齐、美观，垛高不超过 $3m$。堆垛间距为：a. 主通道大于或等于 $180cm$；b. 支通道大于或等于 $80cm$；c. 墙距大于或等于 $30cm$；d. 柱距大于或等于 $10cm$；e. 垛距大于或等于 $10cm$；f. 顶距大于或等于 $50cm$。

⑨ 进行安全检查。安全检查内容为每天对库区进行检查，检查易燃物等是否清理，货垛是否牢固、有无异常。遇特殊天气及时检查商品有无受损。定期检查库内设施、消防器材、防护用具是否齐全有效。商品质量检查内容为根据商品性质定期进行质量检查，每种商品抽查 $1 \sim 2$ 件，发现问题扩大检查比例。检查商品包装、封口、衬垫有无破损，商品外观和质量有无变化。检查结果问题处理，一般是将检查结果逐项记录，并在商品外包装上做出标记。对发现的问题做好记录，通知存货方，同时采取措施进行防治。对有问题商品和残次商品应填写催调单，报存货方，督促解决。

⑩ 毒性物质安全操作，作业人员应有操作毒害性商品养护上岗作业资格证书，作业人员应佩戴手套和相应的防毒口罩或面具，穿防护服。作业中不应饮食，不应用手擦嘴、脸、眼睛。每次作业完毕，必须及时用肥皂（或专用洗涤剂）洗净面部、手部，用清水漱口，防护用具应及时清洗，集中存放。操作时轻拿轻放，不得碰撞、倒置，防止包装破损，商品散漏。

⑪ 腐蚀物品安全操作，作业人员应有操作腐蚀性商品养护上岗作业资格证书，作业时穿戴防护服、护目镜、橡胶浸塑手套等防护用具，应做到：a. 操作时应轻搬轻放，防止摩擦震动和撞击；b. 不应使用沾染异物和能产生火花的机具，作业现场远离热源和火源；c. 分装、改装、开箱检查等在库房外进行；d. 有氧化性的强酸不应使用木制品或易燃材质的货架或垫衬。

⑫ 易燃易爆物品安全操作，作业人员应有操作易燃易爆性商品养护上岗作业资格证书；作业人员应穿防静电工作服，戴手套、口罩等防护用具，禁止穿钉鞋；操作中轻搬轻放，防

止摩擦和撞击，汽车出入库要罩好防火罩，排气管不应直接对准库房门；各项操作不应使用能产生火花的工具，不应使用叉车搬运、装卸压缩和液化的气体钢瓶，热源与火源应远离作业现场；库房内不应进行分装、改装、开箱、开桶、验收等，以上活动应在库房外进行。

⑬ 易燃易爆物品应急情况处理，灭火方法见 GB 17914—2013 附录 B，各种物品在燃烧过程中会产生不同程度的毒性气体和毒害性烟雾。在灭火和抢救时，应站在上风口，佩戴防毒面具或自救式呼吸器。如发现头晕、呕吐、呼吸困难、面色发青等中毒症状，立即离开现场，移到空气新鲜处或做人工呼吸，重者送医院诊治。

⑭ 腐蚀物品应急情况处理，消防方法见 GB 17915—2013 附录 B，消防人员灭火时应在上风口处并佩戴防毒面具。禁止用高压水（对强酸）以防爆溅伤人。进入口内立即用大量水漱口，服大量冷开水催吐或用氧化镁乳剂洗胃。呼吸道受到刺激或呼吸中毒立即移至新鲜空气处吸氧。接触眼睛或皮肤，用大量水或小苏打水冲洗后敷氧化锌软膏，然后送医院诊治。

⑮ 中毒急救方法

a. 呼吸道中毒，有毒的蒸气、烟雾、粉尘被人吸入呼吸道各部，发生中毒现象，多为喉痒、咳嗽、流涕、气闷、头晕、头疼等。发现上述情况后，中毒者应立即离开现场，到空气新鲜处静卧。对呼吸困难者，可使其吸氧或进行人工呼吸。在进行人工呼吸前，应解开上衣，但勿使其受凉，人工呼吸至恢复正常呼吸后方可停止，并立即予以治疗。无警觉性毒物的危险性更大，如溴甲烷，在操作前应测定空气中的气体浓度，以保证人身安全。

b. 消化道中毒，经消化道中毒时，中毒者可用手指刺激咽部，或注射 1‰ 阿扑吗啡 0.5ml 以催吐或用当归三两、大黄一两、生甘草五钱，用水煮服以催泻，如系一〇五九、一六〇五等油溶性毒品中毒，禁用蓖麻油、液体石蜡等油质催泻剂。中毒者呕吐后应卧床休息，注意保持体温，可饮热茶水。

c. 皮肤中毒或被腐蚀品烧伤时，立即用大量清水冲洗，然后用肥皂水洗净，再涂一层氧化锌药膏或硼酸软膏以保护皮肤，重者应送医院治疗。

d. 毒物进入眼睛时，应立即用大量清水或低浓度医用氯化钠（食盐）水冲洗 10～15min，然后去医院治疗。

⑯ 储藏期限，应根据各种毒害品的生产日期和有效期执行。

⑰ 出库，严格按生产日期先后出库。毒品严格执行双锁、双人复核制。

五、废弃物处理要求

① 禁止在危险化学品储存区域内堆积可燃废弃物品。

② 泄漏或渗漏危险化学品的包装容器应迅速移至安全区域。

③ 按危险化学品特性，用化学的或物理的方法处理废弃物，不得任意抛弃、污染环境。

六、人员培训

① 仓库工作人员应进行培训，经考核合格后持证上岗。

② 对危险化学品的装卸人员进行必要的教育，使其按照有关规定进行操作。

③ 仓库的消防人员除了具有一般消防知识之外，还应进行在危险化学品库工作的专门培训，使其熟悉各区域储存的危险化学品种类、特性、储存地点、事故的处理程序及方法。

议一议 ▷▷▷

1. 从事危险化学品运输的管理人员及操作人员，是否要持证上岗。

2. 试分析丙酮能否与过氧乙酸同车装卸运输。

3. 高锰酸钾与羟胺纤维素混合接触有何危险性。

1. 运输的配装原则

根据《危险化学品经营企业安全技术基本要求》（GB 18265—2019），危险化学品在运输时不能混装，否则会发生火灾、爆炸等事故。为了保证运输安全，危险化学品在运输时应遵守其运输的配装原则。

2. 运输安全事项

事故案例 ▷▷▷

2009 年 6 月 9 日 13 时 30 分，金华市金兰中线乾西乡后田畈村路段，一辆槽罐车与一辆皮卡车摩擦后分别发生了侧翻，事故导致槽罐车内 20t 浓硫酸泄漏。据槽罐车驾驶员潘某介绍，车上载有 20t 硫酸溶液，浓度高达 90％。

据现场一目击村民介绍，槽罐车刚翻倒时，烟雾翻腾，如起大火，锁住了整条道路，随后黏稠的灰色油状物沿着水沟流进了附近的池塘中，硫酸流经之处，均冒浓烟。幸好当时雨下得很大，烟雾扩散受到了一定限制。消防队员看到：流入了硫酸的池塘表面浮着一层黑色的物质，而冒烟之处，杂草均已被腐蚀成灰烬。消防救援人员在检查时发现，槽罐内的 20t 浓硫酸已经流空。据观察，这些硫酸大部分流入了附近的水沟内，经沟内水流汇总至附近的池塘内。当地启动应急预案，用石灰进行中和，消除酸腐蚀。

可见危险化学品运输安全的重要性。

危险化学品具有易燃易爆、有毒有害的特性，在运输过程中稍有不慎就可能发生事故，甚至是社会灾难性事故。因此，要高度重视危险化学品的运输安全问题。危险化学品在运输时要注意以下事项。

① 国家对危险化学品的运输实行资质认定制度；未经资质认定，不得运输危险化学品。

② 直接从事危险化学品运输、装卸、维修作业的管理人员及操作人员，必须接受相应的培训，通过考试，持证上岗。

③ 运输危险化学品的车、船、飞机等交通工具以及容器、装卸机具，必须符合有关规定，经有关部门审验合格后，方可使用；经营过程中要保持完好状态，接受定期或不定期的质量检查。

④ 危险化学品装卸作业必须在装卸管理人员的现场指挥下进行，否则不得进行装卸作

业；装卸管理人员不得在装卸过程中脱岗；装卸易燃、易爆、有毒危险品，必须轻装、轻卸，防止撞击、滚动、重压、倾倒和摩擦，不得损坏外包装。

⑤ 运输、装卸危险化学品应当按照规定要求及危险化学品的特性，采取必要的安全防护措施。

⑥ 托运人托运危险化学品，应当向承运人说明运输的危险化学品的品名、数量、危害、应急措施等情况，以便承运人在运输时采取相应的安全措施，保证危险货物的安全运输。

⑦ 剧毒化学品在公路运输途中发生被盗、丢失、流散、泄漏等情况，承运人及押运人员必须立即向当地公安部门报告，并采取一切可能的警示措施。公安部门接到报告后，应当立即向其他有关部门通报情况，有关部门应当采取必要的安全措施。

⑧ 必须依法运输危险化学品，有违反条例等法律法规规定的，依法追究相关人员的责任。

任务 4　熟知危险化学品的安全生产标志

议一议 ▶▶▶

1. 你认识爆炸品、易燃液体、易燃固体的标志吗？
2. 危险化学品的包装标志有哪些？
3. 说说甲苯的标签中危险化学品的图示标志。

一、危险化学品的包装标志

我国《危险货物包装标志》（GB 190—2009）规定了危险货物包装图式标志的分类图形、尺寸、颜色及使用方法等，适用于危险货物的运输包装。危险货物图式标志分为标记 4 个和标签 26 个，其图形分别标识了 9 类危险货物的主要特性。危险货物标签见表 6-5。

表 6-5　危险货物标签

序号	标签名称	标签图形	对应的危险货物类项号
1	爆炸性物质或物品	 （符号：黑色，底色：橙红色）	1.1 1.2 1.3

序号	标签名称	标签图形	对应的危险货物类项号
1	爆炸性物质或物品	 （符号：黑色，底色：橙红色）	1.4
		 （符号：黑色，底色：橙红色）	1.5
		 （符号：黑色，底色：橙红色） ＊＊项号的位置——如果爆炸性是次要危险性，留空白 ＊配装组字母的位置——如果爆炸性是次要危险性，留空白	1.6
2	易燃气体	 （符号：黑色，底色：正红色）　　（符号：白色，底色：正红色）	2.1

序号	标签名称	标签图形	对应的危险货物类项号
2	非易燃无毒气体	（符号：黑色，底色：绿色）　　（符号：白色，底色：绿色）	2.2
	毒性气体	（符号：黑色，底色：白色）	2.3
3	易燃液体	（符号：黑色，底色：正红色）　　（符号：白色，底色：正红色）	3
4	易燃固体	（符号：黑色，底色：白色红条）	4.1

序号	标签名称	标签图形	对应的危险货物类项号
4	易于自燃的物质	 （符号：黑色，底色：上白下红）	4.2
	遇水放出易燃气体的物质	（符号：黑色，底色：蓝色）　　（符号：白色，底色：蓝色）	4.3
5	氧化性物质	 （符号：黑色，底色：柠檬黄色）	5.1
	有机过氧化物	（符号：黑色，底色：红色和柠檬黄色）　　（符号：白色，底色：红色和柠檬黄色）	5.2

序号	标签名称	标签图形	对应的危险货物类项号
6	毒性物质	（符号：黑色，底色：白色）	6.1
	感染性物质	（符号：黑色，底色：白色）	6.2
7	一级放射性物质	（符号：黑色，底色：白色，附一条红竖条） 黑色文字，在标签下半部分写上： "放射性" "内装物_____" "放射性强度_____" 在"放射性"字样之后应用一条红竖条	7A
	二级放射性物质	（符号：黑色，底色：上黄下白，附两条红竖条） 黑色文字，在标签下半部分写上： "放射性" "内装物_____" "放射性强度_____" 在一个黑边框内写上："运输指数" 在"放射性"字样之后应用两条红竖条	7B

序号	标签名称	标签图形	对应的危险货物类项号
7	三级放射性物质	 （符号：黑色，底色：上黄下白，附三条红竖条） 黑色文字，在标签下半部分写上： "放射性" "内装物_____" "放射性强度_____" 在一个黑边框内写上："运输指数" 在"放射性"字样之后应用三条红竖条	7C
7	裂变性物质	 （符号：黑色，底色：白色） 黑色文字 在标签上半部分写上："易裂变" 在标签下半部分的一个黑边框格内写上："临界安全指数"	7E
8	腐蚀性物质	 （符号：黑色，底色：上白下黑）	8
9	杂项危险物质和物品	 （符号：黑色，底色：白色）	9

二、安全标签及说明书

（一）安全标签

危险化学品标签是指危险化学品在市场上流通时由生产销售单位提供的附在化学品包装上的标签，是向作业人员传递安全信息的一种载体，它用简单、明了、易于理解的文字、图形表述有关化学品的危险特性及其安全处置注意事项，以警示作业人员进行安全操作和处置。对标签的安全要求有以下几项。

1. 生产企业

出厂产品加贴标签；生产场所挂贴；确保员工可以正确辨识标签。

2. 使用企业

使用的产品应有标签；分装或转移的应贴标签；使用场所应挂贴标签；确保员工可以正确辨识标签。

3. 经营、运输企业

经营的产品必须有标签；进口的产品应有中文标签；对无标签的一律不能承运。

GB 15258—2009 规定了化学品安全标签的编写要求，具体见图 6-1。

议一议 ▶▶▶

根据无水乙醇安全标签样张，归纳化学药品安全标签上应包括哪些内容？

（二）安全技术说明书

1. 安全技术说明书的作用

化学品安全技术说明书是一份关于危险化学品燃爆、毒性和环境危害以及安全使用、泄漏处置、主要理化参数、法律法规等方面信息的综合性文件。简称 MSDS 或 CSDS。

《化学品安全技术说明书 内容和项目顺序》标准为 GB/T 16483—2008。安全技术说明书在企业危险化学品管理中起着主要作用，包括：

① 是生产、流通、使用的指导性文件；
② 是应急作业的技术指南；
③ 为制定操作规程提供技术信息；
④ 是化学品登记管理的重要基础手段；
⑤ 是企业安全教育的重要内容（信息资料分为四大块内容）。

2. 安全技术说明书的内容

《化学品安全技术说明书 内容和项目顺序》（GB/T 16483—2008）规定的安全技术说明书包括 16 个部分的内容，具体内容如下。

（1）化学品及企业标志　主要化学品名称、生产企业名称、地址、邮编、电话、应急咨询电话、传真和电子邮件等方面的信息。

无水乙醇
Ethanol absolute

危　险

高度易燃液体和蒸汽

【预防措施】

· 远离火种、热源，工作场所严禁烟火。

· 得到专门指导后操作。在阅读并了解所有预防措施之前，切勿盲目操作。

· 按要求使用个体防护装备。禁止使用易产生火花的工具。

· 密闭操作，加强通风，控制流速。操作后彻底清洗。

· 避免与氧化剂、酸类、胺类物质接触。

【事故响应】

· 如果发生火灾，尽可能将容器从火场移至空旷处。喷水保持火场容器冷却，直至灭火结束。切断火源和泄漏源，电气设备保持原来状态。小量泄漏时，用砂土或其他不燃材料吸附剂混合吸收，使用不产生火花的工具收集运至废物处理场。也可以用大量水冲洗，经稀释的洗液放入废水系统。大量泄漏时，用围堤等收容，用泡沫覆盖，用防爆泵转移至槽车或专用收集器内，回收或运至废物处理场所处置。

· 灭火剂用抗溶性泡沫、干粉、二氧化碳、砂土。

· 如皮肤接触，立即脱掉污染的衣服，用流动清水冲洗 15min 以上。

· 如食入，误服者给足量温水，催吐，就医。

· 如眼睛接触，立即翻开眼睑，用大量生理盐水或流动清水冲洗 15min 以上，就医。

· 如吸入，迅速脱离现场至空气新鲜处，注意保暖，必要时进行人工呼吸，就医。

· 被污染的衣着洗净后方可重新使用。

【安全储存】

· 在阴凉通风处密封储存。严禁与氧化剂、酸类、碱金属、胺类等混储。

【废弃处置】

· 建议中和、稀释后排入废水处理系统。

请参阅化学品安全技术说明书

供应商：　　　电话：　　　地　址：　　　　邮编：

化学事故应急咨询电话：

图 6-1　无水乙醇安全标签样张

（2）成分/组成　主要说明该化学品是纯品还是混合物，纯品主要给出化学品名称或商品名和通用名，并标明主要成分、分子式、相对分子质量和质量比例；混合应给出对安全和健康构成危害的组分和质量比例。无论是纯化学品还是混合物，如果包含有害性组分，则应给出化学文摘索引登记号（CAS 号）。

（3）危害性概述　简要概述本化学品最重要的危害和效应，主要包括危险类别、侵入途径、健康危害、环境危害、燃爆危险等信息。

（4）急救措施　指作业人员意外受到伤害时，包括眼睛接触、皮肤接触、吸入和食入的急救措施。对急救和自救措施应仔细加以说明。

（5）消防措施　主要表示化学品物理和化学危险性，发生火灾时应采取的措施，包括适用的灭火剂和安全原因禁止使用的灭火剂；消防员的特殊防护用品；还需提供有关火灾时化学品的性能、燃烧分解产物以及应采取的预防措施等资料。

（6）泄漏应急处理　指化学品泄漏后，现场可采用的简单有效的急救措施、注意事项和消除方法等，包括个体防护及安全预防措施、环境保护须知、消除方法等。

（7）操作装置与储存　应提供关于安全储存和处置的资料，包括储存室或储存容器的设计和选择，与工作场所和居住建筑的隔离，不能共存的材料名称，储存条件如温度、湿度和避光等，提倡和避免的操作方法，个体防护等。

（8）接触控制/个体防护　应提供关于使用化学品过程中个体防护的必要性以及防护用品类型的资料，提供有关基本工程控制以及有关最大限度地减少工人接触的有效方法的资料，具体控制参数如接触限量等。

（9）理化特性　主要描述化学品的外观和理化特性等方面的信息，包括外观、形状、沸点、熔点、饱和蒸气压、相对密度、临界温度、溶解性、辛醇/水分配系数、闪点、爆炸极限及引燃温度等数据。

（10）稳定性和反应活性　主要叙述化学品的稳定性和反应活性方面的信息，包括稳定性、禁配物、应避免接触的条件、聚合危害和燃烧（分解）产物等。

（11）毒理学资料　提供有关对人体造成影响和进入人体途径的资料，应包括急性、亚急性和慢性影响，致癌、致突变、致畸和对生殖系统的影响等。

（12）生态学资料　对可能造成环境影响的主要特性应予以描述。包括迁移性、生物降解性、生物累积性和生态毒性等。并尽可能给出科学实验的结果和数据，信息来源的依据。

（13）废弃处置　应提供化学品和可能装有有害化学品残余的污染包装的安全处置方法及要求等。

（14）运输信息　应提供运输过程中的要求和注意事项，主要包括 UN 编号、CN 编号、包装类型、包装标志、包装方法和运输要求等。

（15）法规信息　应提供对化学品进行危险性分类和监管的法规信息等。

（16）其他信息　填写其他对健康和安全有重要意义的信息，如参考文献、填写人员、安全技术说明发布日期和审核批准单位等。

三、包装储运图示标志

根据 GB 190—2009《危险货物包装标志》，GB/T 191—2008《包装储运图示标志》，GB 12268—2012《危险货物品名表》，GB/T 4857.3—2008《包装 运输包装件基本试验 第 3 部分：静载荷堆码试验方法》，GB/T 16830—2008《商品条码 储运包装商品编码与条码表示》，GB/T 10004—2008《包装用塑料复合膜、袋 干法复合、挤出复合》，GB/T 19459—2004《危险货物及危险货物包装检验标准基本规定》，企业危险化学品选用合适的包装储运图示标志。

> **想一想**　▶ ▶ ▶
>
> 查找相关标准，请你设计某一危险化学品的货物包装标志。

四、安全通用标志

GB 2894—2008《安全标志及其使用导则》经国家质检总局、国家标准化管理委员会发布实施以来，对提醒人们注意不安全因素、防止事故发生起到了积极的作用，本标准规定了传递安全信息的标志，适用于工矿企业、建筑工地、厂内运输和其他有必要提醒人们注意安全的场所。安全标志是用以表达特定安全信息的标志，由图形符号、安全色、几何形状（边框）或文字构成。安全标志分为禁止标志、警告标志、指令标志和提示标志四大类型。

1. 禁止标志

禁止标志的含义是禁止人们不安全行为的图形标志。

禁止标志的基本形式是带斜杠的圆边框。

2. 警告标志

警告标志的基本含义是提醒人们对周围环境引起注意，以避免可能发生危险的图形标志。

警告标志的基本形式是正三角形边框。

3. 指令标志

指令标志的含义是强制人们必须做出某种动作或采用防范措施的图形标志。

指令标志的基本形式是圆形边框。

4. 提示标志

提示标志的含义是向人们提供某种信息（如标明安全设施或场所等）的图形标志。

提示标志的基本形式是正方形边框。

具体图示参照 GB 2894—2008《安全标志及其使用导则》、GB/T 10001.1—2023《公共信息图形符号 第1部分：通用符号》和 GB 13495.1—2015《消防安全标志 第1部分：标志》等。

部分安全标记见图 6-2。

图 6-2　部分安全标记

项目六 测试

知识积累 >>>

1. 危险化学品可划分为三大类，每一大类又分为若干项，即物理危害（16 类）、健康危害（10 类）、环境危害三大类。

2. 危险化学品的生产安全管理措施主要有厂址的选择与布局、工艺设计、单元区域规划、生产装置设计、生产装置维护、公用工程设施安全等。

3. 危险化学品的储存应符合危险化学品分类、分项、容器类型、储存方式和消防等要求，遵守分类储存的原则。

4. 危险化学品的运输实行资质认定制度，运输相关人员应持证上岗，运输相关工具必须经有关部门审验合格才可使用，运输、装卸应采取必要的安全防护措施等。

5. 危险化学品储存方式分为隔离储存、隔开储存、分离储存三种。

6. 危险货物图式标志分为标记 4 个和标签 26 个，其图形分别标识了 9 类危险货物的主要特性。

7. 安全标志根据作用不同可分为禁止标志、警告标志、指令标志和提示标志四大类型。

 ## 【目标检测】

一、判断题

1. 苯、硫化氢是有毒危险化学物质。（   ）

2.《安全标志》适用于工矿企业、建筑工地、厂内运输等，但不适用于学校。（   ）

3. 安全标志是用以表达特定安全信息的标志，由图形符号、几何形状（边框）或文字构成。（   ）

4. 氯酸钾是活性化学物质，二甲胺是有毒危险化学物质。（   ）

5. 安全标志分禁止标志、警告标志、指令标志三大类型。（   ）

6. 浓度≥60％的过乙酸为活性化学物质。（   ）

7. 指令标志的含义是强制人们必须做出某种动作或采用防范措施的图形标志。（   ）

8. 乙炔为易燃物质，其爆炸下限＜10％。（   ）

9. 警告标志的基本含义是提醒人们对周围环境引起注意，以避免可能发生危险的图形标志。（   ）

10. 甲醇、乙醇、乙醚为闪点＜28℃液体易燃物质。（   ）

二、单选题

1. GB 2894《安全标志及其使用导则》的现行标准实施时间为（   ）。

A. 2008　　　　　B. 1984　　　　　C. 1988　　　　　D. 1996

2. 该图形的基本形式是带斜杠的圆边框，它表示为（   ）。

A. 警告标志　　　B. 指令标志　　　C. 禁止标志　　　D. 提醒标志

3. 该图形的图形标志的名称为（   ）。

A. No kindling　　　B. No buring　　　C. No smoking　　　D. No drinking

4. 本图形  表示的指令是（　　）。

A. 必须戴防护帽　　　B. 必须戴防尘口罩　　　C. 必须戴护耳器　　　D. 必须戴安全帽

5. ▣ 该图形的意思是（　　）。

A. 灭火器　　　　　　B. 发声警报器　　　　　C. 消防水泵接合器　　　D. 消防水带

6. ▣ 表示的意思是（　　）。

A. 紧急出口　　　　　B. 推开　　　　　　　　C. 疏散通道方向　　　D. 拉开

7. 禁止放易燃物（No laying inflammable thing）的标志为（　　）。

A. ▣　　　　　　　　B. ▣　　　　　　　　C. ▣　　　　　　　　D. ▣

8. 危险化学品标志中，底色为正红色的有（　　）。

A. 易燃固体与易燃液体　　　　　　　　　　　B. 爆炸品与易燃液体
C. 易燃气体与易燃固体　　　　　　　　　　　D. 易燃气体与易燃液体

9. 危险化学品中非易燃无毒气体的标签底色为（　　）。

A. 绿色　　　　　　　B. 白色　　　　　　　　C. 蓝色　　　　　　　D. 橙红色

10. 上半部两个试管中液体分别向金属板和手上滴落图形标志指的是（　　）。

A. 爆炸品　　　　　　B. 氧化剂　　　　　　　C. 腐蚀品　　　　　　D. 有毒品

三、简答题

1. 什么是禁忌物质？

2. 分别说明乙醛与氯酸钾混合、硝酸与硝基苯混合有什么危险性？

3. 简答过氧化钠储藏的适宜温湿度要求。

4. 简答硫化磷储藏的适宜温湿度要求。

5. 简答甲酸的灭火方法。

6. 简答危险化学品公路运输的资质要求。

7. 按照《化学品分类和危险性公示　通则》GB 13690—2009 的规定，举例说明甲醇应用什么标示？

8. 根据 GB/T 191—2008《包装储运图示标志》，举例为某一化学药品设计储运图示标志。

9. 试举例编写某一危险化学药品安全技术说明书。

扫一扫ppt

项目七 ppt

项目七
压力容器的使用安全技术

学习目标

1. 知识目标

（1）掌握压力容器的定义、安全操作要求。

（2）熟悉压力容器运行中的安全检查、使用期与停运期的维护保养措施。

（3）了解压力容器的分类、气瓶的使用安全技术、工业锅炉的使用安全技术。

2. 能力目标

（1）能熟练说出压力容器的定义、安全操作要求。

（2）能初步判断出压力容器在操作过程中存在的安全隐患。

（3）能说出压力容器在运行、使用期与停运期的维护保养措施。

（4）知道压力容器的分类、气瓶的使用安全技术、工业锅炉的使用安全技术。

3. 素养目标

（1）进一步培养学生"遵守纪律，严谨认真"的职业素养。

（2）提升学生"防微杜渐，敬畏生命""安全第一，预防为主"的安全意识。

单元一
认识压力容器

任务 1　熟知压力容器的定义

一般认为在工业生产中凡能承受流体介质压力的密闭壳体都属于压力容器。按照 GB/T 150—2011《压力容器》的规定，设计压力低于 0.1MPa 且真空度低于 0.02MPa 的容器不属于压力容器，而设计压力大于或等于 0.1MPa 的容器属于压力容器。从安全角度考虑，压力并不是表征压力容器安全性能的唯一指标，常用压力、容积、温度、介质特性 4 个参数来表征压力容器的安全性。

按照 TSG 21—2016《固定式压力容器安全技术监察规程》定义，同时具备以下 3 个条件的容器可作为压力容器：①最高工作压力≥0.1MPa（工作压力，是指压力容器在正常工作情况下，其顶部可能达到的最高压力，即表压力）；②容积≥0.03m^3，并且内直径（非圆形截面内边界最大几何尺寸）≥150mm［容积，是指压力容器的几何容积，即由设计图样标注的尺寸计算（不考虑制造公差）并且圆整，一般应当扣除永久连接在容器内部的内件的体积］；③盛装介质为气体、液化气体或最高工作温度高于或等于标准沸点的液体（容器内主要介质为最高工作温度低于其标准沸点的液体时，如果气相空间的容积≥0.03m^3 时，也属于本规程的适用范围）。

另外，按照我国 2009 年版《特种设备安全监察条例》附则的规定，压力容器的含义是：盛装气体或者液体，承受一定压力的密闭设备，其最高工作压力≥0.1MPa（表压），且压力与容积的乘积≥2.5MPa·L 的气体、液化气体和最高工作温度大于或等于标准沸点的液体的固定式容器和移动容器；盛装公称压力≥0.2MPa（表压），且压力与容积的乘积≥1.0MPa·L 的气体、液化气体和标准沸点≤60℃液体的气瓶；氧舱等。

任务 2　了解压力容器的分类

1. 压力容器的分类

在化工生产过程中，为有利于安全技术监督和管理，根据容器高低、介质的危害程度以及在生产过程中的重要作用，将压力容器进行分类。

（1）按工作压力分类　按压力容器的设计压力分为低压、中压、高压、超高压 4 个等级。

低压（代号 L）　　0.1MPa≤p<1.6MPa

中压（代号 M）　　1.6MPa≤p<10MPa

高压（代号 H）　　10MPa≤p<100MPa

超高压（代号 U）　$p \geqslant 100\text{MPa}$

（2）按用途分类　按压力容器在生产工艺过程中的作用原理分为反应容器、换热容器、分离容器、储存容器。但若一种压力容器同时具备两种以上的工艺作用原理，应按生产工艺过程的主要作用来归属压力容器的类型。

① 反应压力容器（代号 R）　主要用于完成介质的物理、化学反应的压力容器。如反应器、反应釜、分解锅、分解塔、聚合釜、高压釜、超高压釜、合成塔、铜洗塔、变换炉、蒸煮锅、蒸球、煤气发生炉等。

② 换热压力容器（代号 E）　主要用于完成介质的热量交换的压力容器。如管壳式废热锅炉、热交换器、冷却器、冷凝器、蒸发皿、加热器、消毒锅、染色器、蒸纱锅、预热器、蒸锅、蒸脱机、电热蒸汽发生器、煤气发生炉水夹套等。

③ 分离压力容器（代号 S）　主要用于完成介质的流体压力平衡和气流净化分离等的压力容器。如分离器、过滤器、集油器、缓冲器、洗涤器、吸收塔、汽提塔、分汽缸、除氧器等。

④ 储存压力容器（代号 C，其中球罐代号为 B）　主要是盛装生产用的原料气体、液体、液化气体等的压力容器。如各种类型的储罐。

（3）按危险性和危害性分类　按照压力容器适用的介质性质分为一类压力容器、二类压力容器、三类压力容器。介质性质有毒性、易燃性、腐蚀性、氧化性等，其中影响压力容器分类的主要是毒性和易燃性。

① 一类压力容器　是指适用于非易燃或无毒介质的低压容器；易燃或有毒介质的低压分离容器和换热容器。

② 二类压力容器　是指适用于任何介质的中压容器，易燃介质或毒性程度为中度危害介质的低压反应容器和储存容器，毒性程度为极度和高度危害介质的低压容器，低压管壳式余热锅炉，搪瓷玻璃压力容器。

③ 三类压力容器　是指适用于毒性程度为极度和高度危险介质的中压容器和 pV（设计压力容积）$\geqslant 0.2\text{MPa} \cdot \text{m}^3$ 的低压容器，易燃或毒性程度为中度危险介质且 $pV \geqslant 0.5\text{MPa} \cdot \text{m}^3$ 的中压反应容器，$pV \geqslant 10\text{MPa} \cdot \text{m}^3$ 的中压储存容器，高压和中压管壳式余热锅炉，高压容器。

2. 压力容器的安全状况等级划分

为了加强对压力容器的安全管理，《压力容器使用登记管理规则》将压力容器按照不同的安全状况划分为五个等级。各等级的具体划分标准见表 7-1。

表 7-1　压力容器的安全状况等级划分

级别	说明
1 级	压力容器出厂资料齐全；设计、制造质量符合有关法规和标准要求，在设计条件下能安全使用
2 级	属于 2 级压力容器的有如下两种情况。 （1）新压力容器：出厂资料齐全；设计、制造质量符合有关法规和标准要求，但存在某些不危及安全且难以纠正的缺陷，但出厂时已取得设计单位、用户和用户所在地锅炉压力容器安全机构同意，在设计条件能安全使用。 （2）在用压力容器：出厂资料基本齐全；设计、制造质量符合有关法规和标准要求；根据检验报告，存在某些不危及安全可不修复的一般性缺陷；在法规规定的定期检验周期内，在规定的操作条件下，能安全使用
3 级	出厂资料不够齐全；主体材质、强度、结构基本符合有关法规和标准要求，存在某些不符合法律或标准的问题或缺陷，根据检验报告，确认为在法规规定的定期检验周期内，在规定的操作条件下，能安全使用

级别	说明
4 级	出厂资料不齐全；主体材质不明或不符合有关规定；结构和强度不符合有关法规和标准要求；存在严重缺陷；根据检验报告，确认在法规规定的定期检验周期内，需要在规定条件下，监控使用
5 级	缺陷严重，难于或无法修复，无修复价值或修复后仍难以保证安全使用；检查报告结论为判废

注：1. 安全状况等级中所述缺陷，是指该压力容器最终存在的状态，如缺陷已消除，则以消除后的状态，确定该压力容器的安全状况等级。

2. 技术资料不全的，按有关规定补全技术资料，并能在检验报告中作出结论的，则可按技术资料基本齐全对待。

3. 安全状况等级中所述问题与缺陷，只要确认具备其中之一，即可确定该压力容器的安全状况等级。

单元二
压力容器的使用安全技术

任务 1　熟知压力容器运行的安全技术

压力容器安装竣工调试验收后，到当地安全监察机构办理使用登记手续，取得了《压力容器使用证》，即可投入使用，压力容器一经投入使用，往往会因工作条件的苛刻、操作不当、维修不力等原因，引起材质劣化、设备故障而降低其使用性能，甚至发生意外事故。

> **事故案例** ▶ ▶ ▶
>
> 2015 年山东某制药企业油脂车间水解岗位正在运行的 1# 水解釜突然发生爆裂，釜内物料外泄，造成 3 名员工死亡，直接经济损失 300 多万元。经勘查事故现场蒸汽供汽系统设施及运行记录发现蒸汽压力无异常变化，该水解反应不存在易燃易爆化学品，可以排除超压和化学爆炸的可能。1# 水解釜筒体因长期接触腐蚀性介质形成了应力腐蚀、筒体强度降低，在设备运行过程中突然发生爆裂、高温物料外泄，外泄高温物料将车间北侧窗户冲毁，冲击力和高温灼烫致使现场 3 名职工死亡。

一、压力容器使用前的准备工作

压力容器正式使用前，使用单位应做好基础管理（软件）、现场管理（硬件）、开车与试运行等准备工作。

1. 基础管理工作

（1）建立规章制度　压力容器运行前，必须有该容器的安全操作规程（或操作法）和各种管理制度，有该容器明确的安全操作要求，使操作人员做到操作时有章可依、有规可循。初次运行时，还必须制定试运行方案（或开车方案和开车操作票），明确人员的分工和操作步骤、安全注意事项等。

（2）培训人员　压力容器运行前，必须根据工艺操作的要求和确保安全操作的需要而配备足够的操作人员和管理人员。压力容器操作人员必须参加当地劳动技监部门的培训，经过考试合格获得当地技监部门颁发的《压力容器操作人员合格证》。当地劳动技监部门还未开展压力容器操作证培训考试的，可参加行业或相应主管部门组织的相关培训以获取相应的操作证。有条件的单位也可自行培训考证，设立企业内部使用的压力容器操作上岗证。

压力容器操作人员确定后，在容器试运行前必须对他们进行相关的安全操作规程或操作法和管理制度的岗前培训和考核。让操作人员熟悉待操作容器的结构、类别、主要技术参数和技术性能，掌握压力容器的操作要求和处理一般事故的方法，必要时还可进行现场模拟操作。

可根据企业的规模及压力容器的数量，由纪检部门组织锅炉压力容器管理人员培训考核，取得压力容器管理人员证。压力容器的初次运行应由压力容器管理人员和生产工艺技术人员（两者可合一）共同组织策划和指挥，并对操作人员进行具体的操作分工和培训。

（3）报批设备　容器必须是办理好报装手续后由具有资质的施工单位负责施工，并经竣工验收，办理使用登记手续，取得质量技术监管部门颁发的《压力容器使用证》，然后才能使用。

2. 现场管理工作

现场管理工作主要包括对压力容器本体、附属设备、安全装置等进行必要的检查，具体要求如下。

① 安装、检验；查看修理工作遗留的辅助设施，如脚手架、临时平台、临时电线等是否全部拆除；容器内有无遗留工具、杂物等。

② 电、气等的供给是否恢复，道路是否畅通；操作环境是否符合安全运行的要求。

③ 检查容器本体表面有无异常；是否按规定做好防腐、保温及绝热工作。

④ 检查系统中压力容器连接部位、接管等的连接情况，该抽的盲板是否抽出，阀门是否处于规定的启闭状态。

⑤ 检查附属设备及安全防护设施是否完好。

⑥ 检查安全附件、仪器仪表是否齐全，并检查其灵敏程度及校验情况，若发现安全附件无产品合格证或规格、性能不符合要求或逾期未校验等情况，不得使用。

3. 开车与试运行

压力容器运行前的准备工作做好后，进入开车与试运行程序，操作人员进入岗位现场后，必须按岗位的规定穿戴各种防护用品和携带各种操作工具；企业负责安全生产的部门或相应管理人员应到现场监护，发现异常情况及时处理。

（1）开机与试运行前的准备

① 对设备管线作吹风贯通。

② 对需预热的压力容器进行预热。

③ 对带搅拌装置的容器应再次检查容器内是否有妨碍搅拌装置转动的异物与杂物，电器元件是否灵敏，可靠后方可试开搅拌。

④ 按操作法再次检查压力容器的进、出口管阀门及其他控制阀门、元件是否处于适当位置或牢固可靠。

⑤ 因工艺或介质特性要求不得混有空气等其他杂气的压力容器，还需作气体置换，直至气体取样分析符合安全规程或操作法要求。

⑥ 检查与压力容器关联的设备机泵、阀门及安全附件是否处于同步状态。

⑦ 需要进行热紧密封的系统，应在升温的同时对容器、管道、阀门、附件等进行均匀热紧；当升到规定温度时，热紧工作应停止。

⑧ 对开车运行前系统需预充压的压力容器，在预充压后检查容器本体各连接件、密封元件及阀门安全附件和附属或关联通道是否有跑、冒、滴、漏、串气憋压等现象，一经发现应先处理后开车。

（2）开机与试运行 在上述工作完成后，压力容器按操作规程或操作法要求，按步骤先后进（投）料，并密切注意工艺参数（如温度、压力、液位、流量等）的变化，对超出工艺指标的应及时调控；同时操作人员要沿工艺流程线路跟随物料进程进行检查，防止物料泄漏或走错流向；同时注意检查阀门的开启度是否合适，并密切注意运行中的细微变化，特别是工艺参数的变化。

二、工艺参数的安全控制技术

每台容器都有特定的设计参数，如果超过设计参数运行，容器就会因承载能力不足而可能出现事故。同时，容器在长期运行中，由于压力、温度、介质腐蚀等因素的综合作用，容器上的缺陷可能进一步发展并形成新的缺陷。为使缺陷的发生和发展被控制在一定限度内，运行中对工艺参数的安全控制，是压力容器正确使用的重要内容。

压力容器运行过程中工艺参数的控制，即指对压力、温度、流量、液位、介质配比、介质腐蚀、交变载荷等的控制。

1. 压力和温度

压力和温度是压力容器使用过程中的两个主要工艺参数。①压力的控制：主要是控制容器的操作压力不超过最大工作压力；对经检验认定不能按原设计的最高工作压力运行的容器，应按专业检验单位所限定的最高工作压力范围使用。②温度的控制：主要是控制其极端的工作温度。高温下使用的压力容器，主要是控制介质的最高温度，并保证器壁温度不高于其设计温度；低温下使用的压力容器，主要是控制介质的最低温度，并保证器壁温度不低于其设计温度。

2. 流量和介质配比

对一些连续生产的压力容器还必须控制介质的流量、流速等，以避免其对容器产生严重冲刷、冲击和引起振动，对反应容器还应严格控制各种参数与反应介质的流量、配比，以防出现因某种介质的过量或不足产生副反应而造成生产失控引发事故。

3. 液位

液位控制主要是针对液化气体介质的容器和部分反应容器的介质比例而言。①盛装液化气体的容器，应严格按照规定的充装系数充装，以保证在设计温度下容器内有足够的气相空间；②反应容器则需通过控制液位来实现控制反应速率和某些不正常反应的产生。

4. 介质腐蚀

要防止介质对容器的腐蚀，首先，在设计时，应根据介质的腐蚀性及容器的使用温度、压力来选择合适的材料，并规定一定的使用寿命；其次，在操作过程中，介质的工艺条件对容器的腐蚀也有很大影响。因此必须严格控制介质的成分以及杂质含量、流速、水分及 pH 值等工艺指标，以减少腐蚀速度、延长使用寿命。需要注意的是杂质含量和水分对腐蚀起着重要的作用。

5. 交变载荷

压力容器在反复变化的载荷作用下会产生疲劳破坏。疲劳破坏往往发生在容器开孔接管、焊缝、转角及其他几何形状发生突变的高应力区域。为防止容器发生疲劳破坏，除了在容器设计时尽可能地减少应力集中，或者根据需要作容器疲劳分析设计外，应尽量使压力、温度的升降平稳，尽量避免突然开、停车，避免不必要的频繁加压和卸压。对要求压力、温度平稳的工艺过程，则要防止压力、温度的急剧升降，使操作工艺指标稳定。对于高温压力容器，应尽可能减缓温度的突变，以降低热应力。

压力容器运行过程中的参数控制可通过手动操作或自动控制。但因自动控制系统可能会有失控，所以压力容器的自动控制系统也需要人来监控。

三、压力容器的安全操作技术

尽管压力容器的技术性能、使用情况不完全一致，但却有共同的操作安全要求，故操作人员必须按规定的程序进行操作。

1. 平稳操作

① 压力容器开始加载时，速度不宜过快，特别是承受压力较高的容器，加压需分阶段进行，并在各个阶段保持一定时间后再继续增加压力，直至规定压力。

② 高温容器或工作温度较低的容器，加热或冷却时都应该缓慢进行，以减少容器壳体温差应力。对于有衬里的容器，若降温、降压速度过快，有可能造成衬里鼓包；对固定管板式热交换器，温度大幅度急剧变化，会导致管子与管板的连接部位受到损伤。

2. 严格控制工艺指标

压力容器操作的工艺指标是指压力容器各工艺参数的现场操作极限，一般在操作规程中有明确的规定，因此，严格执行工艺指标可防止容器超温、超压运行。为防止由于操作失误而造成容器超温、超压，可实行安全操作挂牌制度或装设连锁装置。容器装料时，应避免过急、过量；使用减压装置的压力容器应密切注意减压装置的工作状况；液化气体应严禁超量装载，并防止意外受热；随时检查容器安全附件的运行情况，保证其灵敏可靠。

3. 严格执行检修办证制度

压力容器严禁边运行边检修，特别是严禁带压拆卸、拧紧螺栓。①压力容器出现故障时，必须按规程停车泄压并根据检修内容、检修部位和介质特性等做好介质排放、置换降温、加盲板切断关联管道等检修交出处理（化工处理）程序；②办理检修交出证书，注明交出处理内容和已处理的状况，并对检修方法和检修安全提出具体要求和防范措施，如需戴防毒面具、不得用钢铁等金属工具、不得进入容器内部、不准动火或需办理动火证后方可动火，或检修过程不得有油污、杂物，或先拆哪个部位、排残液、卸余压等，需进入容器内部检修的，需办理"进塔入罐"许可证；③压力容器的检修交出工作完成后，具体处理的操作人员必须签名，并且班组长或车间主任检查后签名确认，交检修负责人执行。重大的检修交出，或安全危害较大的压力容器检修交出，还需经过压力容器管理员或企业技术负责人审核。

4. 坚持容器运行巡检和实行应急处理的预案制度

容器运行期间，除严格执行工艺指标外，还必须坚持压力容器运行期间的现场巡回检查制度，特别是操作控制高度集中（设立总控室）的压力容器生产系统。只有通过现场巡查，才能及时发现操作中或设备上出现的跑、冒、滴、漏、超温、超压、壳体变形等不正常状态，才能及时采取相应的措施进行消除或调整甚至停车处理。此外，还应实行压力容器运行应急处理预案并进行演练，将压力容器运行过程中可能出现的故障、异常情况等作出预料并制定相应防范和应急处理措施，以防止事故的发生或事态的扩大。

四、压力容器运行中的安全检查

压力容器运行中的安全检查是保障压力容器运行安全的关键，通过对压力容器运行期间的经常性检查，使压力容器运行中出现的不正常状态能得到及时的发现与处理。

1. 工艺条件

工艺条件方面的检查主要有：①检查操作压力、操作温度、液体是否在安全操作规定的范围内；②检查工作介质的化学成分，特别是影响容器安全（如产生应力腐蚀、使压力或温度升高等）的成分是否符合要求等。

2. 设备状况

设备状况检查主要有：①检查容器各连接部位有无泄漏、渗漏现象；②容器有无明显的变形、鼓包；③容器内外表面有无腐蚀；④保温层是否完好；⑤容器及其连接管道有无异常振动、磨损现象；⑥支撑、支座、紧固螺栓是否完好，基础有无下沉、倾斜；⑦重要阀门的"启""闭"与挂牌是否一致；⑧连锁装置是否完好等。

3. 安全装置

安全装置方面的检查主要是检查安全装置、与安全有关的器具（如温度计、计量用的衡器及流量计等）是否保持良好状态。如：①压力表的取压管有无泄漏或堵塞现象，同一系统上的压力表读数是否一致；②弹簧式安全阀是否有生锈、被油污粘住等情况；③杠杆式安全阀的重锤有无移动的迹象；④冬季气温过低时，检查安装在室外的安全阀有无冻结等现象；⑤检查安全装置和计量器表面是否被油污或杂物覆盖，是否达到防冻、防晒和防雨淋的要求；⑥检查安全装置和计量器具是否在规定使用期限内，其精度是否符合要求等。

任务 2　熟知压力容器停机的安全技术

压力容器的运行有两种形式，即连续运行和间歇运行。化工生产系统的压力容器多为连续运行的压力容器。连续运行的压力容器，多受介质特性和关联设备、装置的制约，这类容器不能随意地运行或停止运行。间歇运行的压力容器是每次按一定的生产量来生产或投料的压力容器系统或单台压力容器。无论是连续运行或是间歇运行，压力容器在停止运行时均存在正常停止和紧急停止两种情况。

压力容器停止运行与一般的机械设备不同，必须要完成一定的停车操作步骤，包括泄放容器内的气体或其他物料使容器内压力下降，并停止向容器内输入气体或其他物料。

想一想 ▶ ▶ ▶

湖南省某氮肥厂在全厂停车检修过程中发生爆炸事故，造成1人死亡，1人重伤，直接经济损失达6万余元。

事故原因有：①开动火证时，只考虑全部系统已停车并全面分析合格，尽管将未置换的系统采取了隔绝防患措施，但对可能发生的意外情况估计不足，未严格提出防范措施。②不严格执行检修动火安全规定，在动火证开出半小时后，动火单位未重新找安全人员再次分析后就动火。③工段安全观念不强，在脱硫塔进行空气置换后，忽略了加水清洗和加水封死，致使挥发的可燃气进入冷却塔，同时未拆开冷却塔下部的人孔。④作业人员未严格执行检修登高的安全规定。在未办理登高作业准许证和未系安全带的情况下，检修人员违章登上11m多高的脚手架作业，且未按规定穿戴好劳保用品，而现场负责人员又未阻拦，导致事故发生时失去应有的安全保护。⑤设备的管理存在严重不足，脱硫系统6个容器无一对天放置空管，风机出口大，近路阀锈死不能打开，无法放空，在未拆开人孔置换的情况下，系统内不能形成空气对流，动火时，挥发的可燃气无法排出，使之在塔内聚集，达到爆炸浓度时产生爆炸。

通过上述案例，想一想防止出现类似事故的措施有哪些。

一、压力容器正常停止运行的安全技术

压力容器正常停止运行包括容器及设备按有关规定进行定期检查、检修、技术改造；原料、能源不足时；内部填料定期处理、更换或因工艺需要采取间歇操作方法等正常原因而停止运行。

压力容器停运时，容器内的压力、温度、液位等将在较短的时间内不断变化，并且要进行切断物料、返回物料、容器及设备吹扫置换等操作。为保证操作人员能安全合理地操作，容器、设备、管线、仪表等不受损坏，正常停运过程中应注意以下事项。

1. 编制停运方案

停运操作中，操作人员开关阀门频繁，多方位管线进行检查作业，劳动强度大，若没有统一的停工方案，易发生误操作，导致设备事故，严重时会危及人身安全。压力容器的停运方案应包括：①停运周期（包括停工时间和开工时间）及停运操作的程序和步骤；②停运过程中控制工艺参数变化幅度的具体要求；③容器及设备内剩余物料的处理、置换清洗方法及要求，动火作业的范围；④停运检修的内容、要求，组织实施及有关制度。

压力容器停运方案一般由车间主任、压力容器管理人员、安全技术人员及有经验的操作人员共同编制，报主管领导审批通过。方案一经确定，必须严格执行。

2. 降温、降压速度控制

停运中应严格控制降温、降压速度，因为急剧降温、降压会使容器壳壁产生疲劳现象和较大的温差应力，严重时会使容器出现裂纹、变形、零部件松脱、连接部位泄漏等现象，以致造成火灾、爆炸事故。对于储存液化气体的容器，由于容器内的压力取决于温度，所以必

须先降温，才能实现降压。

3. 清除剩余物料

容器内剩余物料多为有毒、易燃、腐蚀性介质，若不清理干净，操作人员无法进入容器内部检修。

如果单台容器停运，需在排料后用盲板切断其与其他容器及压力源的连接；如果是整个系统停运，需将整个系统装置中的物料用真空法或加压法清除。对残留物料的排放与处理应采取相应的措施，特别是可燃、有毒气体应排放至安全区域。

4. 准确执行停运操作

停运操作不同于正常操作，要求更加严格，需准确无误。开关阀门要缓慢，操作顺序要正确，如蒸汽介质要先开排凝阀，待冷凝水排净后关闭排凝阀，再逐步打开蒸汽阀，防止因水击损坏设备或管道。

5. 杜绝火源

停运操作期间，容器周围应杜绝一切火源。要清除设备表面、扶梯、平台、地面等处的油污、易燃物等。

二、压力容器紧急停止运行的安全技术

压力容器在运行过程中，如果突然发生故障，严重威胁设备和人身安全时，操作人员应立即采取紧急措施，停止容器运行。

1. 应立即停止运行的异常情况

压力容器需立即停止运行的异常情况有：①压力容器的工作压力、介质温度或容器壁温度超过允许值，在采取措施后仍得不到有效控制；②压力容器的主要承压部位出现裂纹、鼓包、变形、泄漏、穿孔、局部严重超温等危及安全的缺陷；③压力容器的安全装置失效、连接管件断裂、紧固件损坏，难以保证安全运行；④压力容器充装过量或反应容器内介质配比失调，造成压力容器内部反应失控；⑤容器液位失去控制，采取措施仍得不到有效控制；⑥压力容器的出口管道堵塞，危及容器安全；⑦容器与管道发生严重振动，危及容器安全运行；⑧压力容器内件突然损坏，如内部衬里绝热耐火砖、隔热层开裂或倒塌，危及压力容器运行安全；⑨换热容器内件开裂或严重泄漏，介质不同相态或不能互混的不同介质互串，造成水击或严重物理、化学反应；⑩发生火灾直接威胁到容器的安全；⑪高压容器的信号孔或警告孔泄漏；⑫主要通过化学反应维持压力的容器，因管道堵塞或附属设备、进口阀等失灵或故障造成容器突然失压，后工序介质倒流，危及容器安全。

2. 紧急停止运行的安全技术

压力容器紧急停运时，操作人员必须做到"稳""准""快"，即保持镇定，判断准确，操作正确，处理迅速，防止事故扩大。在执行紧急停运的同时，还应按规定程序及时向本单位有关部门报告。对于系统性连续生产的，还必须做好与前、后相关岗位的联系工作。紧急停运前，操作人员应根据容器内介质状况做好个人防护。

压力容器紧急停运时，应注意的事项有：①对压力源来自器外的其他容器或设备，如换热容器、分离容器等，应迅速切断压力来源，开启放空阀、排污阀，遇有安全阀不动时，拉动安全阀手柄强制排气泄压；②对器内产生压力的容器，超压时应根据容器实际情况采取降

压措施。如反应容器超压时，应迅速切断电源，使向容器内输送物料的运转设备停止运行，同时联系有关岗位停止向容器内输送物料；迅速开启放空阀、安全阀或排污阀，必要时开启卸料阀，卸料口紧急排料，在物料未放完前，搅拌不能停止；对产生发热反应的容器，还应增大冷却水量使其迅速降温等。

任务 3　熟知压力容器维护保养的安全技术

压力容器的维护保养是确保压力容器的运行满足生产工艺要求的一个重要环节，由于容器内部介质压力、温度及化学特性等有变化，流体流动时的磨损、冲刷以及外界载荷的作用，特别是一些带有搅拌装置的容器，其内部还会因为搅拌部件转动造成振动及运动磨损，这些必然会使压力容器的技术状况不断发生变化，不可避免地产生一些不正常的现象。例如，紧固件的松动，容器内外表面的腐蚀、磨损，仪器仪表及阀门的损坏、失灵等。所以，做好容器的维护保养工作，使容器在完好状态下运行，就能防患于未然，提高容器的使用效率，延长使用寿命。

> **议一议 >>>**
>
> 某石油化工厂由于F11反应釜在聚合反应过程中超温超压，釜内压力急剧上升，导致反应釜釜盖法兰严重变形，螺栓弯曲，观察孔视镜炸破，大量可燃料从法兰缝隙处和观察孔喷出，散发在车间空气中，与空气形成爆炸性混合气体，遇明火引起二次爆炸燃烧，造成3人死亡，直接经济损失6.4万元，被迫停产8个多月，导致间接经济损失数百万元。
>
> 试分析：出现上述事故的原因可能有哪些？如何避免类似事故的出现？

一、压力容器使用期间维护保养的安全技术

压力容器使用期间日常维护保养工作的重点在于防腐、防漏、防露、防振，以及仪表、仪器、电气设施及元件、管线、阀门、安全装置等的日常维护。

1. 消除压力容器的跑、冒、滴、漏

压力容器的连接部位及密封部位由于磨损或密封面损坏，或因热胀冷缩、设备振动等原因使紧固件松动或预紧力减小造成接触不良，经常会出现跑、冒、滴、漏现象，并且这一现象常会被忽视而造成严重后果。由于压力容器是带压设备，若不及时处理跑、冒、滴、漏现象，则不仅浪费原料、污染环境，而且还常引起气壁穿孔或局部加速腐蚀。如对一些内压较高的密封面，不及时消除隐患会引起密封垫片损坏或法兰密封面被高压气体冲刷切割而起坑，难以修复，甚至引发容器被破坏的事故。因此，要加强巡回检查，注意观察，及时消除跑、冒、滴、漏现象。

消除跑、冒、滴、漏现象的常用方法有：①停车卸压消除法。此法消除较为彻底，标本兼治，但必须在停车状态下进行，难以做到及时处理，同时，处理过程必定影响或终止生产。但较为严重的或危险性较大的跑、冒、滴、漏现象，必须采用此法。②运行带压消除法。此法是运行过程中带压处理，多用于发现得较及时和刚开始较轻微的跑、冒、滴、漏现象。对一些系统关联性较强，通常难以或不宜立即停车处理的压力容器也可先采用此法，控

制事态的发展、扩大，待停车后再彻底处理。

压力容器运行状态出现不正常现象，需带压处理的情况有密封面法兰上紧螺栓、丝扣接口上紧螺栓、接管穿孔或直径较小的压力容器局部腐蚀穿孔的加夹具抱箍堵漏等。采用运行带压消除法，必须严格执行以下原则。

（1）运行带压处理必须经压力容器管理人员、生产技术主管、岗位操作现场负责人许可（办理检修等证书），由有经验的维修人员处理。

（2）带压处理必须有懂得现场操作处理或有操作指挥协调能力的人或安全技术部门的有关人员进行现场监护，并做好应急措施。

（3）带压处理所用的装备器具必须适应泄漏介质对维修工作的安全要求，特别是对毒性、易燃介质和高温介质，必须做好防护措施，包括防毒面具，通风透气、隔热绝热装备，防止产生火花的铝质、铜质、木质工具等。

（4）应使用带压堵漏专用固定夹具。

（5）专用密封剂应以泄漏点的系统温度和介质特性作为选择的依据。各种型号的密封剂均应通过耐压介质侵蚀试验和热失重试验。

2. 保持完好的防腐层

工作介质对材料有腐蚀性的容器，应根据工作介质对容器壁材料的腐蚀作用，采取适当的防腐措施。通常采用防腐层如涂层、搪瓷、衬里、金属表面钝化处理、钒化处理等来防止介质对容器的腐蚀。

防腐层一旦损坏，工作介质将直接接触容器壁，压力容器的腐蚀速度将加速，故为了保持压力容器的防腐层或衬里处于完好状态，压力容器使用过程中应注意以下几点。

（1）要经常检查防腐层有无脱落，检查衬里是否开裂或焊缝处是否有渗漏现象。发现防腐层损坏时，即使是局部的，也应该经过修补等妥善处理后才能继续使用。

（2）装入固体物料和安装内部附件时，应注意避免刮落或碰坏防腐层；带有搅拌器的容器应防止搅拌器叶片与器壁碰撞。

（3）内装填料的容器，填料环应布放均匀，防止流体介质运动的偏流磨损。

相关知识 ▶▶▶

压力容器的定期检验

1. 定期检验的类型

定期检验类型主要包括以下方面。①全面检验：指压力容器停机时的检验；②耐压试验：指压力容器全面检验合格后，所进行的超过最高工作压力的液压试验或者气压试验；③外部检验：设备的外部情况检查，如保温层破损、脱落等；④内外部检验：检查设备外部的全部项目，并进行设备内部检查如内壁表面腐蚀、有无裂纹等。

2. 定期检验的周期

定期检验的周期要求如下。①外部检验是在容器运行中检查，每年至少1次；②对于固定式压力容器每2次内外部检验期间，原则上至少进行1次耐压试验；③对于移动式压力容器每6年至少进行1次耐压试验；④投用后，首次内外部检验周期为3年，之后的检验周期为：安全状况等级为1、2级，一般每6年一次；安全状况等级为3级，一般每3年一次；安全状况等级为4级，其检验周期由检验机构确定。

3. 保护好保温层

对于有保温层的压力容器要检查保温层是否完好，防止容器壁裸露。因为保温层一旦脱落或局部损坏，不但会浪费能源、影响容器效率，而且容器的局部温差变化较大，会产生温差应力，引起局部变形，影响正常运行。

4. 减少或消除容器的振动

容器的振动对其正常使用影响也是很大的。振动不但会使容器上的紧固螺钉松动，影响连接效果，或者由于振动的方向性，使容器接管根部产生附加应力，引起应力集中，而且当振动频率与容器的固有频率相同时，会发生共振现象，造成容器的倒塌。因此当发现容器存在较大振动时，应采取适当措施如隔断振源、加强支撑装置等，以消除或减轻容器的振动。

5. 维护保养好安全装置

维护保养安全装置，使它们始终处于灵敏准确、使用可靠的状态。具体要求有：①安全装置和计量仪表应定期进行检查、试验和校正，发现不准确或不灵敏时，应及时检修和更换；②安全装置、安全附件上面及附近不得堆放任何有碍其动作、指示或影响灵敏度、精度的物料、介质、杂物，必须保持各安全装置、安全附件外表的整洁；③清洁擦拭安全装置，应按其维护保养要求进行，不能用力过大或造成较大振动，不得随意用水或液体清洗剂冲洗，擦拭安全装置及安全附件、清理尘污尽量用干布擦抹或吹扫；④压力容器的安全装置不得任意拆卸或封闭不用，没有按规定装设安全装置的容器不能使用。

相关知识 ▶ ▶ ▶

压力容器的安全附件

1. 种类

压力容器的安全附件主要如下。①压力表：用来测定容器内介质的实际压力值，以防压力超限；②温度计或测温仪：用以测量介质、器壁温度，以防温度超限；③液位计或液位报警器：用以指示液位高低，以防液位超限；④安全阀：当压力容器内的压力超压时，能自动泄压的装置；⑤爆破片：当压力容器内的压力超压时，能断裂的泄放装置；⑥易熔塞：当设备超压且超温时，能熔化的泄放装置；⑦紧急切断阀：通常与截止阀串联安装在紧靠容器的介质出口管道上，以便在管道发生大量泄漏时进行紧急止漏；⑧减压阀：通过调节介质的流量，使流体通过时产生节流减压，用于将高压流体输送到低压管道等。

2. 总体要求

安全附件属于特种设备，故总体要求有：①安全阀、爆破片的制造单位须取得许可；②按规范需"型式试验"的，要进行型式试验；③设计、制造须符合安全技术规范要求；④安全附件须定期检验或校验等。

二、压力容器停用期间的安全技术

对于长期停用或临时停用的压力容器，也应加强维护保养工作。停用期间保养不善的容器甚至比正常使用的容器损坏更快。

停止运行的容器尤其是长期停用的容器，一定要将内部介质排放干净，清除内壁的污垢、附着物和腐蚀产物。对于腐蚀性介质，排放后还需经过置换、清洗、吹干等技术处理，使容器内部干燥和洁净。要注意防止容器的"死角"内积有腐蚀性介质。为了减轻大气对停用容器外表面的腐蚀，应保持容器表面清洁，并保持容器及周围环境的干燥。另外，要保持容器外表面的防腐油漆等完好无损，发现油漆脱落或刮落时要及时补涂。有保温层的容器，还要注意保温层下的防腐和支座处的防腐。

任务 4 了解气瓶的安全技术

一、气瓶的安全技术

1. 充装安全

为保证气瓶在使用或充装过程中不因环境温度升高而处于超压状态，必须对气瓶的充装量进行严格控制。确定压缩气体及高压液化气体气瓶的充装量时，要求瓶内气压在最高使用温度（60℃）下的压力，不超过气瓶的最高许用压力。对低压液化气体气瓶，则要求瓶内液体在最高使用温度下，不会膨胀至瓶内满液，即要求瓶内始终保留有一定气相空间。

（1）防止气瓶充装过量　气瓶充装过量是气瓶破裂爆炸的常见原因之一，故应严格执行《气瓶安全监察规程》的安全要求，防止充装过量。①充装压缩气体的气瓶，要按不同温度下的最高允许充装压力进行充装，防止气瓶在最高使用温度下的压力超过气瓶的最高许用压力；②充装液化气体的气瓶，必须严格按规定的充装系数充装，不得超量，如发现超装时，应设法将超装量卸出。

（2）防止不同性质气体混装　气体混装是指在同一气瓶内灌装两种气体（液体）。如果这两种介质在瓶内发生化学反应，将会造成气瓶爆炸事故。如装过可燃气体（如氢气等）的气瓶，未经置换、清洗等处理，使瓶内还有一定量余气，若又灌装氧气，结果瓶内氢气与氧气发生化学反应，产生大量反应热，可使瓶内压力急剧升高，气瓶爆炸，酿成严重事故。

气瓶使用过程中，可能会出现的情况有：①钢印标记、颜色标记不符合规定及无法判断瓶内气体；②改装不符合规定或用户自行改装；③附件不全，损坏或不符合规定；④瓶内无"剩余压力"即余压；⑤超过检验期；⑥外观检查存在明显损伤，需进一步进行检查；⑦氧化或强氧化性气体气瓶沾有油脂；⑧易燃气体气瓶的首次充装，事先未经置换和抽空。气瓶出现以上情况之一时，应先进行处理，否则严禁充装。

2. 储存安全

① 气瓶的储存应由专人负责管理。管理人员、操作人员、消防人员应经安全技术培训，了解气瓶的安全知识。

② 气瓶的储存，空瓶、实瓶应分开（分室）储存，另外如氧气瓶与液化石油气瓶，乙炔瓶与氧气瓶、氯气瓶不能同储一室。

③ 气瓶库（储存间）应符合《建筑设计防火规范》，应采用二级以上防火建筑。与明火或其他建筑物应有符合规定的安全距离。易燃、易爆、有毒、腐蚀性气体气瓶库的安全距离不得小于 15m。

④ 气瓶库应通风、干燥，防止雨（雪）淋、水浸，避免阳光直射，要有便于装卸、运输的设施。库内不得有暖气、水、煤气等管道通过，也不能有地下管道或暗沟。照明灯具及电器设备应是防爆的。

⑤ 地下室或半地下室不能储存气瓶。

⑥ 瓶库有明显的"禁止烟火""当心爆炸"等各类必要的安全标志。

⑦ 瓶库应有运输和消防通道，设置消防栓和消防水池。在固定地点备有专用灭火器、灭火工具和防毒面具。

⑧ 储气的气瓶应戴好瓶帽，最好戴固定瓶帽。

⑨ 实瓶一般应立放储存。卧放时，应防止滚动，瓶头（有阀端）应朝向一方。垛放不得超过 5 层，并妥善固定。气瓶排放应整齐，固定牢靠。数量、号位的标志要明显。要留有通道。

⑩ 实瓶的储存数量应有限制，在满足当天使用量和周转量的情况下，应尽量减少储存量。

⑪ 容易起聚合反应气体的气瓶，必须规定储存期限。

⑫ 库存账目清楚，数量准确，按时盘点，账物相符。

⑬ 建立并执行气瓶进出库制度。

3. 使用安全

① 使用气瓶者应学习气体与气瓶的安全技术知识，在技术熟练人员的指导监督下进行操作练习，合格后才能独立使用。

② 使用前应对气瓶进行检查，确认气瓶和瓶内气体质量完好，方可使用。如发现有气瓶颜色、钢印等辨别不清，检验超期，气瓶损伤（如变形、划伤、腐蚀等），气体质量与标准规定不符的现象，应拒绝使用并做妥善处理。

③ 按照规定，正确、可靠地连接调压器、回火防止器、输气橡胶软管、缓冲器、汽化器、焊割炬等，检查、确认没有漏气现象。连接上述器具前，应微开瓶阀吹除瓶阀出口的灰尘、杂物。

④ 气瓶使用时，一般应立放（乙炔瓶严禁卧放使用），不得靠近热源。与明火、可燃和助燃气体气瓶之间的距离不得小于 10m。

⑤ 使用易发生聚合反应气体的气瓶时，应远离射线、电磁波、振动源。

⑥ 防止日光暴晒、雨淋、水浸，禁止敲击、碰撞气瓶。

⑦ 移动气瓶应手搬瓶肩转动瓶底，移动距离较远时可用轻便小车运送，严禁抛、滚、滑、翻和肩扛、脚踹。

⑧ 禁止在气瓶上焊接、引弧，不准用气瓶做支架和铁砧。

⑨ 注意操作顺序。开启瓶阀应轻缓，操作者应站在阀出口的侧后；关闭瓶阀应轻而严，不能用力过大，避免关得太紧、太死。

⑩ 瓶阀冻结时，不准用火烤。可把瓶移入室内或温度较高的地方或用 40℃ 以下的温水浇淋解冻。

⑪ 保持气瓶及附件清洁、干燥，禁止沾染油脂、腐蚀性介质、灰尘等。

⑫ 瓶内气体不得用尽，应留有余压，余压不应低于 0.05MPa。

⑬ 保护瓶外油漆防护层，既可防止瓶体腐蚀，也是识别标记，可以防止误用和混装。瓶帽、防震圈、瓶阀等附件都要妥善维护、合理使用。

⑭ 气瓶使用完毕，要送回瓶库或妥善保管。

二、气瓶的检验

气瓶的定期检验，应由取得检验资格的专门单位负责进行。未取得资格的单位和个人，不得从事气瓶的定期检验。

各类气瓶的检验周期为：①盛装腐蚀性气体的气瓶，每 2 年检验一次；②盛装一般气体的气瓶，每 3 年检验一次；③盛装液化石油气的气瓶，使用未超过 20 年，每 5 年检验一次；超过 20 年，每 2 年检验一次；④盛装惰性气体的气瓶，每 5 年检验一次；⑤气瓶在使用过程中，发现有严重腐蚀、损坏或对其安全可靠性有怀疑时，应提前进行检验；⑥库存和使用时间超过一个检验周期的气瓶，使用前应进行检验。

气瓶检验单位对要检验的气瓶逐瓶进行检验，并按规定出具检验报告。未经检验和检验不合格的气瓶不得使用。

任务 5　**了解工业锅炉的安全技术**

锅炉是使用燃烧产生的热能把水加热或变成水蒸气的热力设备。尽管锅炉的种类繁多、结构各异，但都是由"锅"和"炉"以及为保证"锅"和"炉"正常运行所必需的附件、仪表及附属设备三大类（部分）组成。作为特种设备的锅炉其安全监督应特别给予重视。

锅炉运行的安全技术如下。

1. 水质处理

含有杂质的水如不经过处理就进入锅炉，将威胁锅炉的安全运行。如结成坚硬的水垢，使受热面传热不良，浪费燃料，使锅炉壁温升高，强度显著下降；溶解在水中的氧气和二氧化碳会导致金属的腐蚀，从而缩短锅炉的寿命等。所以，为了确保锅炉的安全，使其经济可靠地运行，就必须对锅炉用水进行处理。

选择水的处理方法时，要根据炉型、水质而定。目前水处理方法从两方面进行，一种是炉内水处理，另一种是炉外水处理。

（1）炉内水处理　也叫锅内水处理，即将自来水或经过沉淀的天然水直接加入，向锅筒内加入适当的试剂，使之与水中的钙、镁盐类生成松散的泥渣沉降，然后通过排污装置排除。这种方法较适于小型锅炉使用，也用作高、中压锅炉的炉外水补充处理，以调整炉水质量。常用的试剂有碳酸钠、氢氧化钠、磷酸钠、磷酸二氢钠和一些有机防垢剂等。

（2）炉外水处理　即在水进入锅炉前，先通过各种物理和化学的方法，把水中对锅炉运行有害的杂质除去，使水达到一定标准，从而避免锅炉结垢和腐蚀。常用的方法有离子交换法、电渗析法等。

（3）除气　溶解在锅炉用水中的氧气、二氧化碳，会使锅炉的供水管道和锅炉本体腐蚀；尤其当氧气和二氧化碳同时存在时，金属腐蚀会更加严重。除氧的方法有喷雾式热力除氧、真空除氧和化学除氧，使用最普遍的是热力除氧。

2. 锅炉启动的安全要点

锅炉启动过程中，其部件、附件等由冷态（常温或室温）变为受热状态，由不承压转变为承压，其物理形态、受力情况等产生很大变化，最易发生各种事故。据统计，锅炉事故有半数发生在启动过程中，故对锅炉启动必须进行检查。

(1) 全面检查 启动前的全面检查应按照锅炉运行规程的规定，逐项进行。主要内容有：①检查汽水系统、燃烧系统、风烟系统、锅炉本体和辅机是否完好；②检查人孔、手孔、看火门、防爆门及各类阀门、接板是否正常；③检查安全附件是否齐全、完好并使其处于启动所要求的位置；④检查各种测量仪表是否完好等。

(2) 上水 为防止产生过大热应力，上水水温最高不应超过90℃，水温与筒壁温差不超过50℃；上水速度要缓慢，全部上水时间在夏季不应小于1h，在冬季不小于2h。冷炉上水至最低安全水位时应停止上水，以防受热膨胀后水位过高。

(3) 烘炉和煮炉 新装、大修或长期停用的锅炉，其炉膛和烟道的墙壁非常潮湿，一旦骤然接触高温烟气，将会产生裂纹、变形甚至发生倒塌事故。为了防止这种情况，锅炉在上水启动前要进行烘炉。

烘炉就是在炉膛中用文火缓慢加热锅炉，使炉墙中的水分逐渐蒸发掉。烘炉应根据事先制定的烘炉升温曲线进行，整个烘炉时间根据锅炉大小、型号不同而定，一般为3～14d。烘炉后期可以同时进行煮炉。

煮炉的目的是清除锅炉蒸发受热面中的铁锈、油污和其他污物，减少受热面腐蚀，提高锅水和蒸汽的质量。煮炉时，在锅水中加入碱性试剂如氢氧化钠、碳酸钠等。煮炉步骤为：上水至最高水位；加入适量试剂；燃烧加热锅水至沸腾但不升压（开启空气阀或抬起安全阀排汽），维护10～12h；停炉冷却，排除锅水并清洗受热面。

烘炉和煮炉虽不是正常启动，但锅炉的燃烧系统和汽水系统已经部分或大部分处于工作状态，锅炉已经开始承受温度和压力，所以必须认真进行。

(4) 点火与升压 一般锅炉上水后即可点火升压；进行烘炉煮炉的锅炉，待煮炉完毕，排水清洗后再重新上水，然后点火升压。

从锅炉点火到锅炉蒸汽压力上升到工作压力，是锅炉启动中的关键环节，需要注意的问题有：①防止炉膛内爆炸。即点火前应开动引风机数分钟给炉膛通风，待炉膛内可燃物的含量低于爆炸下限时，才可点火。②防止热应力和热膨胀造成破坏。为了防止产生过大的热应力，锅炉的升压过程一定要缓慢进行。如水管锅炉在夏季点火升压需要2～4h，在冬季点火升压需要2～6h；立式锅壳锅炉和快装锅炉需要时间较短，为1～2h。③监视和调整各种变化。点火升压过程中，锅炉的蒸汽参数、水位及各部件的工作状况在不断变化。为了防止异常情况及事故出现，要严密监视各种仪表指示的变化；还要注意观察各受热面，使各部位温度变化均匀，防止局部过热，烧坏设备。

(5) 暖管与并汽 所谓暖管，即用蒸汽缓慢加热管道、阀门、法兰等元件，使其缓慢升温，避免向冷态或较低温度的管道突然供入蒸汽，以防止热应力过大而损坏管道、阀门等元件。同时将管道内冷凝水驱出，防止在供气时发生水击。冷态蒸汽管道的暖管时间一般不少于2h，热态蒸汽管道的暖管一般为0.5～1h。

并汽也叫并炉，即投入运行的锅炉向共用的蒸汽总管供汽。并汽时应燃烧稳定，运行正常，蒸汽质量合格以及蒸汽压力稍低于蒸汽总管内气压（低压锅炉低于0.02～0.005MPa；中压锅炉低于0.1～0.2MPa）。

3. 锅炉运行中的安全要点

① 锅炉运行中，保护装置与联锁装置不得停用。需要检验或维修时，应经有关主要领导批准。

② 锅炉运行中，安全阀每天人为排汽试验一次。电磁安全阀的电气回路试验每月应进行一次。安全阀排汽试验后，其起座压力、回座压力、阀瓣开启高度应符合规定，并作记录。

③ 锅炉运行中，应定期进行排污试验。

4. 锅炉停炉时的安全要点

锅炉停炉分正常停炉和紧急停炉（事故停炉）两种。

（1）正常停炉　是计划内停炉。停炉中应注意的主要问题有：①防止降压、降温过快，以避免锅炉元件因降温收缩不均匀而产生过大的热应力。②停炉操作应按规定的次序进行。锅炉正常停炉时，先停燃料供应，再停止送风，降低引风；与此同时逐渐降低锅炉负荷，相应地减少锅炉上水，但应维持锅炉水位稍高于正常水位。③锅炉停止供汽后，应隔绝与蒸汽总管的连接，排汽降压。④待锅内无气压时，开启空气阀，以免锅内因降温形成真空。⑤为防止锅炉降温过快，在正常停炉的 4～6h 内，应紧闭炉门和烟道接板；然后打开烟道接板缓慢加强通风，适当放水。⑥停炉 8～12h，且在锅水温度降至 70℃ 以下时，方可全部放水。

（2）紧急停炉　锅炉运行过程中，可能会出现的情况有：①水位低于水位表下部可见边缘；②不断加大向锅炉加水及采取其他措施，但水位继续下降；③水位超过最高可见水位（满水），经放水仍不能看到水位；④供水泵全部失效或供水系统故障，不能向锅炉进水；⑤水位表和安全阀全部失效；⑥元件损坏等。出现上述情况之一，将严重威胁锅炉安全运行，故应立即停炉。

紧急停炉的操作顺序是：立即停止添加燃料和停止送风，减弱引风。同时，应设法熄灭膛内的燃料，对于层燃炉一般可以用砂土或湿灰灭火，链条炉可以开快挡使炉排快速运转把红火送入灰坑。灭火后即把炉门、灰门及烟道接板打开，以加强通风冷却。锅内可以较快降压并更换锅水，锅水冷却至 70℃ 左右允许排水。但因缺水紧急停炉时，严禁给锅炉上水并不得开启空气阀及安全阀快速降压。

知识积累 ❯❯❯

1. 压力容器是指盛装气体或者液体，承载一定压力的密闭设备。其范围规定为最高工作压力大于或者等于 0.1MPa（表压），且容积 ≥0.03m³，并且内直径（非圆形截面内边界最大几何尺寸）≥150mm 的盛装介质为气体、液化气体和最高工作温度大于或等于标准沸点的液体的固定式容器和移动容器。

扫一扫测试

项目七　测试

2. 压力容器的安全操作要求有平稳操作、严格控制工艺指标、严格执行检修办证制度、坚持容器运行巡检和实行应急处理的预案制度。

3. 压力容器运行中的安全检查有工艺条件、设备状况、安全装置。

4. 压力容器使用期间维护保养的措施主要有消除压力容器的跑、冒、滴、漏，保持完好的防腐层、保护好保温层，减少或消除容器的振动、维护保养好安全装置等。

5. 压力容器停用期间维护保养的措施主要有容器内部介质必须排放干净、保持容器内壁的干燥与洁净、保持外壁的完好性、保护好保温层等。

一、判断题

1. 压力容器在正常工作情况下，其顶部可能达到的最高压力称为工作压力。（　　）

2. 储存压力容器主要是用于储存、盛装气体、液体（含液化气体）等介质的压力容器。（　　）

3. 反应容器在操作过程中要严格控制温度，温度过低可能会造成压力容器超压，进而导致爆炸事故发生。（　　）

4. 压力容器的停止运行包括正常停止运行、紧急停止运行和长期停运。（　　）

5. 压力容器应按特种设备进行管理。（　　）

6. 压力容器运行中应将压力、温度控制在工艺规定的参数范围内。（　　）

7. 压力容器使用单位应对压力容器及安全附件、安全保护装置等进行不定期校验、检修。（　　）

8. 易燃气体气瓶的首次充装，不需要预先进行置换和抽真空处理。（　　）

9. 锅炉运行中，安全阀的排汽试验应每月进行一次。（　　）

10. 压力容器日常维护保养主要包括保持容器完好的防腐层，防止跑、冒、滴、漏，消除产生腐蚀的因素，做好停运设备保养。（　　）

二、单选题

1. 高压容器的压力范围是（　　）。

A. $10MPa < p < 100MPa$ 　　　　　　B. $10MPa < p \leqslant 100MPa$

C. $10MPa \leqslant p < 100MPa$ 　　　　　　D. $10MPa \leqslant p \leqslant 100MPa$

2. 当压力容器的工作压力、介质温度等超规定值时，操作人员（　　）。

A. 应当迅速离开现场

B. 应报告安全管理人员处理

C. 当采取措施得不到有效控制时，应紧急停车并立即报告

D. 以上说法均错误

3. 压力容器的安全状况等级为（　　），一般每6年检验1次。

A. 1、2级　　　　B. 3级　　　　C. 4级　　　　D. 5级

4. 对盛装液化气体的储存容器，应严格按照规定的（　　）充装。

A. 压力　　　　B. 温度　　　　C. 容积　　　　D. 充装系数

5. 不属于压力容器运行过程中工艺参数控制的是（　　）。

A. 投料量与投料速度　　　　　　B. 物料配比

C. 投料顺序　　　　　　　　　　D. 水分

6. 压力容器一般应当于投用后第（　　）年，进行首次定期检验。

A. 1　　　　B. 2　　　　C. 3　　　　D. 4

7. 压力容器的压力常用（　　）来表示。

A. 兆帕　　　　B. 千克　　　　C. 牛顿　　　　D. 帕斯卡

三、简答题

1. 什么叫压力容器？如何分类？

2. 如何进行压力容器的安全管理？

3. 压力容器的运行管理有哪些内容？

4. 压力容器停止运行时应注意哪些安全问题？

5. 如何安全使用气瓶？

6. 锅炉运行中的安全要点有哪些？

项目八
生物制品的安全生产管理

学习目标

1. 知识目标

（1）掌握转基因、微生物培养及发酵过程中的安全管理措施。

（2）熟悉生物制品的含义。

（3）了解生物制品的特点、常见种类。

2. 能力目标

（1）能熟练说出转基因、微生物培养及发酵过程中的安全管理措施。

（2）能初步判断出转基因、微生物培养及发酵过程中存在的安全隐患。

（3）能说出生物制品的含义。

（4）知道生物制品的特点、常见种类。

3. 素养目标

（1）提升学生"遵守纪律，严谨认真"的职业素养。

（2）提升学生"防微杜渐，敬畏生命""安全第一，预防为主"的安全意识。

单元一
认识生物制品

任务 1　理解生物制品的含义、特点

> **想一想** ▶ ▶ ▶
>
> 　　1. 我们自身接种过哪些疫苗？还知道哪些类似的药品？
>
> 　　2. 抗生素、维生素等传统药物属于生物制品吗？

　　通过对上面两个问题的思考，可能大家已经知道了疫苗、免疫血清、细胞因子、免疫调节剂都属于生物制品，一般认为通过生物技术加工制造的产品均归为生物制品。实质上，生物制品主要是指来自血液、疫苗、毒素和免疫制剂的医药产品，而传统的生物药品如激素、酶制剂和植物代谢物则不属于生物制品范围。

一、生物制品的含义

　　生物制品是指采用生物技术如基因工程、细胞工程、蛋白质工程、酶工程、生化工程等制备而成的具有活性的药品。

　　目前我国生物制品主要包括疫苗、抗毒素及抗血清、血液制品、细胞因子、生长因子、酶、按药品管理的体内及体外诊断制品，以及其他生物活性制剂如毒素、抗原、变态反应原、单克隆抗体、抗原抗体复合物、免疫调节剂及微生态制剂等。

二、生物制品的特点

> **相关知识** ▶ ▶ ▶
>
> 　　生物制品的两大显著特征：一是来自于生物体，即来自动物、植物和微生物；二是属于生物体中的基本生化成分。在医疗应用中显示出高效、低毒、量小的临床效果。

　　生物体内含有多种与生物代谢紧密相关的调控物质，如蛋白质、酶、激素、抗体、细胞因子等，这些物质起着维持正常生命活动的功能，一旦受到外界环境的影响或因其本身变化致使某种活性物质缺乏或其作用受到阻碍时，就会发生与该物质相关的疾病。生物制品就是根据生物体的这些特点从生物体内提取或制得的产品，且由于生产制备过程中的特殊性，生

物制品具有如下特点。

1. 原料特点

(1) 来源特殊　生物制品的原料以天然的生物材料为主，包括人体、动物、植物、微生物及各种海洋生物等。随着生物技术的发展，人工制得的生物原料逐渐成为当前生物制品原料的重要来源。如基因工程技术制得的微生物及其他细胞原料和用免疫法制得的动物原料等。

(2) 分子量大　生物制品的有效成分多为生物大分子物质，如毒素、抗原、单克隆抗体等。

(3) 有效物质含量低　生物制品的传统原料来自天然生物体内的活性物质，而这些活性物质往往在生物体内的含量极低，而且杂质种类多，因此分离提取、纯化工艺比较复杂。

2. 生产、制备上的特点

(1) 稳定性差　生物制品的分子结构中一般具有特定的活性部位，而生物大分子药品是以其严格的空间构象来维持其生物活性功能的，因此一旦其空间构象遭到破坏，就会失去其药理作用。很多因素如温度、压力、振荡、搅拌、酶、重金属、酸、碱、盐等均可能引起生物制品变构失活。

(2) 易腐败　由于生物制品原料及产品均为营养价值较高的物质，因此极易染菌、腐败，有效物质被破坏失去活性，并且产生热原或导致过敏的物质等。因此生产过程中往往严格要求在低温和无菌环境下操作。

3. 强调安全性

(1) 原料安全性　生物制品由于其原料来源的特殊性，原料的质量对成品有重大影响。

> **想一想** ▶ ▶ ▶
>
> 　　原国家药品监督管理局 2001 年 6 月在《关于禁止药品、生物制品生产中使用疫区牛源性材料的通知》中规定：禁止使用来自"疯牛病"国家或地区牛、羊的脑及神经组织、内脏、胎盘和血液（含提取物）等动物源性原材料生产生物制品。
>
> 　　我国采取这一措施对生物制品的生产有何意义？

(2) 产品安全性　生物制品由于具有生物活性，生产工艺与常规药品不同，在安全性上有着严格的要求。如在疫苗试制和生产过程中，由于制品污染、减毒活疫苗减毒不彻底、脱毒方法不正确、安全评价方法不健全、生产工艺不严谨以及生产环境缺乏净化等原因，在历史上曾发生过多起生物制品质量事故，造成灾难性后果。

(3) 生产安全性　国家提出生物制品企业要率先达到 GMP 要求，尤其是血液制品生产企业。生物制品生产车间或企业均按 GMP 的要求设计、建设和验收。

> **事故案例** ▶ ▶ ▶
>
> 　　2016 年 3 月 21 日，山东大批非法儿童和成人用疫苗未经冷藏就流入 18 个省市，引发民众热议。山东济南市警方查获了一起食品药品犯罪案件，一对母女从 2010 年起非法经营疫苗，未经严格冷链存储就销往 18 个省市。北大教授称这种疫苗或致人死亡！

2010 年以来，庞某与其医科学校毕业的女儿孙某，从上线疫苗批发企业人员及其他非法经营者处非法购进 25 种儿童、成人用两类疫苗，未经严格冷链存储运输销往全国 18 个省市，涉案金额达 5.7 亿元。经食药监管部门核查，两名犯罪嫌疑人经营的疫苗及生物制品虽为正规厂家生产，但由于未按照国家相关法律规定运输、保存，脱离了 2～8℃的恒温冷链，已难以保证品质和使用效果，注射后甚至可能产生副作用。

在上述案例中，虽未有死亡的报道，但很多使用者出现了不同程度的不良反应，故保障生物制品的安全性是非常重要的。

4. 药理学特点

（1）治疗的针对性强　生物制品由于机制合理、疗效可靠，因此治疗的针对性强。如 SARS 疫苗主要用于控制传染性非典型肺炎的扩散。

（2）药理活性强　生物制品是从大量原料中精制出来的高活性物质，因此具有高效的药理活性。如注射禽流感疫苗后免疫效率可以达到 90％以上。

（3）毒副作用小、营养价值高　由于生物制品主要有疫苗、免疫血清、血液制品、细胞因子等。这些物质的组成单元为氨基酸、核苷酸、单糖、脂肪酸等，因此对人体不仅无害而且还是重要的营养物质。

（4）常有生理副作用　生物制品都是从生物原料制得，而生物进化的结果使不同生物，甚至相同生物不同个体之间的活性物质的结构都有很大差异。这种差异使生物制品在使用时容易出现副作用，如产生免疫反应、变态反应等。

（5）主要给药途径是注射用药　生物制品多数易被胃酸或肠道中的酶破坏，临床应用时需要注射给药。

5. 药品检验特点

由于生物制品具有特殊的生理、生化功能，因此生物制品不仅有理化检验指标，而且还有生物活性检验指标。这也是生物制品生产和质量控制的关键环节。

6. 药品储藏特点

生物制品及原料稳定性差，有的还是活的微生物，具有生物活性易消失等特点。一般都怕热、怕光、怕冻。如血液制品在室温下保管容易变质失效。除另有规定外，多数制品适宜在 2～10℃干燥低温条件下保存。

议一议

1929 年德国吕贝克，医护人员给 251 名婴儿误服了有致病性的结核菌菌液，而不是减毒的口服卡介苗，结果造成 72 名婴儿死亡，死亡率 28.68％，这就是历史上令人震惊的"吕贝克"疫苗质量事故。这是因为当时将有致病性的结核杆菌与减毒的卡介苗生产用菌种保存在同一实验室所致。

试分析：如何防止上述事件的出现？

任务 2　知道生物制品的种类

想一想

1. 我们现在注射的疫苗属于什么疫苗？除此之外还有什么类型的疫苗？
2. 你听说过哪些血液制品？

通过对上面两个问题的思考，可能大家已经知道疫苗、抗毒素、免疫血清、血液制品、细胞因子、体内外诊断制品等均属于生物制品范畴，但其分属不同的类型。

生物制品根据其用途可分为预防用品、治疗用品和诊断用品三大类。

1. 预防用品

生物制品在预防人类传染病、控制传染病的流行以及消灭传染病方面，有着其他药品不可替代的重要作用。近百年来的时间已经证明，人群接种疫苗或类毒素后，对传染病的预防效果是明显的。预防用品可分为菌苗类、疫苗类、类毒素类、混合制剂等。表 8-1～表 8-3 列出了目前常用的一些菌苗、疫苗和混合制剂。

表 8-1　常用菌苗

菌苗种类	举　例
减毒活菌苗	卡介苗、鼠疫活菌苗、炭疽活菌苗、布氏活菌苗、痢疾活菌苗、口服伤寒活菌苗等
死菌菌苗	霍乱菌苗、伤寒菌苗、百日咳菌苗、鼠疫菌苗等
纯化菌苗	脑膜炎双球菌多糖菌苗、肺炎球菌多糖菌苗等

表 8-2　常用疫苗

疫苗种类	举　例
减毒活疫苗	牛痘苗、黄热病疫苗、脊髓灰质炎活疫苗、腮腺炎活疫苗、麻疹活疫苗、水痘活疫苗、风疹活疫苗等
灭活疫苗	乙型脑炎疫苗、狂犬病疫苗、流感疫苗、Q 热疫苗、乙型肝炎疫苗等
亚单位疫苗	流感亚单位疫苗、腺病毒亚单位疫苗等

表 8-3　常用混合制剂

混合制剂种类	举　例
联合菌苗	伤寒、副伤寒甲乙联合菌苗，霍乱、伤寒、副伤寒甲乙联合菌苗等
联合疫苗	麻疹、牛痘苗联合疫苗，麻疹、风疹联合疫苗，风疹、腮腺炎联合疫苗，麻疹、风疹、腮腺炎联合疫苗等
菌苗和类毒素混合制剂	白喉类毒素、百日咳菌苗和破伤风类毒素混合制剂等

2. 治疗用品

常用于临床疾病治疗的生物制品，大致有以下几类。

（1）免疫血清　生物制品中的免疫血清是指抗毒素、抗菌血清及抗病毒血清等；抗毒素用于治疗和预防毒素性疾病，如破伤风、白喉、肉毒中毒以及毒蛇咬伤等；抗菌血清作为一种辅助疗法应用于相关疾病的治疗，如抗炭疽血清、抗钩端螺旋体血清等；抗病毒血清的治疗作用与抗毒素相似，如抗狂犬病血清等。免疫血清一般用特定抗原免疫马、牛或羊，经采血、分离血浆或血清后精制而成。常用的免疫血清见表8-4。在加工精制过程中，虽然不断采用新技术提高纯度，但其作为异种蛋白，使机体出现过敏反应或血清病的危险性仍不能完全排除。

表 8-4　常用的免疫血清

免疫血清种类	举　例
抗毒素	白喉抗毒素，破伤风抗毒素，肉毒杆菌抗毒素，抗蛇毒血清等
抗菌血清	抗炭疽血清，抗钩端螺旋体血清，抗痢疾血清等
抗病毒血清	抗狂犬病血清，抗腺病毒血清等

（2）血液制品　由人的血液分离提取的各种有效成分，用于防止因病理或遗传缺陷所导致的某种成分不足而引起的疾病。常用的血液制品有冻干人血浆、白蛋白、球蛋白、免疫球蛋白和凝血因子Ⅷ等。

（3）免疫调节剂　这一类制品可提高人体的非特异免疫功能，以达到防病治病的效果。主要分为细菌类免疫调节剂和细胞因子类制剂两类。有些细菌和细菌成分，如卡介苗及其衍生物、短棒状杆菌等，都能增强机体的非特异性免疫。人体内某些细胞分泌的细胞因子，如白细胞介素、肿瘤坏死因子、干扰素、集落刺激因子等，能增强机体的免疫功能。

（4）诊断试剂　诊断试剂在防病、治病中起着重要的"侦定作用"，它可对传染病的流行及疾病的预防、控制、治疗实施监测，作病原体的鉴定，协助临床对疾病的诊断，指导对疾病的预防和治疗。诊断试剂品种繁多，按学科分类，则大致可分为细菌学诊断试剂、病毒学诊断试剂、免疫学诊断试剂、临床化学诊断试剂和肿瘤诊断试剂等几种。

单元二
生物制品的安全生产管理

任务 1　熟知转基因过程中的安全管理

> **想一想**
>
> 1. 重组修饰的生物是否对人类和其他生物有害？
> 2. 它们是否会在环境中极度繁殖造成危害？
> 3. 作用巨大的基因工程产品是否有危害性？

通过对上面三个问题的思考，可能大家已经知道了转基因技术对于生物制品生产的巨大影响，通过转基因技术制备生物制品已经成为重要的选择，但这一生产模式同样可能带来新的安全问题，如不能正确防范，可能造成严重后果。

> **相关知识** ▶▶▶
>
> 下列情况需要较高的生物安全水平：
> 1. 来源于病原生物体的 DNA 序列的表达可能增加遗传修饰生物体（GMO）的毒性。
> 2. 插入的 DNA 序列性质不确定，例如制备病原微生物基因组 DNA 库的过程中。
> 3. 基因产物具有潜在的药理学活性。
> 4. 毒素的基因产物编码。

一、转基因技术的生物安全问题

转基因技术又称重组 DNA 技术或基因工程，是指从异体生物中取出特定的 DNA 片段，分析其所包含的生命信息，再根据需要改变其中的部分信息并重新把改变过的基因引入到生物体中，研究这种改变的影响或者生产大量所希望的基因或基因产物。

重组 DNA 技术涉及组合不同来源的遗传信息，从而创造自然界以前可能从未存在的遗传修饰生物体（GMO）。这些生物体可能具有不可预测的不良性状，一旦从实验室逸出将带来生物学危害。虽然尚未见到有大规模危害的实例报道，但可能性仍然是不能排除的。因此，转基因技术也具有潜在的危险性，其潜在危险性可以从以下几个方面控制。

1. 生物表达系统

生物表达系统由载体和宿主细胞组成。必须满足许多标准使其能有效、安全地使用。例如，质粒 pUC_{18} 经常与大肠杆菌 K_{12} 细胞一起使用，作为克隆载体，其完整测序已经完成。所有需要在其他细菌表达的基因已经从它的前体质粒 PBR_{322} 中删除。大肠杆菌 K_{12} 是一种非致病性菌株，它不能在健康人和动物的消化道中持久克隆。如果所要插入的外源 DNA 表达产物不要求更高级别的生物安全水平，那么大肠杆菌 K_{12}/pUC_{18} 可以在一级生物安全水平下按常规的遗传工程实验进行。

2. 供体和克隆 DNA

转基因时不仅要考虑所使用的宿主/载体系统，还要考虑被克隆的 DNA 的性质，尤其来自致病微生物时。当然不是所有致病微生物的基因都具有毒力因子。因此，那些不参与致病性的已知特性的 DNA 序列的插入，可能不需要进一步的安全措施。

基因产物是否具有潜在的药理学活性是要考虑的一项重要因素。因此，克隆编码毒素一类的蛋白基因需要较高的生物安全水平。当一些蛋白质具有药理学活性时，采用真核病毒载体过量表达这些基因产物会产生难以预料的结果。

3. 用于基因转移的病毒载体

病毒载体可以用于将基因有效地转移到其他细胞。这样的载体缺少病毒复制的某些基因，可以在能够补充这些缺陷的细胞株内繁殖。

这类病毒载体的储存液中可能污染了可复制病毒，这些载体操作时应采用与用于获得这些载体的母体腺病毒相同的生物安全水平。

4. 转基因动物

目前，转基因动物已经应用于疫苗等生物制品的生产。转基因动物应当在适合外源性基因产物特性的防护水平下进行操作。对于每一种新的转基因动物，应当通过详细研究来确定动物的感染途径、感染所需的病毒接种量以及感染动物传播病毒的范围。此外，应确保对受体转基因动物严加防护。

二、转基因操作的生物安全问题

转基因过程中操作的对象主要是病毒、细菌等微生物和一些实验动植物。它们可以是转基因试验中的 DNA 供体、载体、宿主乃至遗传嵌合体。这些对象的致病性、致癌性、抗药性、转移性和生态环境效应往往千差万别，一旦操作不当就会引起严重后果。

事故案例 ≫ ▶ ▶

2000 年某国发生实验室获得性脑膜炎感染疑似致死案例；2004～2005 年俄罗斯国家病毒学和生物工艺学研究中心实验室的 1 名女科学家意外被一根带有埃博拉病毒的针刺破手，感染患病后身亡；2004 年新加坡和我国台湾、北京发生了多起实验室 SARS 感染事件。

这些实验室感染事故不仅给实验人员造成很大危害，而且易引发社会公众的恐慌，对社会安定、环境安全、国际形象乃至国民经济的发展造成不良影响。

---

1. 转基因操作的潜在危险

转基因 DNA 操作的潜在危害主要表现在两个方面：一是实验生物感染操作者所造成的实验室性感染，二是带有重组 DNA 的载体或受体的动植物、细菌及病毒逃逸出实验室造成社会性污染。

（1）转基因操作人员的感染途径　转基因操作人员的感染途径很多，诸如操作者体表污染、进食等将实验微生物带进消化道、操作失误导致伤口感染等都是常见的感染方式。此外，实验材料形成的气溶胶进入人员呼吸道也是造成感染的重要原因之一。转基因人员感染的危害，一方面在于危害实验室工作人员的身体健康（如致癌、致病）；另一方面若转基因生物通过操作者的社会活动带至外界扩散，则可能进一步危害社会。

（2）转基因生物造成社会性污染途径　转基因生物逃逸出实验室引起社会性污染的主要途径有：①通过空气进入外界环境；②借助空气和食物进入操作者体内和体表再带入外界环境中；③昆虫和啮齿类动物侵入实验室被污染并进入外界环境；④实验的废弃物和污物未处理彻底而污染环境；⑤实验设计及管理不完善也会造成环境扩散。

2. 转基因操作潜在危害的防止措施

转基因操作潜在的危险一旦发生将可能导致很大的危害。如转基因使用的微生物很多能够使人畜及农作物致病，一旦进入外界很可能引起疾病流行和农业病害。一些带有重组 DNA 的细菌或病毒可能在环境中获得旺盛的繁殖力并伴有高度的传染性、侵袭性和抗药性，进入自然界会引起疾病流行。此外，带有毒性或抗性基因的遗传工程体一旦进入环境，其所带重组 DNA 在不同生物类型间转移可能给其他生物的生活状态带来影响。

转基因操作的潜在危害可以采用适当措施防止。首先，要求从事转基因操作的实验人员具备良好的微生物操作能力以及关于安全防护的基本知识。同时要正确认识实验生物的危害等级以及有关的转基因工作的类型，从而采用不同的操作技术和封闭措施。最后，加强立法管理也是保障安全的重要环节。

三、转基因生物体的危害评估

由于许多生物制品具有活性，与转基因生物致病性有密切关系，当构建或操作转基因生物时，危险度评估非常重要，这必须考虑到供体和受体生物以及环境的特性。例如，转移供体生物的致病 DNA 序列，它可能增加受体生物的毒力。当制造表达如毒素等具有药理学活性蛋白的遗传修饰生物体时，必须进行危险度评估。一些具有药理学活性的蛋白质只有在高表达水平下才有毒性，需要评估蛋白质在某种重组生物中的表达水平，以及在意外暴露时，具有毒性时的蛋白质水平。

转基因致性状改变的危害分析

转基因致性状改变的危害分析内容包括：①感染性或致病性是否增高；②受体的任何性能突变是否可以因插入外源基因而克服；③外源基因是否可以编码其他生物体的致病决定簇；④如果外源 DNA 确实含有致病决定簇，那么是否可以预知该基因能否造成 GMO 的致病性；⑤是否可以得到治疗；⑥GMO 对于抗生素或其他治疗方式的敏感性是否会受遗传修饰结果的影响；⑦是否可以完全清除 GMO。

1. 插入基因（供体生物）所直接引起的危害评估

此类危害评估主要包括毒素、细胞因子、激素、基因表达调节剂、毒力因子或增强子、致瘤基因序列、抗生素耐药性、变态反应原等。

在考虑上述因素时，应包括达到生物学或药理学活性所需的表达水平评估。

2. 与受体/宿主有关的危害评估

此类危害评估主要包括宿主的易感性，宿主菌株的致病性（包括毒力、感染性和毒素产物），宿主范围的变化，接受免疫状况，暴露后果等。

3. 现有病原体性状改变引起的危害评估

由于现有非致病性或致病性特征发生了变化，导致可能出现不利的反应。转基因操作可能改变生物体的致病性。

四、转基因过程中的安全管理

（一）基本原则

在生物制品的转基因操作中，对职业性接触生物危害物质的操作人员必须采取以下 3 条防护策略：①积极防止操作人员在污染环境中接触危害物质；②努力设法封闭生物危害材料产生的根源，以防止其向操作的周围环境释放；③尽量减少危害材料向周围环境意外释放所造成的后果。

为了达到安全目的，通过严格操作技术、重视安全教育、提高技术素质、精心设计防护设备与实验室设施，以及选用合适的防护服装、完善管理制度等多方面努力，使操作人员暴露于潜在危害材料中所受的影响大大降低。

这些防护策略的基本观点，归根结底就是对生物危害采取遏制、封闭或称为控制的方式，防患于未然，这也是生物安全技术的出发点。

（二）安全控制

目前，人类对于致病因子的传染途径、发病机理已有深入的了解，同时在实验室中对有关操作规程、实验步骤和安全守则也积累了丰富的经验，并且对于意外感染、环境污染、废料排放等也拥有较为完善的处理措施，因而对于转基因操作能够提出一系列完整而又行之有效的防护措施。归纳起来，就是控制。

控制可以分为物理控制和生物控制两类。

1. 物理控制

相关知识 ❯❯ ❯❯

物理控制等级

美国 NIH 将物理控制等级定为 BL1、BL2、BL3、BL4 四级。等级数字越大，控制要求越高。如 BL4 等级提供了最严格的控制条件，它是针对具有高度潜在危险的试验；而 BL1 是最不严格的，针对的是那些证明没有生物危险的试验，其他国家的分级也大同小异。

物理控制是对转基因操作中涉及的生物危害材料，从物理学的角度进行控制的一种防护方法。其目的是限制和控制含有重组 DNA 分子的有机体与工作人员和自然环境之间接触的可能性。它涉及操作方法、实验设备、实验室建筑和相应的设施等方面的内容，可归纳为以下 4 项。

（1）实验操作规程　物理控制的基本内容来自微生物实验的标准操作，它是转基因实验安全的首要环节。长期以来，在微生物实验室已经建立了相当完善的无菌操作、清洗、灭菌、溢出处理等常规操作，包括基本操作步骤、防护服装、清洁卫生、废料管理等内容。这也是任何一级物理控制的基础。

（2）特殊操作要求　对于不同危害程度的生物材料，从物理控制出发并侧重于管理，针对不同等级分别提出特殊的要求，包括标志制定，操作人员、实验动物和物料的出入规定，紧急应变计划等安全守则，无论是直接地还是间接地从事这类操作的人员都要通过培训掌握这些特殊要求。必须建立人员分工负责制，以保证这些要求的贯彻。

相关知识 ❯❯ ❯❯

屏障的种类

屏障是物理控制的常用方法，通过采用封闭设备和隔离设施构建而成。根据它们所处的地位和作用，设有一级屏障与二级屏障两道防线。

1. 一级屏障

在转基因操作中使用的生物安全工作台、带有罩壳的离心机、超声振荡器等封闭设备、仪器称为一级屏障或主屏障。一级屏障可由结构屏障、空气屏障、过滤屏障、灭活屏障 4 种单元构成。可按照不同的实验要求和安全等级进行组合，构成相应的封闭实验设备或设施。

2. 二级屏障

二级屏障是一级屏障的外围设施。实验室本身就是二级屏障，能够在一级屏障失效或其外部发生意外时，使其他实验室及周围人群受到保护。整个实验室的墙壁、地坪、天花板等建筑构件和通风管道等设施均应符合一定要求。

这两种屏障根据实验性质和安全等级的不同要求可以有多种多样的组合形式。

（3）封闭设备　转基因实验有关培养的仪器设备或装置，根据无菌要求都应该是密闭的。根据物理控制的规定，还必须对有关移种、收获、离心、破壁、移液等操作采取封闭措施，以达到对有关生物材料菌体、菌液或气溶胶进行隔离、遏制亦即控制的要求。除了可以选用已有的密闭仪器设备之外，还必须采用生物安全工作台之类的封闭设备作为屏障。

（4）封闭实验室及相应设施　现代化的转基因实验室是物理控制的一种十分有效的辅助手段。它是一套封闭的实验场所，包括实验室、车间、厂房和相应的通风等公用系统。根据不同生物安全等级的物理控制要求，对建筑物从地面、墙、天花板、门窗以至走廊和实验台等配套设施以及相应的动物房等结构都有严格的规定，对辅助功能的通风、净化设施也有具体的规定和要求。

在以上控制措施中，重点是由操作规程所提供的基本物理控制手段。

拓展提高 ▶ ▶ ▶

一级屏障构成

（1）结构屏障　是由一种能隔离生物危害的不透性材料构成的封闭式的箱体或橱柜，部分设有视窗，具有以垫片密封的进、出口。其材料耐磨、防腐、耐侵蚀，能承受一定压力，可保持密闭不漏。使用中必须进行严密性检查并定期校验。这是一种绝对封闭的屏障方式。

（2）空气屏障　是以一定的均匀流速和单向流的气流所构成的一种屏障，多数在负压下进行操作。生物安全工作台内穿过工作台面和开口处的空气气流就是这一类屏障。其气流速度必须大于污染物逆向运动的流速，并能克服操作活动产生的气流扰动和涡流。

（3）过滤屏障　是采用高效空气过滤器对操作设备或系统中带有颗粒状、污染物的进风、排风或回风进行过滤处理的屏障方式。对于直径 $\geqslant 0.3\mu m$ 的颗粒，这种过滤器的过滤效率至少要达到 99.97%。当阻力增加到初阻 1 倍时就必须更换过滤器，以免工作台内的气流速度过低而影响使用效果。

（4）灭活屏障　是通过灭菌、焚烧等措施将污染物灭活而达到屏障的要求。如在封闭实验室安装加压灭菌柜，对器械、材料进行蒸汽灭菌；在传递窗口进行紫外线照射或化学浸泡等方式处理。灭活屏障可按使用需要设置，操作人员必须掌握其操作特性和适应范围，才能确保使用效果。

---

2. 生物控制

随着转基因技术在生物制品生产中的发展，对于具有潜在生物危害的重组 DNA 有机体，要从生物学角度建立安全防护方法，即利用一些经过基因改造的有机体作为宿主-载体系统，使它们除了在特定的人工条件下以外，在实验室外部几乎没有生存、繁殖和转移的可能性。这样，即使这类重组体不慎泄漏出物理控制屏障的设备及设施，也无法在实验室外继续存活，从而达到控制的目的，这就是生物控制。

在考虑生物控制时，应该将重组 DNA 的质粒、细胞器或病毒等载体和载体赖以繁殖的细菌、动物或植物细胞宿主一并加以考虑。现已建立了以原核生物和低等真核生物作为宿主的生物控制系统，对使用原核生物或低等真核生物作为新的宿主-载体系统及其鉴定、申报、审批都有一定要求；同时，对采用动物或植物细胞作为宿主的宿主-载体系统，也都必须按照安全评价的要求，通过一定的程序才能进行操作。

3. 物理控制与生物控制的组合

为了达到生物安全防护的目的，特别是针对较高的控制等级要求，可以将物理控制与生物控制进行组合，以达到不同生物安全等级的要求。

任务 2　熟知微生物培养过程中的安全管理

想一想 ▶ ▶ ▶

1. 我们平时在何种情况下被哪些微生物困扰过？（例如，墙壁、蔬菜、食品等）
2. 你认为非典、甲流这些病原体的培养有什么特别之处？

通过对上面两个问题的思考，可能大家已经知道在生活和实践中我们总是有意或无意进行着微生物的培养。在生物制品的研究制备过程中，经常进行各类微生物的培养工作，其中能引起人类疾病的称为病原微生物，包括真菌、细菌、病毒等，都可对人类健康和社会造成严重危害。在微生物培养过程中工作人员受到病原性微生物意外感染的报道并不鲜见，如法国巴黎生物实验室的几名科学家在做动物病体实验时，意外感染致命性炭疽病菌，其中五人紧急隔离至医院接受治疗等。

与此同时，随着生物制品产业的不断发展，微生物培养规模日益扩大，一些原先被认为是非病原性且有工业价值的微生物的孢子和有关产物所散发的气溶胶，也会使产业人员发生不同程度的过敏症状，甚至影响到周围环境，造成难以挽回的损失。这就是我们要讲到的微生物培养安全管理。

一、微生物培养引起的生物危害认识

事故统计 ▶ ▶ ▶

1. 1949 年第一次系统调查微生物培养引起生物危害的结果表明，有 222 例病毒感染，其中 21 例死亡。这些感染病例中的 1/3 被认为可能与接触受感染的材料有关。

2. 1951 年对 5000 所实验室进行统计，介绍了 1342 例实验室获得性感染，其中布鲁氏菌感染居多，其余为结核杆菌、兔热病菌、伤寒菌以及链球菌感染，死亡率占总数的 3%。这项调查到 1979 年累计共有 4079 例实验室获得性感染，除以上几种细菌外，以肝炎、委内瑞拉马脑炎等病毒感染的报道较多，而这些感染中的 80% 以上不能确认其感染源，而认为可能是暴露在传染性气溶胶中的缘故。

3. 1974 年丹麦临床化学实验室职工的肝炎感染为每年千名职工中有 2.3 例，几乎为正常人群的 7 倍；1976 年研究结果表明，实验室工作人员的结核病与肝炎的发病率都普遍高于一般人群。

……

由此可见，微生物培养引起的生物危害应引起高度重视。

在 1951～1979 年总累计 4079 件实验室获得性疾病案例所感染的病原微生物中，细菌占 1704 例、病毒占 1179 例、立克次体占 598 例、霉菌占 354 例、衣原体占 128 例、寄生虫占 116 例，其致病因子分别来自 38 种细菌、84 种病毒、16 种寄生虫、9 种立克次体、9 种霉菌与 3 种衣原体，其中有些致病菌的感染尤为严重。例如伤寒与结核病共占细菌感染总数的 65%；肝炎、委内瑞拉马脑炎占病毒感染总数的 41%；皮肤霉菌、球孢子虫病共占霉菌感染总数的 72%；Q 热（贝纳氏立克次体）、鹦鹉病、Scrub 斑疹伤寒共占立克次体感染总数的 80%。实验室获得性疾病的总数中，记载数字远远低于实际发病数，能验证为意外事故的占 20%，其余则原因不明或难以确定。

此外，对通过验证的意外事故引起疾病的后果进行分析，有 70% 完全康复，26% 终身伤残，4% 死亡。按受特定病原体感染死亡的人数除以该病原体引起的发病数计算，各种情况的死亡率分别为：细菌 6.6%、病毒 4.7%、立克次体 4.2%、霉菌 1.4%、衣原体 7.8%、寄生虫 1.7%。

值得注意的是，由于微生物的新种、新属乃至新目的不断发现，在实验室获得性的病例中，HIV、疱疹口炎病毒、登革热虫媒病毒等的感染偶有发现。表 8-5 反映了这种细菌感染病例明显减少、病毒感染者有所增加的现象。

表 8-5　实验室获得性感染的病原因子变化趋向

记载年份		1925～1934 年	1945～1954 年	1965～1974 年
病原因子占总感染的比例/%	细菌	67	40	13
	病毒	15	22	59
	立克次体	6	22	3
	霉菌	2	8	20
	其他	10	8	6

此外，感染对象的主要工作岗位 59％为研究工作，17％为诊断工作，3.4％为生物制品生产，2.7％为教师，还有 17.9％无法分类。但研究人员的危险性要比公共卫生和临床实验人员高 7～8 倍（表 8-6）。

表 8-6　不同职业的感染率

工作人员	感染率/％	工作人员	感染率/％
研究人员	82.3	办事人员	6.2
操作人员	11.5		

由此可见，微生物培养的生物危害值得高度警惕，其危害程度远超一般公害。还应指出，微生物培养生物危害的受害者首先是生物危害的受害者，同时又是生物危害的传播者，这种现象必须引起高度重视。

二、影响生物危害的因素

生物危害的根源为病原性微生物，其危害程度的大小取决于病原性微生物的种属、形态、抗原、变异等特性以及人体的免疫防御功能。病原性微生物形成生物危害的致病作用，取决于以下因素。

1. 毒力

致病性的强弱以毒力表示，各种病原性微生物的毒力常不一致，有的同一微生物的毒力也有强毒、弱毒和无毒之分。毒力具有量的概念，以通过一定途径杀死一定体重或年龄的某种动物半数所需的毒素量表示，称之为半数致死量（LD_{50}）。

2. 侵袭力

侵袭力是指病原性微生物突破机体防御机能，在体内生长繁殖、蔓延扩散的能力。侵袭力主要取决于其所包含的对机体具有侵袭作用的胞外酶和表面结构两方面的特性。

（1）侵袭性酶　病原性微生物含有一种特定的胞外酶，对机体组织具有侵袭作用，被称为侵袭性酶，它不但可以保护菌体本身不被机体的吞噬细胞所杀灭，反而可以促使菌体在机体内的直接扩散。

（2）表面结构　病原性微生物在引起感染时，首先必须通过表面结构物质黏附在宿主细胞的特异性受体上，才不致被排出或吞噬。有些菌体附有菌毛，如淋病双球菌的菌毛能使其菌体黏附在黏膜上表皮细胞的表面，不易被尿液冲刷排出。

3. 数量

病原性微生物对机体的感染需要达到一定的数量级才能致病，见表 8-7。数量的多少取决于病原性微生物的毒力与机体免疫力的高低。在同样条件下，含有活性微生物材料的致病作用所需的数量与暴露方式和宿主健康状况有关。例如，空气中单独存在的微生物并不足以使人感染发病。人的呼吸道感染，必须等到感染性的气溶胶在呼吸道中沉积并停留一定时间，积累到相当浓度之后，才会发作。同时，数量也是非病原性微生物能否引起过敏症状的决定因素。

表 8-7　不同病原体对人的感染剂量

病原体名称	致病个数	接种方式
Q 热（贝纳氏立克次体）	10	吸入
伤寒	105	吞咽
委内瑞拉马脑炎	1	皮下
A2 流感病毒	790	吸入

从表 8-8 可以看出，通过吞咽方式感染的细菌要有较大剂量才能致病，而某些通过吸入方式感染的病原体很低的剂量就可能致病。有资料显示，同一种病毒通过吞咽、吸入两种方式感染的剂量有时可相差 100 万倍。这说明在操作环境中，防止气溶胶的生成并采取防护措施以回避感染的接触方式是十分重要的。

4. 侵入部位

各种病原性微生物都有各自的特定侵入部位，没有适当的侵入部位，不能造成感染。侵入部位与其习性、对宿主的体表黏附、穿透细胞和体内扩散能力有关。例如，伤寒杆菌只有经过口腔摄入消化道，再定位于小肠淋巴结中生长繁殖，达到一定数量，然后进入血液循环系统而致病；流感病毒的传染则通过呼吸道吸入，黏附于上呼吸道上皮细胞表面，较小的气溶胶颗粒可侵入至肺部造成感染。

三、生物危害性的分级

世界卫生组织（WHO）根据具有感染性微生物的相对危害性，对其进行了分级，见表 8-8。

表 8-8　不同危害程度感染性微生物的分级

危害级别	危害程度
第 Ⅰ 级	对个人和群体无危害性或危害性很低，未必可能对人或动物致病的微生物
第 Ⅱ 级	对个人有轻度危害性，对群体危害性低，其病原体可使人或动物致病，但对实验室工作者、群体、家畜或环境未必可能有严重危害性。暴露于实验室后可能引发实验室感染，但有有效的治疗和预防措施，而且传染性有限
第 Ⅲ 级	对个人有高度危害性，对群体有低度危害性。其病原体通常使人或动物产生严重疾病，但一般不致传染。有有效的治疗和预防措施
第 Ⅳ 级	对个人和群体均有高度危害性。其病原体通常使人或动物产生严重疾病，且易于直接或间接传染

表 8-8 中，WHO 对感染性微生物危害性的分级仅为一个指导原则。我国对各类病原体的分类基本上是根据《中国医学微生物菌种保藏管理办法》，当利用这些微生物制造生物制品时亦以此为依据。我国根据各种病原体的危害性对微生物培养危害级别的划分，基本上与WHO 的原则一致，只是排列顺序相反而已。

《中国医学微生物菌种保藏管理办法》对病原体分类

我国根据各种病原体的危害性对微生物培养危害级别的划分，基本上与 WHO 的原则一致，只是排列顺序相反而已。

（1）第一类病原体　是实验室感染机会多、感染后发病的可能性大、症状重并可危及生命，缺乏有效的预防措施，以及传染性强、对人群危害大的烈性传染病，包括国内未发现的或虽已发现但无有效防治措施的传染病的病原体。如鼠疫耶尔森氏菌、霍乱弧菌、黄热病病毒、新疆出血热病毒、艾滋病病毒等。

（2）第二类病原体　是实验室感染机会多、感染后症状较重可危及生命，发病后不易治疗，对人群危害较大的传染病的病原体。如炭疽芽孢杆菌、肉毒梭菌、结核分枝杆菌、狂犬病病毒、肝炎病毒（甲、乙、丙等型）等。

（3）第三类病原体　第三类病原体是仅具一般危害性，能引起实验室感染机会较少，在一般微生物实验室中用一般措施能控制感染和传播，或有对之有效的免疫预防措施的病原体。如肺炎双球菌、链球菌、白喉棒杆菌、破伤风梭菌、流感病毒等。

（4）第四类病原体　是可用于制造生物制品的各种减毒、弱毒及不属于上述第一、第二、第三类的各种低致病性微生物。

四、微生物培养过程中常见操作的危险

微生物培养操作的潜在危险以气溶胶释放最为主要，此外还有因操作不慎、疏忽大意等而导致病原性微生物溢出并直接接触实验人员的皮肤以及眼、口、鼻等处而造成感染事故。

1. 气溶胶的危害

病原微生物对培养操作者由气溶胶引起的感染占意外事故的 80％。气溶胶是以胶体状态悬浮在空气中的液体或固体微粒，直径一般约 $1\sim5\mu m$，肉眼很难发现。气溶胶的颗粒大小与其生物危害程度关系密切，颗粒越小，在空气中悬浮存在时间就越长，越容易被吸入人体呼吸系统或被破损的皮肤、黏膜所吸收。在微生物培养过程中，所产生的气溶胶含有多种病原体，使操作者造成获得性感染。

吸入的气溶胶对操作者的危害性与以下因素有关：气溶胶所包含病原微生物的致病力及数量、气溶胶中病原微生物对外界环境条件的适应程度、被吸入气溶胶颗粒大小及病原微生物侵入机体深度等。

2. 气溶胶的产生

操作过程中，诸如锯开菌毒种安瓿、接种培养、移液或移种、平皿分离培养、液体通气培养、菌体和病毒的收集、菌或毒种冻干等操作都会产生气溶胶，产生气溶胶的量及粒径大小见表 8-9。

表 8-9　不同操作产生气溶胶的量及粒径大小

操作名称	操作情况	活菌落计数 /（个/0.028m³）	颗粒平均直径 /μm
培养物混合	用吸管	6.0	3.5
	用涡流混合器	0.0	0.0
	混合器溢出	9.4	4.8
组织捣碎	操作时加盖	119.0	1.9
	操作时去盖	1500.0	1.7
超声振荡		6.0	4.8
培养物冻干	小心开盖	134.0	10.0
	坠落并破碎	4838.0	10.0

（1）移液操作　使用移液管时常能引起串珠、液膜爆裂等气溶胶化现象。当移液管内液体以一定高度流出时，先形成丝状，再断为细滴，出现"串珠"现象，可以产生数以万计的直径为 $1\sim10\mu m$ 的气溶胶。微生物培养的移液操作应该避免口吸，在吸管的一端塞进小棉花球的做法也不可取，这种棉球微生物易于穿透，也不能防尘，一旦潮湿容易滋生杂菌。一般采用吸耳球进行移液操作时，排出的液体受到强力喷射，空气穿进液膜，出现液膜爆裂。同时当较大的液滴在接受移液的液层或平皿表面溅射时，形成直径为 $10\mu m$ 以下的气溶胶，向四周扩散。这一现象在连续稀释操作过程中尤为突出。稀释比愈大，气溶胶中固体含量愈少，滴核也愈小，沉降速度愈慢，被人吸入的机会愈多；而且，稀释操作伴随必要的搅拌，也会产生气泡，加上如此反复的吸吹动作，潜在的危险更大。

（2）启开菌毒种操作　一般冻干菌、毒种有易折安瓿或带胶塞的西林瓶，或硬质玻璃的球形安瓿，冻干后抽真空封口，因此在启开菌种时，往往采用液体滴炸法或用钢锯锯开，在操作时必然产生大量气溶胶，包含所启开的致病微生物。

（3）接种操作　以火焰灼烧被培养液沾染的接种棒时，上面原来黏附的孢子悬浮液或菌丝等半固体状物料会有相当数量以肉眼可见的气溶胶颗粒散落于实验台面；当热环浸入液体培养基时产生淬火现象，可以看到料液急剧蒸发、喷溅而出；在接种操作时，震动接种棒，可发生液滴脱落现象。此外，从三角瓶蘸出培养液、从平皿挑出菌落，特别是撬起较干的硬培养基等步骤，也会产生类似现象。如果操作不慎造成试管内壁或瓶口污染，则会导致棉塞或其塞盖的二次污染、散布气溶胶或沾污手指。

（4）琼脂培养　琼脂平板培养时，在培养箱取出培养皿并移去上盖时，会滴出夹带病原性微生物的冷凝液，污染手指及工作台表面；黏附在平皿边缘的液体所形成的液膜，也会在移开上盖过程中产生滴溅而造成污染；而若是打开干燥的培养皿，其边缘上黏附的菌落或孢子也可能逸出。

此外，打翻或从高处坠落培养皿的事故常有发生。如果发生玻璃破碎的情况，不仅会散发大量气溶胶，而且还有培养物沾污玻璃碎片对现场和工作人员造成直接污染。

值得一提的是，螨类和其他节肢动物的侵害现象也是一种并非罕见的危害，不仅使培养物本身受到污染，而且通过螨类和节肢动物的口部和足肢的接触沾染使病原性微生物得到传播，这往往难以察觉。

（5）深层培养　摇瓶培养或小型发酵罐培养过程中的气液混合是产生气溶胶的重要途径。深层培养操作的摇瓶和通气都能导致液相分散，促使气液接触，随着气液均匀混合所产生的大量气泡，导致液膜爆裂、气泡破碎，产生大量气溶胶。这些气溶胶可以通过摇瓶的纱布在摇瓶箱或摇瓶间扩散；如为发酵罐培养，则气溶胶随着发酵排气向大气不断释放。特别是深层培养过程排气所散发的气溶胶往往夹带微生物的代谢产物，如果这种代谢产物为带有毒性的生物活性物质，则更应该给以重视。气液混合过程的通气比愈大或投入的功率愈大，气溶胶化也愈严重。随着小型发酵罐的广泛使用，这种在小型培养环境中大量释放气溶胶的现象更值得重视。

（6）离心分离　所有离心机在分离、匀化固体悬浮液的过程中都能产生气溶胶，这是因为离心力使出料口的液滴向外抛出形成微滴，散布于周围环境中。即使全密封的转子结构在高转速和真空条件下运行，也难免出现泄漏。此外，微生物实验室离心操作偶尔也出现离心管破碎、上盖松动和机鼓损伤等意外，不仅产生气溶胶，还会使操作人员接触含有病原体的料液。在离心管破碎时，往往因转子不平衡而产生震动，加剧气溶胶化，在打开机鼓的瞬间气溶胶大量散发，危害更为严重。

（7）注射操作　针头戳伤引起感染为实验室最常见的事故之一。通过容器的橡皮塞盖移出培养物操作，在拔出针头时会产生一定数量的气溶胶；当注射器充满以后，针头部位的漏液沾污手指或工作台面等现象比较常见；针头与针筒完全脱落的情况也会发生。此外，在菌液冻干过程中，采用注射器针头朝下的注入操作，与移液管的排出完全一样，且压力大，喷溅或夹带发泡现象更为严重。

（8）塞盖操作　从盛放菌液或培养物的器皿移去棉花塞、瓶塞、橡皮塞等操作十分普遍，而散发气溶胶则有多种方式。如摇瓶培养装料较少，液层以上空间充满气溶胶，在拔去通气塞的瞬间气溶胶随之逸出。超声破碎菌体或捣碎机处理操作时的高浓度气溶胶，可以由盖板缝隙泄漏。

另一种情况是容器的塞子或顶盖已被菌液所浸湿，菌体开始滋生，有的甚至结成痂皮，在打开塞盖时可以出现由液膜爆裂所形成的气溶胶，或者黏附于塞盖的半固体状菌体颗粒脱落，造成污染。

此外，工作人员手指直接接触沾有病原微生物的液体或结痂的瓶塞或容器口边时，易被感染、被划伤的危险也不可忽视。

（9）其他　微生物培养过程中应用的器械、器皿形式繁多，日新月异，工作人员接触这类操作手段所出现的溢出和伤害事故也难以避免。例如组织捣碎机的刀片损伤、高压匀浆机的喷料、玻璃发酵罐的爆裂、传感器接口的泄漏等都会增加气溶胶外溢或接触病原微生物的机会。

此外，这些年来实验室用塑料器皿逐渐增多，其静电效应的影响亦不容忽视。由于静电吸引可以捕集气溶胶，而静电排斥则可以释放气溶胶，因此，这类带电荷的塑料制品往往具有夹带和传播气溶胶的双重作用，必须重视。

以上介绍的仅仅是正常操作情况下所存在的潜在危险。当然，在微生物培养过程中如果发生其他一些显而易见的思想麻痹大意、操作漫不经心、清洁状况不良、规章制度不严以及设备"跑、冒、滴、漏"等引起的严重溢出现象或事故，其危害程度和后果则更是不言而喻。

五、微生物培养中的安全控制

1. 微生物标本的安全技术

培养标本的收集、转移和接受不当是导致工作人员被感染的一个重要因素。装标本的容器通常采用玻璃或塑料容器，必须坚固、无裂口，加盖或加塞后应无泄漏，容器外壁不应沾染其他物质。容器上应有正确标签，以便识别，容器最好再用塑料袋包装并加封。随附的标本说明书不应包在容器内，应分别装在另一封套内。属于第Ⅲ级病原体，如肝炎或艾滋病病毒等标本，在容器外面和说明材料中均应有"有感染危险"的特殊显著标记。

有传染性或可疑传染性标本转移或运输时，必须采用两级容器，内有固定支架以保持容器直立。此两级容器的材料可用塑料或金属制成，必须能经受高温或化学物质的消毒处理。

常规接受大量标本的培养室，应有专用的房间或指定的区域，不应与一般实验室或其他操作混在一起。

接受和启封标本时，对有破损的容器，应由专业人员协同处置，并准备好消毒剂。对有"有感染危险"标志的容器，最好在生物安全柜中启封和处置。

2. 培养中吸管和移液器的安全技术

严禁用口吸取液体，应使用移液器。在有传染源的液体中不可用空气吹打，亦不可用吸管抽吸混合或强烈排出。在移液时，当有感染性物质溅出时，为防止其扩散，应立即用浸过消毒剂的布或吸水纸处理，并立即将其高压灭菌。

使用全刻度吸管，可免去最后一滴的排出。吸管使用后立即浸入装有消毒剂的容器中，在处理前应浸泡 18～24h。在生物安全柜内放置使用吸管的容器，吸管不可放在安全柜外。装有针头的注射器不可用于移液，可用钝头套管代替。

3. 培养中感染性材料防扩散安全技术

移种微生物的接种环应全封闭，杆长度不超过 6cm；用接种环转移感染性材料，接种环通过火焰时，感染性物质有溅出的危险，最好使用一次性接种环，避免火焰消毒。

废弃的标本和培养物应放置于不泄漏的容器内，例如实验室用的塑料袋。

每次工作结束后，必须用适当的消毒剂对工作区进行消毒。

4. 防止感染性材料的食入及与皮肤和眼睛接触的安全技术

在进行微生物培养操作时，大的微滴（>5μm）易散落在工作台表面或工作人员手上，所以应经常洗手，并避免用手接触口和眼。在培养室内不可餐饮，亦不可将其储藏于实验室内。不可在实验室内吸烟、嚼口香糖和使用化妆品。

在操作有可能飞溅的感染性材料时，必须戴面罩或采取其他措施以保护面部，特别是眼睛。

5. 防止因刺破感染的安全技术

> **议一议 >>>**
>
> 德国汉堡 Bernhard Nocht 热带医学研究所的一名女科学家，在研究埃博拉病毒的一种亚种——*Ebola Zaire* 时，被含有埃博拉病毒的注射器刺到，被怀疑已经感染埃博拉病毒，目前并无被认可的埃博拉病毒治疗方案，而此病毒的致死率则高达 90%。
>
> 试分析微生物培养中针头感染的原因，操作时应注意哪些问题？

在微生物培养中，使用注射针头、巴斯德玻璃吸管或当玻璃破碎时，可能发生事故。应尽可能避免使用注射针头和注射器，必要时可用有套管的注射器或吸管，可用软塑料吸管代替玻璃吸管。接种微生物时发生玻璃容器破损时，在操作时要特别小心地进行处理。

6. 使用离心机的安全技术

属于生物危害第Ⅱ级的培养室中，所用离心管材料必须坚固，使用前应检查有无破损，装有标本的离心管必须加盖。一般离心管内液面至少距管口 2cm，用超速离心机除外。除非是特殊的高速离心机，在一般的微生物培养中不用角型离心机，因为即使离心管加盖，仍有液体可能溢出。

属于生物危害第Ⅲ、Ⅳ级的培养室中，可能含有感染性物质，必须与其他物质分别离心。离心管或瓶必须加螺旋盖，并将离心管或瓶加上Ⅲ级、Ⅳ级生物危害标志。离心时应加封安全罩。加封和开启安全罩，均应在生物安全柜中操作，并应经常对安全罩、离心机转头和离心杯进行消毒处理。

7. 使用匀浆器、振荡器及超声波器的安全技术

所使用的容器及盖子不得有裂纹或变形，瓶盖必须密封。在进行匀浆、振荡和超声波处理时，容器内部会产生压力，应选用聚四氟乙烯为材料的容器，并在这些设备上加坚固的外罩，以防止感染性物质播散。操作完毕后，应在生物安全柜内开启容器。

8. 使用冰箱和低温冰柜的安全技术

冰箱和低温冰柜应定期化冻和清洁，并将破损的试管和安瓿等及时处理掉。操作时应戴面罩和厚橡皮手套，清洁后应对柜内部进行消毒。所有放在冰箱和冰柜内的容器必须有明确的标签，包括内容物的名称、日期、存放人姓名等，没有标签或含糊不清的存放物均应作高压消毒处理。

9. 开启含有感染性冻干材料安瓿的安全技术

由于压力降低，在开启含冻干物质的安瓿时，其部分内容物可能突然溅出于空气中，因此应在生物安全柜内开启这类安瓿，开启安瓿可依下列步骤：

① 首先将安瓿外面进行消毒；
② 用手持软棉花垫握着安瓿，以保护手不受损伤；
③ 用烧红的玻璃棒接触安瓿的上端，使之破碎；
④ 小心处理破碎的安瓿玻璃，应作为污染物消毒；
⑤ 向安瓿内缓缓加入复溶液，避免产生泡沫；
⑥ 混匀后用移液器、有辅助装置的吸管或接种环取出安瓿的内容物。

任务 3　熟知发酵工艺过程中的安全管理

想一想 ▸▸▸

1. 为什么目前生物制品发酵工艺均采用纯种发酵？
2. 发酵工艺设备在安全上采取了哪些设计？
3. 微生物发酵和小规模培养在生物安全上有什么不同？

通过对上面三个问题的思考，可能大家已经知道生物制品的生产一直被认为是洁净而又安全的产业，特别是近代的生物制品产业已经形成一整套的标准操作规程和有关生产管理制度，但由于生物制品的操作对象为活性有机体，在生产操作过程中就不可避免地要接触这些致病性或非致病性的有机体及其有用的或有毒害的代谢产物，而接触的数量和暴露的时间远远超过研究实验阶段的小规模水平，从而会产生不同程度的潜在的生物危害。

通过多年的实践，生物制品在产业化过程中大都具有相当的生产规模，一些原先在实验室阶段被认为是安全的微生物在大规模生产以后，由于容积放大或数量增加、气溶胶的大量释放与浓度积累，以致产生不同程度的生物危害，甚至造成灾难性的后果；而一些众所周知的病原菌用于生产的产业化过程，由于加强防护措施、严格操作规程，却能确保安全生产。至于通过基因重组的工程菌在放大生产过程中，严格遵守生物安全法规的规定，也能够达到安全生产的要求。

> **事故案例** ▶ ▶ ▶
>
> 苏联从 20 世纪 60 年代大力发展单细胞蛋白质制造生产，列宁格勒附近的吉利斯工厂以假丝酵母为生产菌进行发酵，1987 年爆发了严重的蛋白污染事故，4000 多人发病，100 多人失去劳动力，8 名儿童致死。
>
> 由此可见，保持发酵过程中安全的重要性。

一、发酵工艺过程中存在的危险

（一）发酵操作过程的危险

1. 排气

好氧微生物深层培养的通气搅拌过程引入反应器内的无菌空气，经过气液分散供氧后，随即排出罐外。由于反应器内的均匀混合，无菌空气与培养液密切接触，排气时夹带的细微液滴、菌丝团以气溶胶的形式不断排放。这种现象，在较大的通气比条件下尤为严重。与此同时，由于排出的气体已接近饱和状态，在低于罐温的排气管道中逐步冷却，析出冷凝水，夹带液滴、气溶胶的现象更为突出。按培养液中的菌体浓度为 1×10^{12} 个/mL 计算，则可散发菌体数量为 5×10^9 个/min。由此不难推算出上百立方米计的大规模发酵罐经过数十个培养周期长时间排气，其夹带的菌体数量是十分惊人的。

2. 取样

取样操作过程中，培养液在罐压作用下进出取样口流入取样容器以前，与空气接触受到剪切、撞击作用而形成气溶胶；由于操作压力较高和流速过快所产生的喷射作用，产生气溶胶的同时，造成溢出现象。对于 $1m^3$ 发酵罐的实测结果表明，这种取样操作所产生的气溶胶，可使周围操作环境中的微生物含量由原先的 100cfu（菌落形成单位）$/m^3$，提高到 $330\sim500cfu/m^3$。此外，由于取样的需要，必须先行放出上次取样残存的培养液并将其收集于管道系统的附属装置之中，这个过程还易产生直接接触料液的危害。

3. 轴封泄漏

生物反应器搅拌装置的轴封是封闭操作的关键部位。大多数的生物反应器仍以机械密封为主，无论其结构为单端面还是双端面的密封形式，都有泄漏的可能。主要泄漏部位为随主轴旋转的动环与固定在罐盖轴封座上静环之间的接触端面，泄漏量可达 10mL/h 以上，严重磨损的端面在泡沫冲顶时尤为明显。其他部位如轴向和静环座的"O"形橡胶密封圈的老化现象与机械破损亦可造成不同程度的泄漏。双端面机械密封泄漏的物料在密封腔内，虽可随冷润液不断排出而不致产生气溶胶，但却造成冷润系统污染，并增加料液直接接触机会而产生危害。

4. 其他

在培养过程中，从小罐的种子接种到大罐的移种管道、放料等料液输送，都可能产生溢出和气溶胶散发现象。特别是放料操作，容积大，且在放料终点，少量料液连同压缩空气进出管道出口，气溶胶化十分严重。同时，发酵设备上接触料液的各种阀门、管件会由于结构不良或维护不严而产生"跑、冒、滴、漏"，都可能造成料液外泄和气溶胶散发现象。已有实测数据表明，一个发酵罐在管道泄漏进行维修时的现场，其气溶胶浓度可增至 600cfu/m³。

（二）发酵后处理过程中的危险

1. 发酵液过滤

此项操作常会发生料液直接接触的生物危害。无论是病原微生物培养的发酵液还是一般微生物培养具有毒害作用产物的发酵液，在过滤操作过程中都有同样情况发生。传统的用于分离菌体收集料液的板框压滤机操作，在进出料操作中，人员直接接触料液机会较多，特别是在滤渣洗涤和卸渣操作时，料液飞溅、半固体物料散落现象普遍存在，而在滤渣吹干操作时，气溶胶化极为严重。例如在某工程菌发酵中，每 15cm×15cm 面积上回收到的培养产物，在设备上为 390t，操作工人的防护服上可达 1100μg，而其靴套上则高达 3000μg。

2. 离心分离

离心分离机虽为密闭设备，但用于收集菌体和除去细胞碎片等分离操作时，其料液出口和自动连续出渣的排料口均有大量气溶胶散发。若为管式离心机的人工卸渣操作，则更难避免接触物料。在碟片式离心机分离发酵液操作现场，从 1m 以上高度实测气溶胶中的微生物浓度结果表明，即使在换气次数为 22 次/h 的通风车间内，每立方米内菌落生成单位仍可达到 4000cfu 左右，人工卸渣时则增高至 6830cfu；至于管式离心机操作的气溶胶化现象更为严重，可以高达 50000～90000cfu/m³。

3. 细胞破碎

生产上的细胞破碎常用高压匀浆机，在 60～100MPa 工作压力下，使细胞悬浮液从机内环隙喷出，其速度每秒可达数百米，以破碎细胞壁，释放胞内产物。该设备虽为完全密闭，但往往循环 2～4 次才能取得较高的破碎率，因而进出料时接触料液的机会增多。据实测，一般细胞破碎操作现场气溶胶中微生物浓度可以高达 3000cfu/m³。另一种设备为高速珠磨机，气溶胶散发较少，但其料液损失较大，并有进出料操作和清洗玻璃珠等操作过程，产生直接接触料液的潜在生物危害。

4. 干燥

生物制品有时以结晶或粉末形式作为最终成品，涉及干燥、包装等固体物料处理、输送操作，其中固体物料的"泼洒"现象可出现于各个生产环节。较大颗粒洒落时易于直接接触操作人员的皮肤，而较细颗粒飞扬时则极易被人体吸入，加上最终成品的纯度远远超过原有料液中的含量，少量接触即可导致大剂量的感染，因而潜在危害更大。

5. 其他

后处理工序中涉及的单元操作较多，设备的密闭程度远低于发酵设备，各项设备之间的连接和物料输送的各个环节尚难达到完全密闭的模块结构要求，如精制操作的层析柱上样、超滤设备的进料都不可避免地会成为气溶胶发生源，这也是后处理工序生物安全的薄弱环节，应该采取相应的屏蔽系统予以防护。

（三）发酵废水的危险

提取分离活性物质过程所产生的废水均含有大量的有机物和病原体，在废水处理或用于灌溉时造成不同程度的危害。实测结果表明，一座日处理 9.5 万吨的污水工厂处理含菌量为 10^7 个/L 以上的微生物废水，在污水厂下风向 1.28km 处测得大量微生物，而处理后的废水用于灌溉时，仍有微生物污染。

二、发酵工艺过程中的安全控制

（一）采用发酵生产有关的规范

利用转基因技术重组有机体进行生物制品的中试和生产已有近 30 年的历史。绝大多数工业应用的转基因源必须采用本质上就是低度危害的有机体，从而确保只需要极低的控制条件即可达到生物安全的要求。发酵生产过程中遵守各种相关规范的要求，能保障生产人员在生产过程中的安全性和产品质量。如《生物安全实验室建筑技术规范》要求生物安全实验室的建设应切实遵循物理隔离的建筑技术原则，以生物安全为核心，确保实验人员的安全和实验室周围环境的安全等要求。

（二）根据发酵阶段采用适当物理控制等级

大规模发酵过程常用的物理控制等级有以下四个级别。

1. GLSP 级

该物理控制等级适用于大规模发酵已有长期大规模安全使用的、活的、非致病性的、不产生毒性的有机体；同样也可用于具有固定的环境限制因素、在大规模装置中可以最佳生长、在外界环境中只能有限存活而不致产生有害后果的有机体。该等级物理控制的基本要素为：①制定并贯彻人身安全操作规程和卫生管理规章制度以及安全措施；②提供足够的书面指南并培训操作人员保持工作场所整洁以及控制生物、化学或物理的暴露水平不致影响职工健康和安全；③提供更衣与洗手设施以及劳动防护服装；④禁止在工作场所饮食、吸烟、口吸移液管、使用化妆品；⑤实施内部事故报告制度；⑥通过适当操作步骤控制气溶胶的产生，以减少操作系统的取样、加料、移种、出料和排放过程中释放有机体；⑦贯彻处理培养物大量流失的事故应急计划。

2. BL1-LS 级

该物理控制等级适用于大规模研究和生产在培养阶段需要采用 BL1 级控制的有机体。该等级物理控制的基本要素为：①建立减少有机体逃逸潜在可能性的密闭系统；②采取有效步骤对所有离开封闭系统的有机体予以灭活；③将在封闭系统中取样、加料、物料输送过程产生的气溶胶减少到最低限度，最好采用工程控制手段，如带有过滤器的密闭取样装置；④必须处理所有排气，尽量减少有机体向周围环境释放；⑤在维修之前，对于封闭系统中所有的设备，必须采取经过验证的灭菌操作进行灭菌；⑥确认已经建立处理有机体大量溢出事故的前应急计划。

3. BL2-LS 级

该物理控制等级适用于在培养阶段需要采用 BL2 级控制的有机体。该等级的关键包括：①贯彻 BL1-LS 级的全部规定，还必须补充防止取样、加料、容器之间物料转移操作过程产生气溶胶的要求；②必须设计旋转密封以防止泄漏，或用封闭设备控制全部操作；③操作过程各项设备必须安装在便于控制的整体封闭设施之中；④封闭系统在使用之前必须采用非重组的有机体进行校验；⑤该系统必须设置便于永久识别的生物危害标志。

4. BL3-LS 级

该等级为大规模物理控制的最高等级，适用于在培养阶段需要 BL3 级控制的有机体的大规模生产。该等级最重要的要素：①贯彻实施 BL1-LS 与 BL2-LS 的全部要求；②保持整体的封闭系统在尽可能低的压力下进行操作；③封闭系统的所在区域必须具备在入口处设置空气闸，表面经过彻底清除污染，通向区域的所有开孔必须封闭，公用系统、辅助设施、管道和电线的开孔都应密封，设有洗手装置并安装底阀、角阀或自动阀，控制区的毗邻位置设有淋浴，控制通往建筑设施的空气流向；④实施所有在 BL3 级实验室采用的全部操作规程。

（三）发酵工艺中的安全防护设备

大规模发酵时对重组有机体的培养、分离各个单元操作，按照不同的生物安全等级和不同的规模，可以从设备构型、加工技术、零部件组合以及辅助装置配套等各个环节进行设计。下面介绍发酵罐/培养装置的安全防护。

1. 罐体

制造 10L 以上规模的发酵/培养装置罐体必须符合国家有关压力容器设计制造管理规范，以适应蒸汽灭菌的压力和防止可能具有毒害作用的培养物泄漏的要求，确保无菌操作和达到病原体培养以后能彻底地进行就地清洗（CIP）和就地灭菌（SIP）的要求，不允许采用玻璃罐体，以免意外爆裂造成溢出事故。

有关罐体部分需要设置的法兰，包括手孔、灯孔法兰，其密封垫片都应设计成榫槽结构，采用两道"O"形耐热橡胶密封圈，并可加设蒸汽汽封装置，见图 8-1。

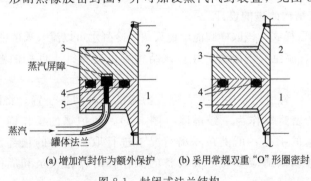

(a) 增加汽封作为额外保护　　(b) 采用常规双重"O"形圈密封

图 8-1　封闭式法兰结构

1—罐体；2—碟形罐盖；3—上法兰；4—双重"O"形圈；5—下法兰

2. 机械密封

生物安全发酵/培养罐的机械密封应为双端面结构，设有密封腔，通入冷凝水或对培养物有灭活作用的消毒剂作为冷润液，以便使万一泄漏的有机体及时排出并得以灭活。对于控制等级较高的工艺过程，如BL3-LS级，应将该冷润液收集在附设的灭菌桶内，与发酵/培养罐的其他汽封等部位的排出液集中处理（图8-2）。至于小型罐也可以采用磁偶传动而不设轴封，以达到绝对隔离的要求（图8-3）。

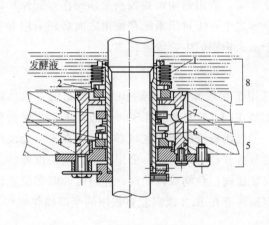

图8-2 带有冷润液的双端面机械密封

1—波纹管；2—动环与静环密封端面；3—无菌冷润液腔；
4—静密封；5—下端面密封组合件；6—动密封；
7—弹簧；8—上端面密封组合件

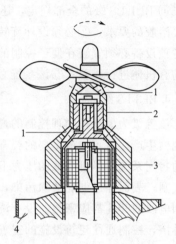

图8-3 磁偶传动的搅拌系统

1—冷却孔；2—聚四氟乙烯/陶瓷轴承；
3—磁偶装置；4—放料阀

3. 取样装置

病原体的取样操作必须具有保证样品不受外界污染和防止料液扩散至周围环境的双重要求。原先发酵罐上的取样阀仅能保证前者而不能满足后者。目前，可用于生物安全操作取样的方式有3种选择。

（1）注射针头取样　将原有取样口改装成由底座、螺盖以及耐热橡胶隔膜、多孔隔板等构成的组合件，用注射针头直接按多孔排列次序依次戳进各个开孔，通过隔膜在罐压下取出样品，可以有效地防止气溶胶的散发。对丝状菌的发酵液易于堵塞针头以及可能造成针头意外创伤等问题，也有结构改进的设计。

（2）特殊设计的取样阀　该取样阀能就地灭菌，冷凝水可以流入灭菌桶，并设有取样瓶支架，可防止液滴散落，避免气溶胶的产生。该结构可以避免针头创伤的意外事故，如图8-4所示。

（3）取样防护罩　为适用于中型或大型发酵罐的一种防护装置，将罐上的取样管部位全部采用专门设计的密封罩作为二级屏障（图8-5），防护罩的操作面上部设有视窗、下部设置附有长袖手套的手孔，可供在隔离情况下进行取样。有的顶部设有接管与排风系统连通，有的可以移动以适应多台培养设备的操作，对操作人员和周围环境均有较好的保护作用。

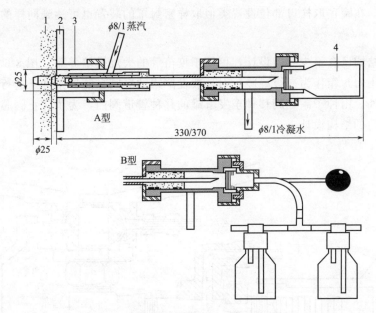

图 8-4 封闭式针孔取样阀（单位：mm）

1—培养基；2—发酵罐壁；3—侧面喷嘴；4—收集瓶（50mL/300mL）

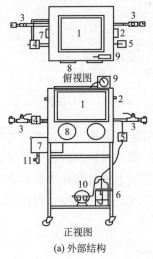

(a) 外部结构

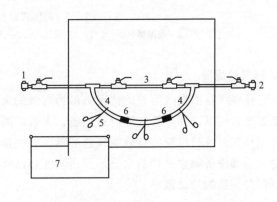

(b) 内部结构

1—视窗；2—手柄；3—取样阀及接管；
4—进口过滤器；5—出口过滤器；
6—消毒剂阱/低压调节器；7—消毒剂浸泡槽；
8—长橡皮手套手孔；9—压差计；
10—真空泵；11—排水阀

1—快开接头凹槽端，由内径衬四聚四氟乙烯的不锈钢
软管与发酵罐连接；2—通至灭菌槽排放系统；
3—支管；4—硅胶管取样环；5—止血钳；
6—Luer可拆接头；7—消毒剂浸泡槽，附铰链顶盖

图 8-5 可移动的封闭式取样箱

4. 接种口

中小型罐顶设置的橡胶隔膜接种口，用预先在生物安全工作台准备好的接种瓶通过针头在平衡压力下进行接种的操作方式，加上防止玻璃瓶爆裂和料液泄漏的安全措施，可以防止

气溶胶的发生。在罐顶取样口部位设置类似取样密封罩的装置也可达到同样的防护要求。

5. 放料阀

放料阀的结构已有不少专门设计，可用于疫苗等的大规模培养罐，图 8-6 为其中的一种结构；也有采用密封箱作为二级屏障，对一般发酵罐的底阀在防护条件下进行操作，适用于中型设备。此外，由种子罐底阀移种至发酵罐的移种管道阀门，为了防止阀芯泄漏和阀杆抽吸问题也有专门的结构设计。

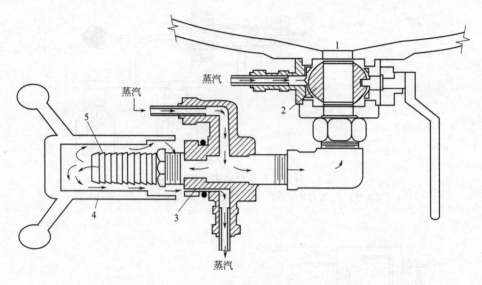

图 8-6 封闭式放料阀

1—发酵罐；2—球阀；3—放气孔；4—蒸汽盖；5—橡胶管接口

6. 排气过滤器

针对排气严重散发气溶胶的情况，最为有效的遏制措施是采取空气过滤的方法。规模较小的培养装置可以选用多管式绝对过滤器，大规模的发酵罐或多台发酵设备经过旋液分离之后的公用排气系统可以安装高效空气过滤器，并在排气管道上通过预先安装的表面冷凝器之类的空气冷却设备除去夹带的水分，再适当加热以降低排气的相对湿度，保证过滤器的工作性能，保持预期的过滤效率。

7. 管道及阀门系统

生物安全发酵/培养设备的管道系统应全部采用焊接方式连接，特别是细胞培养用的管道系统，不应采用螺纹连接，也不允许采用橡胶软管快开连接，由于特殊部位的结构需要，可以适当选用法兰连接。

管道系统中的阀件，应用最广的首推隔膜阀，对于小型罐也有针形隔膜阀以及三通式隔膜阀可供选用。阀片材料一般均为耐热耐油橡胶或乙丙橡胶（EPDM），并定期检查更换。所有接触料液的管道都应具备操作前后可用蒸汽灭菌的接口和相应的附属装置。

8. 传感器接口

有关温度、溶解氧等传感器接口连接方式，可以设计成能够蒸汽灭菌的密封结构或两道密封圈，当中施加具有疏水性、对有机体有毒的润滑脂（图 8-7）。

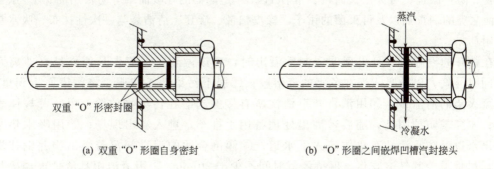

(a) 双重"O"形圈自身密封　　　　　　(b) "O"形圈之间嵌焊凹槽汽封接头

图 8-7　传感器的封闭式连接结构

9. 其他

为了更为妥善地实现生物安全防护要求，针对工艺的不同要求可以有不同的设计。对于小型培养以及后处理系统，可以设计成将培养罐全部安放在Ⅲ级安全工作台的封闭系统，适用于 20L 以下的病原体培养；有的在安全工作台内将培养罐与离心机联合组装，适用于连续培养过程的菌体收集；有的中型发酵罐采用局部防护罩将取样口、传感器接口等易于散发气溶胶的关键部位采取可灭菌的密封结构，或全部封闭在固定装置内作为二级屏障。这些措施都能达到安全的控制水平。

三、发酵工艺过程事故的紧急处理措施

1. 制定具体的紧急安全控制措施

在大规模生物制品生产中的意外事故或突发事件在所难免，最主要的是生物危害实验材料的意外泄漏。从生物安全管理要求出发，必须制定具体的紧急安全控制措施，针对不同的发生地点，由工作人员或紧急应变小组立即执行，确保人身安全和环境保护要求。

2. 活性有机体溢出的处理措施

发生活性有机体溢出的情况时，其数量多少，是液态还是气溶胶，是否在一定限制范围均难以预见。这类溢出只允许由充分熟悉该类有机体潜在危害特性的工作人员进行现场处理，操作要点如下。

（1）生物安全工作台内限制性溢出　这种限制在工作台内的溢出可由工作人员穿戴橡皮手套、防护眼镜和工作服，针对有机体的特性，选用适当的化学消毒剂倒满工作台面进行清理。如果溢出物性质不明，可用 5% 次氯酸钠溶液清理，后者对营养性细菌、内生孢子、病毒均有作用。消毒剂浸泡时间不得少于 20min；然后用一次性抹布吸干，并将抹布丢入消毒袋；再用浸有消毒剂的抹布擦拭工作台以及被污染的设备。如果溢出液已经达到工作台的排风栅格，则以集水槽浸满消毒剂浸泡 20min 以上，将消毒剂放至消毒桶后用浸有消毒剂的抹布擦干排风栅格。最后将装有溢出物以及抹布等固体物料和工作服、手套等的消毒袋送进热压灭菌柜在 121℃ 下灭菌 1h 以上。工作人员脱去手套、工作服后以消毒药皂洗脸洗手和清洗其他暴露部位。

（2）敞开设施内非限制性溢出　这类非有限溢出其危害程度取决于溢出的容积、有机体的致病性及其在溢出物中的浓度。

为了有效地处理溢出，应当在走道附近设置专门备用的手推车，存放一次性工作服、乳

胶手套、防护眼镜、可灭菌长筒靴、带有 HEPA 过滤器的呼吸面罩等防护用品、5％次氯酸钠溶液之类的消毒剂以及可灭菌的钳子、橡皮扫帚、簸箕、清洁袋与一次性抹布、吸水垫等清洁用具。

在敞开的设施内一旦出现非限制性溢出时，应该做到：①警告其他人员立即离开现场，同时屏气，以防吸入潜在危害的气溶胶；②脱下污染的工作服，将污染面折到里面、丢进可灭菌的清洁袋；③用消毒药皂清洗所有接触到潜在污染物的脸、手、臂等体表各部位；④穿戴防护用品，随后带溢出处理备用手推车，进入溢出现场；⑤用吸水垫塞住地坪出水口，防止活性有机体流入下水道；⑥倾倒合适的消毒剂覆盖溢出物并围住溢出现场，尽量减少其气溶胶化，保持停留时间不少于 20min；⑦用清洁用具清理玻璃碎片和其他利器，放进防戳穿的消毒袋中，再揩净所有溢出物，将抹布等丢进消毒桶；⑧用浸满消毒剂的抹布擦拭消毒袋和消毒桶外表面；⑨最后与处理限制性溢出操作一样进行灭菌处理和人身清洁。

（3）发酵时重组有机体的大规模溢出 重组有机体的大规模培养过程发生严重溢出的可能性极小。通常在厂房设计阶段针对发酵罐的溢出采取相应措施，例如可以在发酵罐底座下部加设混凝土防护栏或排水沟。一旦发生大量溢出事故，可以就地收集全部泄出的重组有机体，当场灭活；也可以设置一定容积的蓄水坑收集溢出料液，然后泵送到另一台发酵罐进行蒸汽灭菌。最后检查确认有机体全部失活才能排放。所有参与溢出处理的人员必须穿戴防护用品。此外，护栏、水沟或水坑在盛放过活性有机体以后，必须进行清洗和消除污染。

议一议 ▶▶▶

2007 年制药巨头美国默克公司宣布，在全球同步紧急召开 13 个批次，总量约 120 万支的疫苗，中国涉及其中一个批次约 10 万支儿童疫苗"普泽欣"，理由是公司一家制造工厂被发现疫苗生产过程存在杀菌问题，可能致使疫苗受污染。

试分析：可以采取哪些控制措施？

知识积累 ▶▶▶

扫一扫测试

1. 生物制品是指采用生物技术如基因工程、细胞工程、蛋白质工程、酶工程、生化工程等制备而成的具有活性的药品，主要包括疫苗、抗毒素、抗血清、血液制品、细胞因子、生长因子等。

2. 转基因过程中的安全管理基本原则：积极防止操作人员在污染环境中接触危害物质；努力设法封闭生物危害材料产生的根源，以防止其向操作的周围环境释放；尽量减少危害材料向周围环境意外释放所造成的后果等。

项目八　测试

3. 微生物培养中的安全控制应从微生物标本、培养过程中所使用的用具、培养中感染性材料等方面进行。

4. 发酵工艺过程中的安全控制应从生产规范性、采用适当物理控制等级、使用安全防护设备等方面进行。

一、判断题

1. 我国生物制品主要包括疫苗、抗毒素、免疫血清、血液制品、抗生素、体内外诊断制品以及其他活性制剂等。（　　）

2. 生物制品多数易被胃酸或肠道中的酶破坏，临床应用时需要注射给药。（　　）

3. SARS 疫苗主要用于控制传染性非典型肺炎的扩散。（　　）

4. 狂犬疫苗、流感疫苗、乙型肝炎疫苗、卡介苗均属于死菌菌苗。（　　）

5. 由于致病微生物的基因都具有毒力因子，所以转基因时不仅要考虑使用的宿主/载体系统，还要考虑被克隆的 DNA 的性质。（　　）

6. 微生物致病所需的数量与暴露方式和宿主健康状况有关，例如通过吞咽和吸入方式感染的细菌要有较大剂量才能致病。（　　）

7. 微生物培养的移液操作应该避免口吸，在吸管的一端塞进小棉花球的做法也不可取。（　　）

8. 摇瓶培养或小型发酵罐培养过程中，气溶胶化与通气比或功率有关，通气比和功率愈大，气溶胶化也愈严重。（　　）

9. 在微生物培养中，有可疑传染性标本转移时，必须采用两级容器，此两级容器的材料可用塑料或金属制成，必须能经受高温或化学物质的消毒处理。（　　）

10. 制造大规模发酵罐必须符合国家压力容器设计制造规范，可以采用玻璃罐体，以适应蒸汽灭菌的压力和防止可能具有毒害作用的培养物泄漏的要求。（　　）

二、单选题

1. 转基因操作过程人员感染的途径很多，造成感染的最重要原因是（　　）。

　　A. 体表污染　　　　　B. 操作失误　　　　　C. 消化道污染　　　　　D. 气溶胶

2. 美国将转基因工作的生物安全等级以 BL 表示，如 BL1、BL2、BL3、BL4，（　　）控制要求最严格。

　　A. BL1　　　　　　　B. BL2　　　　　　　C. BL3　　　　　　　D. BL4

3. 气溶胶是以胶体状态悬浮在空气中的液体或固体微粒，直径一般约（　　）。

　　A. $10\sim50\mu m$　　B. $5\sim20\mu m$　　C. $1\sim5\mu m$　　D. $0.1\sim1\mu m$

4. 微生物培养中标本的收集、转移工作，属于（　　）病原体，在容器外面和说明材料中均应有"有感染危险"的特殊显著标记。

　　A. 第Ⅰ级　　　　　　B. 第Ⅱ级　　　　　　C. 第Ⅲ级　　　　　　D. 第Ⅳ级

5. 微生物操作过程中，不产生气溶胶的是（　　）。

　　A. 移液　　　　　　　B. 离心　　　　　　　C. 冷却接种环　　　　D. 灼烧接种环

6. 病原体的取样操作中，可用于生物安全操作取样的方式不包含（　　）。

　　A. 注射针头取样　　　　　　　　　　　B. 特殊设计的取样阀

　　C. 取样防护罩　　　　　　　　　　　　D. 密闭容器取样

7. 大规模发酵管道系统中的阀件可以选用（　　）。

　　A. 隔膜阀　　　　　　　　　　　　　　B. 针形隔膜阀

　　C. 三通式隔膜阀　　　　　　　　　　　D. 以上均可

8. 大规模生物制品生产中的突发事件在所难免，最为重要的是（　　）。

　　A. 停电　　　　　　　　　　　　　　　B. 材料泄漏

　　C. 发酵罐负压　　　　　　　　　　　　D. 操作失误

三、简答题

1. 生物制品由于生产制备过程中的特殊性，具有哪些特点？

2. 转基因操作安全管理的基本原则是什么？简要说明可以采用哪些措施控制。

3. 微生物培养操作有哪些常见危险？如何避免？

4. 生物制品大规模发酵中涉及哪些工序和安全问题？

5. 发酵时重组有机体的大规模溢出可以采取哪些相应措施？

项目九
中药制品的安全生产管理

学习目标

1. 知识目标
（1）掌握中药材粉碎、有效成分提取过程中的安全管理措施。
（2）熟悉中药制品的含义、常见种类。
（3）了解中药制品的生产流程、中药材粉碎常用方法。

2. 能力目标
（1）能熟练说出中药材粉碎、有效成分提取过程中的安全管理措施。
（2）能初步判断出中药材粉碎、有效成分提取过程中存在的安全隐患。
（3）能说出中药制品的含义、常见种类。
（4）知道中药制品的生产流程、中药材粉碎常用方法。

3. 素养目标
（1）提升学生"遵守纪律，严谨认真"的职业素养。
（2）提升学生"防微杜渐，敬畏生命""安全第一，预防为主"的安全意识。

单元一
认识中药制品

任务 1　理解中药制品的含义、种类

议一议 ❯❯❯

　　1. 菜市场买的淮山、粉葛是不是中药制品？

　　2. 在药店买的人参片是不是中药制品？

　　通过对上面两个问题的讨论，我们了解有些药材属于中药制品，有些不属于中药制品。那么什么是中药制品呢？中药制品是指在中医药理论的指导下，用以防病、治病的药物的总称，包括中药材、中药饮片和中成药。

1. 中药材的含义

　　中药材是中药饮片的原料，是指用于预防、治疗、诊断人的疾病，有目的地调节人的生理机能并规定有适应证、用法和用量的动植物及矿物类药材。它是指符合药品标准，药材原植物、动物、矿物除去非药用部位的商品药材。药材未注明炮制要求的，均指生药材，应按照药典炮制通则的净制项进行处理。

　　在严格意义上，药品范畴内的中药材仅指经过净制处理后的药材，对于未经依法净制处理的原药材不能列为药品概念下的中药材，只能是农副产品，不能直接入药。因此，药品范畴内的中药材应是严格按照药品标准加工而成的商品，在生产上应严格按照许可管理进行生产以区分其他农副产品，进入药品流通渠道后应完全具备药品的属性，药品经营企业经营的中药材必须是完全具备药品的属性（有合法的生产企业及相关的产品标示），这样才能从根本上控制作为药品的中药材质量，保证用药安全有效。

2. 中药饮片

　　中药饮片是指在中医药理论指导下，可直接用于调配或制剂的中药材及其中药材的加工炮制品。中医临床用来治病的药物是中药饮片和中成药，而中成药的原料亦是中药饮片，并非中药材。

　　《中华人民共和国药典》（简称《中国药典》）2020 年版（一部）规定：药材炮制系指将药材净制、切制、炮炙处理制成一定规格的饮片以适应医疗要求及调配、制剂的需要，保证用药安全有效。根据现代炮制理论的要求，净制、切制、炮炙统称为炮制，"中药饮片"应该理解为直接应用于医疗调配及制剂的中药炮制品。因此医疗临床以及无净制条件的药品生产企业制剂所用的中

药材都应该是经过炮制加工后的中药炮制品，都应该有合法的生产企业可追溯。

中药材和中药饮片既有区别又有联系，对二者的界定只能视具体品种及不同情况而定，一般来说，药农采收的是药材，而饮片加工厂经过净选、切制等加工处理，即为中药饮片。医疗机构调剂使用的，不管从何处采购，都应是中药饮片。

3. 中成药

中成药是用一定的配方将中药加工或提取后制成具有一定规格，可以直接用于防病治病的一类药品，包括丸、散、膏、丹各种剂型。

中成药有两种概念。一种是狭义的中成药，它主要指由中药材按一定治病原则配方制成，随时可以取用的现成药品，如中成药中的各种丸剂、散剂、冲剂等，这便是生活中人们常说的中成药；另一种是广义的中成药，它除包括狭义中成药的概念外，还包括一切经过炮制加工而成的中药材。

方法》的有关规定，生产中药饮片必须依法取得《药品生产许可证》，批发中药饮片必须是持有经营范围包括饮片的《药品经营许可证》的药品批发企业。因此，各有关药品生产、经营单位和医疗机构必须从具有合法资质的单位采购中药饮片，而在购进没有实施批准文号管理的中药材时，国家未进行资质规定。可见，中药饮片被视同中成药管理。

任务 2 了解中药制品的生产流程

中药制品的生产流程包括中药材的前处理（净制、切制、炮制等），中药材有效成分的提取、分离、浓缩与干燥，制剂的成型过程等。

一、中药材的前处理

中药制剂原料一般为植物、动物及矿物来源，考虑到来源的特殊性，在投料之前一般都要进行适当的前处理。中药前处理是将中药材经过净制（净选和清洗）、切制或炮制后，制成中药制剂所需要的原料。中药材前处理的一般工艺流程见图9-1。

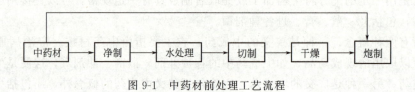

图 9-1　中药材前处理工艺流程

二、中药材有效成分的提取、分离、浓缩与干燥

为制成适宜的药物剂型或减少服用量等，大多数中药材需要进行提取。提取是指采用适当的方法将原料药材中的有效成分从药材组织中分离出来的过程。

（一）提取常用的溶剂与浸出辅助剂

1. 常用的溶剂

在药材的提取过程中，提取溶剂的选用对提取效果具有显著影响，也影响到制剂的有效性、安全性、稳定性及经济效益的合理性。优良的溶剂应该最大程度地提取有效成分，最低限度地浸出无效成分和有害物质；不与有效成分发生化学变化；安全无毒、价廉易得等。

（1）水　水是最常用的极性溶剂之一。其优点是溶解范围广，能溶解药材中的大部分有效成分；但选择性差，容易浸出大量无效成分，给后续工艺操作如分离和精制带来困难；同时易于霉变，不易储存；而且药材中有些成分可能因水解而破坏。

（2）乙醇　乙醇也较常用，为半极性溶剂。选用不同浓度的乙醇作溶剂有利于不同有效成分的浸出，选择性较强，浸出液也较易浓缩。但乙醇易燃烧，本身具有药理作用，价格较贵。

（3）其他　主要指一些有机溶剂，如乙醚、氯仿、石油醚等，这些溶剂选择性强，主要用于提取亲脂性成分或药材提取前的脱脂。由于其生产安全性差且一般都有毒性，在生产中少用，一般仅用于某些有效成分的纯化精制。

2. 浸提辅助剂

浸提辅助剂是指为提高浸出效果，增加制剂的稳定性，以及减少杂质，特别加于提取溶剂中的物质。常用的浸提辅助剂如下。

（1）酸　适当用酸可以促进生物碱的浸出并提高稳定性，常用的有硫酸、盐酸、醋酸等。应用时酸的用量不宜过大，因可能会引起药物成分的水解或其他不良反应。

（2）碱　适当用碱可以促进某些酸性成分的浸出，常用的碱有氨水、碳酸钠、氢氧化钙、氢氧化钠等。

（3）表面活性剂　表面活性剂能提高药材表面的湿润性，增加药材成分的溶解度，从而提高浸出效果，但浸出的杂质也较多。常用的表面活性剂为吐温-80、吐温-20等非离子型表面活性剂。

（二）中药材有效成分提取常用的方法与设备

中药材所含有效成分的性质、溶剂性质和用药要求决定了提取的方法与设备。提取方法主要有煎煮法、浸渍法、渗漉法、回流法、水蒸气蒸馏法等。

1. 煎煮法

煎煮法是将药材加水煎煮、取汁的方法。煎煮时水的用量、煎煮时间、煎煮次数、药材粒度等均会影响到浸提效果。适用于有效成分能溶于水，且对湿、热较稳定的药材。

目前最常用的提取设备为多功能提取器。

2. 浸渍法

浸渍法是指在一定温度下，用一定量的溶剂将药材饮片或粗颗粒浸泡一定的时间以提取药材成分的一种方法。浸渍法溶剂用量大，且呈静止状态，溶剂的利用率低，成分浸出不完全。同时提取时间较长，不宜用水作溶剂，通常用乙醇或白酒作溶剂，同时应注意密闭。

浸渍法适用于成分遇热易破坏的药材、黏性药材、无组织结构的药材、新鲜及易于膨胀的药材、价格低廉的芳香性药材。不适用于贵细料药材、毒性药材及高浓度制剂。

生产中常用的浸渍器有不锈钢罐、搪瓷罐、陶瓷罐等。

3. 渗漉法

渗漉法是将一定粒度的药材置于渗漉器中，溶剂连续地从渗漉器上部加入，渗漉液不断从其下部流出，从而浸出药材中有效成分的一种方法。渗漉法包括单渗漉法、重渗漉法、加压渗漉法等。

单渗漉法操作流程：药材粉碎→润湿→装筒→排气→浸渍→渗漉。

本法适用于成分遇热易破坏的药材、贵重药材、毒性药材及高浓度制剂的提取；也可用于有效成分含量较低的药材的提取。但对新鲜的及易膨胀的药材，无组织结构的药材不宜选用。

渗漉法使用的设备为一个呈圆柱形或圆锥形的渗漉筒，常用陶瓷、搪瓷、玻璃、不锈钢等材料做成。

4. 回流法

回流法是用乙醇等挥发性有机溶剂提取药材，利用溶剂受热挥发，经过冷凝器被冷凝而流回浸出器中，如此循环直至达到提取要求的提取方法。

回流法由于溶剂受热汽化变成蒸气，经冷凝后又流回蒸馏器中，如此反复直至浸出完全为止，浸出效果好，而且溶剂可以循环使用，溶剂使用量少，利用率较高。适用于对热稳定性好的药材成分的提取。

回流装置一般由加热、提取、冷凝三部分组成，常用设备有多功能提取罐、索氏提取器等。

5. 水蒸气蒸馏法

水蒸气蒸馏法是指将含有挥发性成分的药材与水共蒸馏，使挥发性成分随水蒸气一并馏出，经冷却后，将挥发性成分分离的一种提取方法。目前主要用于挥发油的提取。本法适用于成分具有挥发性、能随水蒸气蒸馏而不被破坏，与水不发生反应，又难溶于水或不溶于水的化学成分的提取、分离。

水蒸气蒸馏法的实现方式有共水蒸馏法、通水蒸气蒸馏法和水上蒸馏法三种。常用设备有多功能提取罐、挥发油提取罐等。

6. 超临界流体提取法

超临界流体是指采用临界温度和临界压力以上的流体作为溶剂，在一定设备与条件下，从固体或液体中提取药材中有效成分的方法。此法提取速度快、效率高，特别适合于热敏性、易氧化成分的提取。

可用作超临界流体的气体很多，如二氧化碳、乙烯、氨、氧化亚氮等。使用较多的是二氧化碳，因二氧化碳性质稳定、具有较低的临界压力和临界温度、安全性高、不留残渣等。

目前超临界提取常用的设备有国产 5LHA-9508 型超临界萃取装置、美国的 Milto Roy 超临界 CO_2 提取装置、瑞士 Nova 型超临界 CO_2 提取装置等。

> **想一想** ❯❯❯
>
> 提取中药材有效成分的每种方法都有何优缺点？

（三）中药提取液的分离、浓缩、干燥

中药提取液的分离一般指固、液分离，是指采用一定的方法从药材浸提液中除去不溶性杂质的过程。常用的方法有沉降分离法、离心分离法、滤过分离法等。

中药提取液的浓缩是指用加热蒸发法从药液中分离过多溶剂，使药液体积减小到一定程度的过程。常用的方法有常压蒸发、减压蒸发、薄膜蒸发等。

中药提取液的干燥是指利用热能使湿物料中的水分汽化除去，从而获得干燥品的工艺过程。干燥的方法主要有常压干燥、减压干燥、沸腾干燥、喷雾干燥、冷冻干燥等。

三、制剂的成型过程

中药制剂的常见剂型有汤剂、合剂、酊剂、流浸膏剂、浸膏剂、煎膏剂、丸剂、颗粒剂、片剂、胶囊剂、口服液等。剂型不同，其成型工艺也有差异，一般液体制剂经过提取浓缩后，再根据各自的剂型要求加入附加剂、调整浓度即可；固体制剂则将所得的干燥品经过粉碎、筛分、混合后再进入后续的成型过程。

单元二
中药制品的安全生产技术

任务 1 **熟知中药材粉碎过程中的安全管理**

粉碎是中药生产的基本操作之一，在许多剂型的生产中是一项重要的技术和工艺过程，是中药制品制备的基础。

一、粉碎的含义与目的

粉碎是借助机械力将大块物料破碎成适宜大小的颗粒或细粉的操作。粉碎的主要目的在于减小粒径，增加药物的表面积，促进药物溶解；有助于药材中有效成分的浸出；便于调配、服用和发挥药效；便于新鲜药材的干燥和储存等。

二、粉碎常用方法

> **想一想** ▷ ▷ ▷
>
> 1. 氯酸钾与硫黄能在一块粉碎吗？
> 2. 中药材桂圆肉、熟地黄、天冬如何粉碎？
> 3. 朱砂如何粉碎成细粉？

通过上述问题的思考，我们知道粉碎物料时应根据被粉碎物料的性质、粉碎设备的性能，以及产量与产品粒度的要求而采用不同的粉碎方法。

1. 干法粉碎与湿法粉碎

干法粉碎是指将药物经过适当干燥处理，降低水分再粉碎的操作，这种粉碎是制剂生产中最常用的粉碎方法。湿法粉碎是指在药物中添加适量的水或其他液体进行粉碎的方法。湿法粉碎粉碎度高，又避免了粉碎时粉尘飞扬，对于某些刺激性较强或毒性药物的粉碎具有特殊意义。

2. 单独粉碎与混合粉碎

单独粉碎是指对同一药物进行的粉碎操作。贵重细料药、刺激性药物、易引起爆炸的氧化性和还原性药物、适宜单独处理的药物（如滑石粉、石膏）等应采用单独粉碎。混合粉碎是指两种以上药物同时粉碎的操作。若处方中某些物料的性质及硬度相似，则可以将其掺和在一起粉碎，混合粉碎既可避免一些黏性药物单独粉碎的困难，又可使粉碎与混合操作结合进行。

3. 低温粉碎

低温粉碎是指利用药物在低温时脆性增加、韧性与延伸性降低的性质，将药物或粉碎机进行冷却的粉碎操作。此法适宜在常温下粉碎困难的物料如树脂、树胶、干浸膏等的粉碎，对于含水、含油较少的物料也能进行粉碎。低温粉碎能保留物料中的香气及挥发性有效成分，并可获得更细的粉末。

4. 流能粉碎

流能粉碎是指利用高压气流使物料与物料之间、物料与器壁间相互碰撞而产生强烈的粉碎作用的操作。采用气流粉碎可得到粒度要求为 $3\sim20\mu m$ 的微粉，而且在粉碎的同时可进行分级。由于气流在粉碎室中膨胀时的冷却效应，故被粉碎物料的温度不升高，因此本法适用于热敏感物料和低熔点物料的粉碎。

中药材粉碎前应尽量干燥。中药材的药用部分必须全部粉碎应用，对较难粉碎的部分，如叶脉或纤维等不应随意丢弃，以免损失有效成分或使药物的有效成分含量相对降低。药物粉碎过程中，不宜过度粉碎，达到所需要的粉碎粒度即可，以节省能源和减少粉碎过程中的药物损失。

三、粉碎常用设备

1. 研钵

研钵又称乳钵，一般用陶瓷、玻璃、金属和玛瑙制成。研钵由钵和杵棒组成，钵为圆弧形、上宽下窄，底部有较厚的底座，杵棒的棒头较大，以增加研磨面。杵棒与钵内壁接触通过研磨、碰撞、挤压等作用力使物料粉碎、混合均匀。研钵主要用于小量物料的粉碎或供实验室用。

2. 球磨机

球磨机是在圆柱形球磨缸内装入一定数量、不同大小的钢球或瓷球构成。使用时将物料装入圆筒内密盖后，由电动机带动旋转，物料经圆球的冲击和研磨作用而被粉碎、磨细。球磨机的粉碎效率较低、粉碎时间较长，但由于密闭操作，故适合于贵重物料的粉碎、无菌粉碎，也可以进行干法粉碎、湿法粉碎，必要时还可充入惰性气体，适应范围较广。

3. 冲击式粉碎机

冲击式粉碎机又称万能粉碎机，对物料的粉碎作用力以冲击力为主，结构简单，操作维护方便。适用于脆性、韧性物料以及中碎、细碎、超细碎等粉碎，应用广泛。其典型的粉碎结构有锤击式和冲击柱式两种。

4. 流能磨

流能磨又称气流粉碎机，是利用高压气流带动物料，产生强烈的撞击、冲击、研磨等作用而使物料得到粉碎。气流粉碎机可进行粒度要求为 $3\sim20\mu m$ 的超微粉碎、热敏性物料和低熔点物料的粉碎，以及无菌粉末的粉碎。常用的有圆盘形流能磨和轮形流能磨。

四、粉碎过程中的安全管理

　　中药材粉碎过程中会产生大量的粉尘，如无机粉尘、有机粉尘或者是两者的混合粉尘等，粉碎过程中的安全管理主要是防止粉尘带来的危害。

（一）粉尘的危害

　　粉尘是指能够较长时间飘浮在空气中的固体微粒。药品生产过程中形成的粉尘称为生产性粉尘。操作人员吸入过多的生产性粉尘对身体会造成一定的危害，主要表现在以下几个方面。

　　（1）肺尘埃沉着症　　是指在生产过程中长期吸入较高浓度的粉尘而发生的肺组织纤维化疾病。

　　（2）中毒　　生产过程中吸入有毒的粉尘，如重金属粉尘等可引起中毒或呼吸道肿瘤。

　　（3）上呼吸道慢性炎症　　粉尘吸入呼吸道后，容易黏附在鼻腔、气管、支气管等黏膜上，长期沉着后，容易使操作人员患慢性鼻炎、咽炎、支气管炎等疾病。

　　（4）眼部疾病　　硬度较大的粉尘如果黏附在眼角膜上，可引起角膜外伤及角膜炎等。

　　（5）皮肤炎症　　沉着在皮肤上的粉尘如果堵塞皮脂腺，可能引起毛囊炎、脓皮病等。

　　粉尘除对操作人员带来危害外，还对生产、环境造成影响。如粉尘落在机器的转动部件上，会加速转动部分磨损，降低机器的精密度和工作寿命；粉尘也可能造成物料之间的交叉污染，使产品的质量不合格；粉尘也可对大气环境造成污染等。

（二）影响粉尘对人体危害的因素

　　生产性粉尘对人体危害的轻重，受多种因素的影响，首先是粉尘的化学成分和性质，如游离二氧化硅含量高的粉尘比含量低的危害大，含游离二氧化硅的粉尘比不含游离二氧化硅的危害大。其次是粉尘的颗粒大小，一般来说，大颗粒的粉尘容易降落，在空气中飘移时间短，不容易被吸入，不会发生危害。

　　此外，粉尘在肺组织中溶解度的大小，粉尘的密度、形态、硬度，以及粉尘接触人体时间的长短等，都与对人体的危害有一定的关系。

（三）防尘的主要措施

　　防止粉尘给操作人员带来的危害，关键在于防护。如果经常注意防护，可以把危害降到最低限度，甚至可以完全控制和消除粉尘的危害。可以从以下几个方面来防止粉尘对人体的危害。

1. 管理措施

① 专人负责，制订防尘计划和规章制度，对接触粉尘操作人员应定期进行健康检查。如粉尘作业场所应保持做到轻搬、轻倒、轻筛、轻拌、轻扫；有活动性肺内外结核、各种呼吸道疾患（如鼻炎、哮喘、支气管扩张、慢性支气管炎、肺气肿等）的人不宜担任接触粉尘的工作；对于从事与粉尘接触的工人，如若发现尘肺，立即调动工作，并积极治疗等。

② 制定清扫制度。生产环境内的浓度，常与清扫制度有关，故注意环境的清洁工作，推行实施清扫制度能有效地降低粉尘浓度。

③ 定期检测生产环境中的粉尘浓度，使粉尘浓度保持在国家职业接触限值标准以下。

④ 大力开展防尘的宣传教育，提高操作人员对粉尘的危害认识。

2. 技术措施

① 改革生产工艺和生产设备，尽量做到机械化、密闭化、自动化、遥控化，进行湿式作业方式等，减少粉尘飞扬。

② 采用通风排气装置和空气净化除尘设备，使车间粉尘降低到国家职业接触限值标准以下。

③ 用于易燃易爆药材粉碎的设备，应有可靠的接地和防爆装置，要保持设备良好的润滑状态，防止摩擦生热和产生静电，避免引起粉尘燃烧爆炸。若在密闭的研磨系统内应通入惰性气体进行保护。

④ 对于初次粉碎的药材，应在研钵内进行试验，并做出安全评估报告，以确定是否发生黏结、燃烧、爆炸或分解放出毒气。确定其安全危险性后，方能正式进行粉碎。

3. 个体防护

防止粉尘对人体危害的主要措施是坚持使用防尘用品。常用的防尘用品有防尘口罩、防尘面罩、防尘帽、防尘服等。防尘呼吸器是通过滤料净化含尘的空气，提供清洁的空气供佩戴者呼吸，常用的防尘呼吸器有防尘口罩、过滤式防尘呼吸器等。

过滤式防尘呼吸器是以佩戴者自身呼吸为动力，利用滤除作用，将空气中有害物质如毒物、粉尘等进行过滤净化，主要用于防止粒径小于 $0.5\mu m$ 的粉尘经呼吸道吸入而产生的危害，通常称为防尘口罩和防尘面罩。

过滤式防尘呼吸器常用种类有自吸过滤式防尘呼吸器和供气过滤式防尘呼吸器。自吸过滤式防尘呼吸器有不可更换滤料且不能重复使用的简易口罩（一般用于粉尘浓度不高的作业场所）和可更换滤料且能重复使用的复式防尘口罩（一般由半面罩、吸气阀、呼吸阀、滤尘盒、头带等部件组成，呼气和吸气分开通道）；供气过滤式防尘呼吸器一般由带呼吸阀的半面罩、导气管、过滤器和压缩空气机等组成。过滤式呼吸器的选用应根据作业场所粉尘浓度、粉尘性质、分散度、作业条件及劳动强度等来选择合理的种类。

过滤式呼吸器使用前，应熟悉其性能，进行必要的佩戴训练，掌握佩戴的要领，检查装置质量等；使用时需注意应先打开滤器的进气口，检查呼吸器的佩戴气密性（简单检查气密性的方法是使用者戴好呼吸器后，将滤器入气口封闭，做几次深呼吸，如感憋气，则可认为气密性良好）等。另外，使用过滤式呼吸器还需注意若使用时进气口已经打开，但还是感到憋气，则需要更换滤料。

相关知识 ▶▶▶

防尘呼吸器的维护与保养

防尘呼吸器每次在使用前后均应检查各部件是否齐全，是否有老化和损坏现象，若有老化失效的部件，应及时更换；检查面罩有无破损；启动是否灵活等。

防尘呼吸器储存地点应干燥、通风、清洁、温度适中；超过存放期，要封样送专业检验部门检验，检验合格后方可延期使用；用过的呼吸器需要进行清洗，晾干保存。注意过滤器不能清洗，且不应敞口存放，过滤器失效后，应及时更换。

任务 2 熟知中药材有效成分提取过程中的安全管理

事故案例 ▶▶▶

2018年天津某制药企业提取车间发生一起爆炸事故，造成3人死亡、2人重伤，直接经济损失1000多万元人民币。中药提取罐罐底出渣口液体泄漏后高速喷溅产生静电，静电荷积聚放电，引燃了提取罐周围乙醇蒸气与空气混合形成的爆炸气体，发生爆炸。

由此可见，中药材提取过程中安全生产管理的重要性。

在中药材有效成分的提取过程中，需要进行加料、出料及药液的输送、加热、冷却、冷凝、过滤、蒸发、蒸馏、干燥等基本单元操作。在这些单元操作中，一方面需注意使用有机溶剂时要防燃防爆和各单元操作条件异常时带来的危害；另一方面使用各单元操作的设备时应注意安全操作，同时也需注意提高操作人员的安全生产意识。

1. 加压操作安全管理

在中药材有效成分的提取过程中，经常会用到加压操作，如板框式压滤法、超临界流体提取等。在加压操作过程中，需注意以下事项。

① 加压设备应符合压力容器标准和生产工艺要求。如选择不合格的加压容器或者生产工艺要求是高压容器，而选择的是中压容器或者非压力容器进行加压，则很容易发生事故。

② 加压系统必须密闭性良好。若加压系统泄漏，则会造成物料泄漏或高速喷出，引发事故。

③ 操作过程中应严密观察压力表，控制升压速度和压力。在加压操作过程中，如压力升高速度太快或压力太高，则会导致喷料，引发事故。

④ 加压操作过程中，应注意检查所用的各种仪表与安全设施，如安全卸压阀、紧急排放管等是否齐全完好。

2. 负压操作安全管理

负压操作是指在低于大气压下的操作。负压操作的设备和压力设备一样，必须符合一定的强度要求，以防负压把设备抽瘪。负压操作时，应注意如下问题：

① 负压操作系统必须密闭性好，以防空气进入设备内部，有可能形成爆炸混合物；

② 系统恢复常压时，应待温度降低后，缓缓放进空气或惰性气体，以防自燃或爆炸；

③ 在真空系统上加装缓冲装置，并定期检查缓冲装置内的液位，以防出现反冲或有害物料从缓冲装置溢出，引起事故；

④ 在负压系统的真空阀、泄压阀的入口处应加装防护装置，以防操作人员接近时发生事故。

想一想 ▷ ▷ ▷

在前面介绍的中药材有效成分的提取方法中，哪些可能会用到正压或负压操作？

---

3. 加料操作安全管理

中药材提取过程中的加料一般采用人工加料。人工加料过程中也存在较大的危险，应从以下方面注意安全。

① 加料前的检查。加料前需检查反应器内的液位、压力等关键工艺情况；当使用易燃易爆的有机溶剂提取时，一定要检查通风系统有无打开；尤其对于有压力容器设备需要检查压力表的灵敏性时，若压力表出现故障（即压力表出现为零的假象），则在打开出料口时很容易发生事故。

② 在生产过程中需严格按照操作规程佩戴健康保护用品，防止发生异常时对人体的伤害。

③ 加料过程中需注意控制投料温度、投料顺序。投料温度太高、投料顺序错误，很容易引起有害物质的溢出和液体的飞溅，造成对操作人员的伤害。如提取有效成分使用水作为溶剂时，一般先加水，再加中药材，以减少粉尘飞扬，减少粉尘给操作人员带来的伤害。

④ 投料过程中有易燃易爆的物质，需注意防静电。

相关知识 ▷ ▷ ▷

加料方式

在药品生产过程中，除采用人工加料外，还有压入加料法、负压加料法。

1. 压入加料法

压入加料法是指在正压下进行投料的方法。采用压入加料时，需要注意控制压力、防止静电的产生，防物料泄漏；压入易燃物料前，需用惰性气体置换反应器内的空气等。

---

2. 负压加料法

负压加料法是采用负压将物料抽入反应器内，特别适合于逸出后容易造成中毒、爆炸等事故的物料。采用负压加料时，需注意液体加料应从设备底部进入，开始加料的速度要慢，物料要控制，设备密封性要好等。

4. 出料操作安全管理

中药材提取物的出料方式有常压出料、带压出料、抽吸出料和机械传动出料等。不同的出料方式，在操作过程中的注意点稍有区别。

（1）常压出料　具有可流动性的物料，常采用常压出料。常压出料过程中要注意：①防止物料泄漏，以免容器蒸气大量逸出发生意外；②控制出料压力，防止出料时压力过高，造成意外事故。

（2）带压出料　若后面系统压力与出料压差较小，在常压下出料困难，则可采用带压出料。带压出料时，需注意压差不能超过一个大气压，否则可能会引起后面系统的异常；对于含有较多固体颗粒的液体物料，在放料时应将搅拌调至低速度而不能停止搅拌，以防发生堵塞。若发生堵塞，一般考虑用溶剂疏通。

（3）抽吸出料　适合于逸出后容易造成中毒、爆炸等事故的物料。抽吸出料是采用负压抽出物料，低沸点的物料不宜用此法，因物料损耗大。抽吸出料时需注意：①避免将物料抽入真空泵，防止发生燃烧、爆炸危险；②在接料设备与抽真空系统间应设置安全缓冲容器。

（4）机械传动出料　当提取物较黏稠或为半固体时，可采用螺旋推进出料。但对于易燃、易爆、热敏感的物料不能用此法，可以采用适当溶剂调成液体状态后，采用常压出料。

议一议 ▶▶▶

某药厂的工人出料时，由于出料管破裂，造成有毒气体泄漏，结果造成10人中毒。试问，出现此类事件的原因有哪些？

5. 药液输送安全管理

中药材提取液的输送方式有从高处向低处输送或从低处向高处输送。药液由低处向高处输送需要有一定的力，故需依靠泵来完成。用来输送液体的泵常有离心泵、往复泵、旋涡泵、齿轮泵、螺杆泵、流体作用泵等，其中最常用的是离心泵和往复泵。用泵输送液体时，需注意以下问题。

① 输送易燃、可燃液体时，管内流速不应超过安全流速，防止静电积累。

② 输送具有爆炸、燃烧性的液体时，应采用氮、二氧化碳等惰性气体代替空气压送，以免造成燃烧或爆炸。

③ 使用离心泵输送液体时，应注意：a. 严格按照安全操作规程进行，如操作前应检查物料储存情况，并确认接料的准备工作已做好；检查接地、接零是否完好；开机时先接通电源，再开出口阀；关机时，先关出口阀，再关电源等。b. 安装时要坚固，并经常检查其牢固性，以防止机械振动造成物料的泄漏。c. 管道应有可靠的接地措施，防止物料流动时与管壁摩擦产生的静电积累。d. 泵入口应设在容器底部或将吸入口深入液体深部，防止因泵

吸入位置不当,在吸入口产生负压,引起爆炸或设备抽瘪事故。e. 在电机与泵的联轴节处应安装防护罩,以免造成人员的绞伤。

④ 使用往复泵输送液体时,应注意:a. 注油处油壶要保证液位,经常检查法兰是否松动,以免因活塞与套缸的磨损、法兰松动造成物料泄漏,引发事故;b. 开机时,应排除空气,以免空气混入物料引起事故;c. 不能用出口阀门调节流量,以免造成缸内压力急剧变化引起事故。

相关知识 ▶▶▶

固体物料的输送

在药品的生产过程中,经常需要输送固体物料。固体物料的输送多采用皮带输送、螺旋输送、刮板输送、链斗输送、斗式提升输送、气力输送等形式。由于输送设备的原理不同,输送过程中产生的问题也有差异。

(1) 采用皮带、螺旋、刮板、链斗、斗式提升输送 其输送设备主要部位是传动部分,这个位置很容易造成操作人员的人身伤害,故需要采取防护措施,如加装安全防护罩,设备安装超负荷、超行程自动停机装置和紧急事故停机装置等。另外,如果输送设备运行不畅,也容易造成事故,故需要经常对其进行维护,做好润滑、加油、清扫等工作。

(2) 气力输送 是借助风机或真空泵产生的气流为动力输送物料,常见有吸送式和压送式。气力输送最大的安全问题是系统堵塞和由摩擦静电引起的粉尘爆炸。

① 堵塞 造成系统堵塞的原因是物料湿度或黏性过高、颗粒沉淀、管道连接不好、管道过粗、管径突然变大、漏风等。因此尽可能采取水平输送,减少拐弯,两个拐弯不能太近;采取合适的输送速度;输送管道内壁应光滑,密封性要好等。

② 静电 静电是粉状物料在输送系统中与管壁摩擦产生的。消除静电的措施有:用导电材料如金属制成管道,并有良好的接地;具有适当的气流速度;及时清理管内粉料等。

---

6. 加热操作安全管理

在中药材有效成分的提取过程中,有些提取方法如煎煮法、回流法等需要采取加热方式进行。在加热过程中需注意如下几点。

(1) 选择适当的加热方式 中药材有效成分提取过程中常用的加热方式有直接火加热、通蒸汽或热水加热、用导热油等载热体加热、电加热等。选择何种加热方式,一般根据提取溶剂和提取成分的性质确定。如对于易燃易爆的有机溶剂就不能选择直接火加热或电加热,而应选择通蒸汽或热水加热;对于忌水的提取成分就不能用热水或蒸汽加热,可采用油加热等。

(2) 保证适宜的反应温度 反应温度高于工艺要求的温度,不但会使有效成分发生分解,而且还可能发生冲料、燃烧、爆炸等生产事故。

(3) 保持适宜的升温速度 加热过程中,需要保持一定的升温速度,不能太快。通常仪表显示的温度比加热的实际温度要低一些,若升温过快,不仅容易使反应超过需要的温度,引起有效成分的分解;而且还会损坏设备如损坏带有衬里的设备及各种加热炉、反应炉等。

（4）严密注意压力变化　当使用压力容器提取有效成分时，须在加热过程中严密注意设备的压力变化，通过排气等措施及时调节压力，以免在升温过程中造成压力过高，发生冲料、燃烧和爆炸事故。

> **相关知识** ▶▶▶
>
> ### 气 体 输 送
>
> 药品生产中也会用到气体物料，气体输送的设备常用压缩机，压缩机的种类有往复式压缩机、离心式压缩机、旋转式压缩机、真空泵等。气体输送过程中需要注意以下问题。
>
> ① 气体输送过程中应保持良好的密封性，经常检查气体抽送、压缩设备上的垫圈损坏情况，损坏后及时更换。
>
> ② 压缩机在运行中不能中断润滑油和冷却水，并注意冷却水不能进入汽缸。
>
> ③ 压缩机的汽缸、储气罐以及输送管道应有足够强度，防止因压力升高而引发的爆炸危险。另外需安装准确可靠的压力表和安全阀或爆破片，还可安装压力超高报警器、自动调节装置或压力超高自动停机装置。
>
> ④ 输送可燃气体的管道应保持正压，根据需要安装逆止阀、水封和阻火器等，管道有良好接地装置。
>
> ⑤ 输送可燃、易燃气体系统中的电机部分应符合防爆标准。

7. 冷却与冷凝操作安全管理

采用蒸馏法、蒸发法等方法提取中药材有效成分时，需要进行冷却、冷凝操作。在进行冷却、冷凝操作时，需注意以下事项。

① 正确选用冷却、冷凝设备。冷却、冷凝设备的选用一般依据需要冷却、冷凝物料的温度、压力、性质及工艺要求等来选择确定。例如需要冷却、冷凝物料的温度非常高，若选择的冷却、冷凝设备不能耐受冷却物料高温，则可能引起冷却、冷凝设备的爆裂，引发生产事故。

② 严格注意冷却、冷凝设备的密闭性。如果设备的密闭性不好，则可能使物料和冷却剂发生混合，从而引发生产事故。

③ 冷却、冷凝操作过程中，冷却、冷凝介质不能中断。若冷却、冷凝过程中冷却剂中断，会造成积热，如果不能及时导走热量，则可能引起系统温度、压力骤增，造成生产事故，甚至可能导致火灾爆炸事故。因此，冷却、冷凝介质温度控制最好采用自动调节装置。

④ 冷却、冷凝设备开机时，应先通入冷却剂，待冷却剂流动正常后，再通入需冷却的高温物料；停机时，应先停物料，再关冷却系统，以防止需冷却物料的高温引起冷却、冷凝设备的损坏，甚至发生事故。

⑤ 对于冷却后易变黏稠或凝固的物料，需要控制冷却的温度，防止物料堵塞设备及管道等引发事故。

8. 过滤操作安全管理

过滤是中药材有效成分提取时进行固液分离的常用方法。过滤操作的动力有常压、加压、真空、离心等，操作过程中应注意以下几点。

① 加压过滤时，若会逸出易燃、易爆、有害气体，则应采用密闭过滤机，并用惰性气体或压缩空气保持正压；取滤渣时，应先减压。

② 在有火灾、爆炸危险的工艺中，不宜使用离心过滤机。若必须采用，则应严格控制电机安装质量，安装限速装置。

③ 离心过滤操作时需注意防止剧烈震动、防止杂物落入离心机内、机器停止后才能进行器壁清理等；加压过滤与真空过滤操作注意事项见正压与负压操作。

9. 蒸馏操作安全管理

用蒸馏方法提取中药材有效成分时，需注意以下事项。

① 应根据有效成分的性质选择不同的蒸馏方法和设备，如常压下沸点100℃左右的有效成分，可采用常压蒸馏；常压下沸点在150℃以上的，应采用减压蒸馏；常压下沸点低于30℃的，则应采取加压蒸馏。

② 选择适当的热源，如对于易燃液体的蒸馏一般不能使用明火作为热源。

③ 蒸馏系统应具有良好的密闭性，以防蒸气或液体泄漏，而引发事故。

④ 蒸馏过程应注意防止冷却水进入蒸馏塔内，否则易发生冲料，甚至引发火灾爆炸等。

⑤ 保证塔顶冷凝器中的冷却水不中断，否则未冷凝的易燃蒸气逸出可能引起燃烧。

⑥ 在蒸馏过程中要防止蒸干，以免残渣焦化结垢后，造成局部过热而引发事故。

⑦ 减压蒸馏开机时，应注意先开真空泵，然后开塔顶冷却水，最后开加热；关机时，顺序相反。

⑧ 加压蒸馏时，除应保证系统密闭外，还应注意控制蒸馏压力和温度，并装安全阀，以防蒸气泄漏或发生冲料，引发事故。

10. 蒸发操作安全管理

为提高中药提取液中有效成分的浓度，通常采用蒸发操作。蒸发操作过程中应注意以下几点。

① 应根据蒸发溶液的性质（如溶液黏度、发泡性、腐蚀性、热敏性等）来选择适当的蒸发器。如溶液的黏度较大时，应选择加热管光滑的蒸发器；而腐蚀性较大的溶液，则应选择耐腐蚀性材料做成的蒸发器。

② 应严格控制蒸发温度，以防热敏性成分分解。

③ 蒸发系统应定期清洗、除垢，以防传热量降低。

④ 若蒸发器内的溶液蒸干，应停止供热，待冷却后，再加料。

11. 干燥操作安全管理

中药材提取物经过蒸发浓缩后，有时需要进一步干燥成浸膏，以便于成型操作。在干燥过程中应注意以下几点。

① 干燥室与生产车间应用防火墙隔绝，并有良好的通风设备，且干燥室内不能放置易自燃的物质。

② 干燥易燃易爆物品时，不能采用明火加热，并且所用的干燥设备应具有防爆装置。

③ 若需干燥的物料中含有自燃点低或含有其他有害杂质时，必须在烘干前彻底清除。

④ 应定期清理干燥设备内死角积料，以防积料长时间受热发生变化而引发事故。

⑤ 使用对流干燥时，应注意控制干燥温度和干燥气流速度，以防局部过热和摩擦产生

的静电引发的爆炸危险，并且干燥设备应有防静电措施。

⑥ 使用滚筒干燥器时，应注意调整刮刀与筒壁间隙，防止碰撞产生火花。

⑦ 使用真空干燥器时，应注意要降低温度后才能放进空气。

议一议 ❯❯❯

2009 年 10 月 20 日，某药厂干燥车间的工人林某在使用滚筒干燥器时，发现滚筒震动并发出声响，便去检查测听滚筒轴承和齿轮，发现是没有润滑油才发出声响，便取来润滑油在机器运转情况下用毛刷蘸油为齿轮抹油。抹油时齿轮咬合处一下子将毛刷带进，林某措手不及右手也被带进至手腕处，结果右手被绞碾粉碎。

试分析出现此事故的原因，采取何种措施可防止此类事件？

知识积累 ❯❯❯

扫一扫测试

1. 中药制品是指在中医药理论的指导下，用以防病、治病的药物的总称，包括中药材、中药饮片和中成药。

2. 防尘的管理措施有：制订防尘计划和规章制度；对接触粉尘操作人员应定期进行健康检查；制定清扫制度；定期检测生产环境中的粉尘浓度；开展防尘的宣传教育等。

项目九　测试

3. 防尘的技术措施有：改革生产工艺和生产设备、采用通风排气装置和空气净化除尘设备、对初次粉碎进行安全评估等。

4. 中药材有效成分提取过程中需注意加料、出料及药液的输送、加热、冷却、冷凝、过滤、蒸发、蒸馏、干燥等生产过程的安全性。

 ## 【目标检测】

一、判断题

1. 中药材包括中药饮片。（　　）

2. 制备中成药的原料是中药材。（　　）

3. 中药材粉碎过程中的粉尘通常是有机粉尘、无机粉尘或两者的混合物。（　　）

4. 防尘口罩是通过滤料净化含尘的空气。（　　）

5. 使用滚筒干燥器时，应注意调整刮刀与筒壁间隙，防止碰撞产生火花。（　　）

6. 加压操作过程中压力不能升高太快，以免造成喷料引发事故。（　　）

7. 冷却设备开机时，应先通需冷却的物料，再通冷却剂。（　　）

8. 对流干燥的气流速度越快越好。（　　）

9. 常压蒸馏对蒸馏系统的密闭性无要求。（　　）

10. 若蒸发过程中发现蒸发器内的溶液快蒸干，可立即加入蒸发溶液。（　　）

二、单选题

1. 属于中药制品的是（　　）。

A. 中药材　　　　　　B. 中药饮片　　　　　　C. 中成药　　　　　　D. A＋B＋C

2. 超临界流体提取法通常使用的气体是（　　）。

A. 二氧化碳 　　　B. 氨 　　　　　C. 氧化亚氮 　　　D. 乙烯

3. 不能除去粉尘的方法是（　　）。

A. 通风 　　　　　B. 吸尘 　　　　C. 清扫 　　　　　D. 湿法粉碎

4. 适合于后面系统压力与出料压差较小的出料方式是（　　）。

A. 常压出料 　　　B. 带压出料 　　C. 抽吸出料 　　　D. 机械传动出料

5. 采用易燃易爆的有机溶剂提取时，不宜采用的加热方式是（　　）。

A. 直接火加热 　　B. 通蒸汽加热 　C. 热水加热 　　　D. 用油加热

6. 减压蒸馏一般用于常压沸点为（　　）以上的物料。

A. 30℃ 　　　　　B. 50℃ 　　　　C. 100℃ 　　　　D. 150℃

7. 输送爆炸、燃烧性液体时，可采用的气体是（　　）。

A. 二氧化碳 　　　B. 氧气 　　　　C. 空气 　　　　　D. A＋B＋C

8. 过滤的动力有（　　）。

A. 常压 　　　　　B. 减压 　　　　C. 加压 　　　　　D. A＋B＋C

三、简答题

1. 粉尘对人体的危害有哪些？

2. 使用离心泵输送药液时，应注意哪些问题？

3. 加压与负压操作应注意哪些问题？

4. 加热操作应注意哪些事项？

扫一扫ppt

项目十 ppt

项目十
制药企业健康保护概述

学习目标

1. 知识目标
（1）掌握健康保护的概念、内容、用品功能。
（2）熟悉建立职业健康安全管理体系的基本思想。
（3）了解职业健康安全管理体系的术语、特点、主要内容、实施步骤。

2. 能力目标
（1）能熟练说出健康保护的重要性、内容、用品功能。
（2）能说出建立职业健康安全管理体系的基本思想。
（3）知道职业健康安全管理体系的术语、特点、主要内容、实施步骤。

3. 素养目标
（1）初步培养学生"PDCA 循环管理，标准化管理"的职业素养。
（2）初步培养学生"佩戴防护用具，自我保护"的安全意识。

单元一
理解制药企业健康保护的内涵

任务 1　理解制药企业健康保护的概念

> **议一议** ▷▶▷▶
>
> 1. 我们知道很多职业会产生职业病，试说出你知道的职业病种类。
> 2. 试说说你所知的职业病是由哪些原因引起的。

在药品生产过程中，因生产过程中的管理不合理、规章制度不完善或某些药品的生产环境与生产工序等的特殊要求，可能引起生产人员身体不适，使生产人员患上各种疾病，甚至由这些疾病可导致生产人员伤残而丧失生产能力或死亡。如从事无菌操作生产的生产人员没有及时更换岗位，导致生产人员抵抗力下降，患上各种疾病等；又如小容量注射剂的可见异物检查，需要生产人员用肉眼进行观察，时间过长可引起生产人员的视觉疲劳，甚至视力下降。

制药企业健康保护从广义上来讲是指保护企业人员在劳动过程中的生命安全和身心健康；从狭义上来讲是指国家和制药企业为保护企业人员在劳动过程中的安全和健康所采取的立法和组织管理与技术措施的总称，如《药品生产质量管理规范》（GMP）、《药品管理法》等。

> **想一想** ▷▶▷▶
>
> 1. 国家为保证制药企业人员的健康，制定了哪些相关的法律法规？
> 2. 制药企业为保证本企业人员的健康，制定了哪些相关的规章制度？

任务 2　了解制药企业健康保护的任务

制药企业健康保护的任务主要有：一是保证企业人员在劳动过程中的生命安全和身心健康；二是保证制药企业周边居民的生命安全和身心健康；三是保证制药企业周边的空气、河流、土壤等不会受到污染。

制药企业为完成上述健康保护的任务，必须制定各种规章制度，制定各种规章制度的指导方针是"安全第一，预防为主"。

"安全第一"要求制药企业把人的生命安全和身体健康放在第一位。企业要尽可能避免人员伤亡及职业病的发生；要求企业人员不违章操作，把安全生产放在第一位，当生产与安全发生矛盾时，实行"生产服从安全"原则。

"预防为主"要求企业加强对安全事故的管理和职业危害的预防工作。企业要加强安全教育，提高企业人员安全意识；要尽可能采用先进设备和技术，确保安全生产；运用先进的管理方法和技术，预测和预防危险因素的产生。

议一议 ▶ ▶ ▶

1993 年 8 月 5 日，深圳市某储运公司危险化学药品仓库区发生特大爆炸事故，造成 15 人死亡，200 多人受伤，其中重伤 25 人，直接经济损失超过 2.5 亿元。

事故调查发现，该仓库区离深圳市繁华市区的国贸大厦仅 4.4km，与煤气储运站距离仅 300m，且该煤气储运站建在居民住宅小区；该仓库区又存放有大量硫化碱、过硫酸铵等物品，而过硫酸铵遇硫化碱即产生激烈反应、放热；该仓库刚出现火情需灭火时，管理员发现消防设施无水，用灭火器灭火没有扑灭，电话报警时"119"接不通。

根据上面的事故调查，试分析政府部门、该公司在管理上存在哪些问题。

任务 3　理解制药企业健康保护的管理

制药企业健康保护管理包括健康保护组织机构、健康保护法律体系、健康保护教育和健康保护监察。

1. 健康保护组织机构

健康保护组织机构应包括政府和企业两部分。

政府健康保护组织主要负责健康保护立法、健康保护监察、劳动争议仲裁和劳动安全保险等工作。

企业健康保护组织主要负责制定健康保护措施、开展生产安全教育、管理健康保护用品等工作。

2. 健康保护法律体系

为保护企业人员在生产过程中的健康，规范企业人员在生产过程中的行为准则，各个国家均用法律的形式制定了一系列保护企业人员安全与健康的法律规范，并由国家强制执行。

我国健康保护的法律体系主要包括健康保护法律、法规及企业健康保护规章制度。

健康保护法律有《中华人民共和国宪法》《中华人民共和国劳动法》《中华人民共和国劳动合同法》《安全生产法》《中华人民共和国消防法》《职业病防治法》等。

健康保护的法规有《特种作业人员安全技术培训考核管理办法》《危险化学品安全管理条例》《职业健康检查管理办法》《职业病诊断与鉴定管理办法》《中华人民共和国尘肺病防治条例》《使用有毒物品作业场所劳动保护条例》等。

企业健康保护的规章制度有安全生产责任制、安全生产岗位责任制度、安全生产教育制度、事故及时报告制度等。

3. 健康保护教育

　　健康保护教育即安全生产教育，目的是提高企业人员的安全生产意识、掌握安全生产技能和生产过程中执行安全生产法律、法规及规章制度的自觉性。

　　制药企业新进人员在上岗前应进行"三级安全教育"，即接受厂级、车间、班组或岗位三级安全教育。厂级安全教育主要内容包括安全生产基本知识、安全生产法律法规、单位安全概况和安全生产的相关规章制度等；车间安全教育包括车间布局、车间危险区域、车间健康保护的相关规章制度、车间的防火知识、车间事故多发部位的管理等；班组或岗位安全教育是针对具体岗位进行的安全生产知识教育，主要包括本岗位安全操作规程和岗位责任、健康保护用品的正确使用与爱护要求、文明生产要求、示范安全操作等。

　　制药企业可采用各种形式的健康保护教育，如传播媒介、卫生服务、干预措施等，使企业员工达到：①熟悉自己所处生产环境可能接触的有害因素及其对健康的影响；②参与控制影响健康的因素，积极改善环境和生产方式，自觉实行自我保健和选择有利于健康的行为方式。

4. 健康保护监察

　　我国有完整的健康保护监察方面的法律法规体系，如《特种设备安全监察条例》《劳动保障监察条例》等；专门的监察管理机构，如国家安全生产监督管理总局、各地方的安全生产监督管理局等，用以切实保护企业人员的人身安全。

任务 4　熟知制药企业健康保护的用品

　　健康保护用品是指为保护企业人员在生产过程中免遭或减轻事故伤害和职业危害而提供的个人随身佩戴的用品。一般来说，健康保护用品是企业人员保护身体健康的最后一项有效保护措施。

　　健康保护用品的主要功能为预防工伤事故和预防职业病。预防工伤事故的健康保护用品包括防坠落用具如安全绳等，防撞击用具如安全帽等，防电用具如绝缘服等，防机械外伤用具如手套等，以及防酸碱用品和防水用品等。预防职业病的健康保护用品包括防尘用具如防尘口罩等，防毒用品如防毒面具等，防寒用品如防寒手套等，防噪声用品、防放射与辐射用品等。但有些物品兼具两种功能，如防尘安全帽、防尘面罩等。

单元二
职业健康安全管理体系

职业健康安全管理体系（OHSMS）是一种科学、系统、全面的管理体系，旨在为组织提高职业健康安全绩效提供一个科学、有效的管理手段，保护员工免受职业健康和安全风险的影响，并帮助组织实现可持续发展的目标。该体系由组织结构、职责和权限、培训和意识、危险源辨识和风险评估等多个要素组成，具有系统性、全面性、预防性、动态性和客观性等特点。因此，OHSMS 已得到了广泛的认可和应用，已成为全球范围内通用的管理方法之一。

国家强制性地要求制药企业必须实施 GMP，而 GMP 的内容中包含着保护员工职业健康安全的要求，因此可认为 OHSMS 标准是 GMP 质量管理内涵的外延。

拓展提高 ▶▶▶

我国职业健康安全管理体系的发展历程

国际标准化组织（ISO）是在 1995 年上半年正式开展 OHSMS 标准化工作的，当时我国就派代表参加了特别工作小组，说明我国对职业健康安全管理标准化是非常重视的。

1996 年 3 月 8 日，我国成立了"职业健康安全管理标准化协调小组"；1997 年中国石油天然气总公司制定了《石油天然气工业健康、安全和环境管理体系》《石油地震队健康、安全与环境管理规范》《石油天然气钻井健康、安全与环境管理体系指南》三个行业标准；1998 年，我国劳动保护科学技术学会提出了《职业安全卫生管理体系规范及使用指南》；1999 年 10 月，国家经贸委颁布了《职业安全卫生管理体系试行标准》，下发了在国内开展 OSHMS 试点工作的通知；2000 年 7 月，国家经贸委成立了"全国职业安全卫生管理体系认证指导委员会"、"全国职业安全卫生管理体系认证机构认可委员会"（简称安认委）和"全国职业健康安全管理体系审核员注册委员会"（简称安注委），制定了职业安全卫生管理体系认可、认证、注册等一系列技术基础性文件；2001 年 11 月 12 日，国家质检总局发布了《职业健康安全管理体系 要求》（GB/T 28001—2011），并于 2002 年 1 月 1 日正式实施；2020 年 3 月 6 日，国家标准《职业健康安全管理体系 要求及使用指南》（GB/T 45001—2020）实施，原标准《职业健康安全管理体系 要求》（GB/T 28001—2011）和《职业健康安全管理体系 实施指南》（GB/T 28002—2011）废除；与 GB/T 28001 标准相比，GB/T 45001 更加强调了组织环境以及工作人员和其他相关方的需求和期望，强化了领导作用，强调了工作人员协商和参与，细化了危险源辨识和风险评价的要求，对文件化信息的要求更加灵活，强化了变更管理要求，更加关注职业健康安全绩效、绩效监视和测量。

任务 1 了解职业健康安全管理体系的基本思想

职业健康安全管理体系（OHSMS）采用了基于风险的思维，基于 PDCA 循环的管理方法。PDCA 概念是一个迭代过程，可被组织用于实现持续改进。即它对组织内的各项工作通过策划（plan）、实施（do）、检查（check）、改进（action）的管理过程，对组织内的各项生产和管理活动进行规划，并及时采取纠正措施，保证实施过程中不会偏离原有的目标和原则。它要求用人单位在实施职业健康安全管理体系时始终保持持续改进的意识，对体系进行不断修订和完善，最终实现预防和控制事故、疾病及其他损失的目标。

任务 2 理解职业健康安全管理体系标准的基本术语

1. 组织

组织是指为实现目标，由职责、权限和相互关系构成自身功能的一个人或一组人。

组织包括但不限于个体经营者、公司、集团、商行、企事业单位、行政管理机构、合伙制企业、慈善机构或社会机构，或者上述组织的某部分或其组合，无论是否为法人组织、公有或私有。

2. 过程

过程是指将输入转化为输出的一系列相互关联或相互作用的活动。

3. 程序

程序是指为执行某活动或过程所规定的途径。其可以文件化或不文件化。

4. 目标

目标是指要实现的结果。

目标可以是战略性的、战术性的或运行层面的；也可涉及不同领域（如财务的、健康安全的和环境的目标），并可应用于不同层面（如战略层面、组织整体层面、产品和过程层面）。

5. 职业健康安全目标

职业健康安全目标是指组织为实现与职业健康安全方针相一致的特定结果而制定的目标。

6. 相关方或利益相关方

相关方（首选术语）或利益相关方（许用术语）是指可影响决策或活动、受决策或活动所影响，或者自认为受决策或活动影响的个人或组织。

7. 承包方

承包方是指按照约定的规范、条款和条件向组织提供服务（可包括建筑活动等）的外部组织。

8 工作场所

工作场所是指在组织控制下，人员因工作需要而处于或前往的场所。

在职业健康安全管理体系中，组织对工作场所的责任取决于其对工作场所的控制程度。

9. 管理体系

管理体系是指组织用于建立方针和目标，以及实现这些目标的过程的一组相互关联或相互作用的要素如组织的结构、角色和职责、策划、运行、绩效评价和改进。其范围可包括整个组织，组织中具体且可识别的职能或部门，或者跨组织的一个或多个职能。

一个管理体系可针对单个或多个领域。

10. 职业健康安全管理体系（OHSMS）

职业健康安全管理体系是指用于实现职业健康安全方针的管理体系或管理体系的一部分。

职业健康安全管理体系的目的是防止对工作人员的伤害和健康损害以及提供健康安全的工作场所。

11. 最高管理者

最高管理者是指在最高层指挥和控制组织的一个人或一组人。若管理体系的范围仅覆盖组织的一部分，则最高管理者是指那些指挥和控制该部分的人员。

在保留对职业健康安全管理体系承担最终责任的前提下，最高管理者有权在组织内授权和提供资源。

12. 工作人员

工作人员是指在组织控制下开展工作或与工作相关的活动的人员，包括最高管理者、管理类人员和非管理类人员。

工作人员可在不同安排下有偿或无偿地开展工作或与工作相关的活动，如定期的或临时的、间歇性的或季节性的、偶然的或兼职的等。

根据组织所处的环境，在组织控制下所开展的工作或与工作相关的活动可由组织雇佣的工作人员、外部供方的工作人员、承包方、个人、外部派遣工作人员，以及其工作或与工作相关的活动在一定程度上受组织共同控制的其他人员来完成。

13. 方针

方针是指由组织最高管理者正式表述的组织意图和方向。

14. 职业健康安全方针

职业健康安全方针是指为防止工作人员受到与工作相关的伤害和健康损害、提供健康安全的工作场所的方针。

15. 参与

参与是指参加决策。

参与包括使健康安全委员会和工作人员代表（若有）加入。

16. 协商

协商是指决策前征询意见。

协商包括使健康安全委员会和工作人员代表（若有）加入。

17. 要求

要求是指明示的、通常隐含的或必须满足的需求或期望。其中"通常隐含的"是指对组织和相关方而言，按惯例或常见做法，对这些需求或期望加以考虑是不言而喻的。

注：规定的要求是指经明示的要求，如文件化信息中所阐明的要求等。

18. 法律法规要求和其他要求

法律法规要求和其他要求是指组织必须遵守的法律法规要求，以及组织必须遵守或选择遵守的其他要求。

法律法规要求和其他要求包括与职业健康安全管理体系相关的要求，集体协议的规定，以及依法律、法规、集体协议和惯例而确定的工作人员代表的要求。

19. 有效性

有效性是指完成策划的活动并得到策划结果的程度。

20. 伤害和健康损害

伤害和健康损害，意味着存在伤害和（或）健康损害，是指对人的生理、心理或认知状况的不利影响如职业疾病、不健康和死亡。

21. 危险源

危险源是指可能导致伤害和健康损害的来源，包括可能导致伤害或危险状态的来源，或可能因暴露而导致伤害和健康损害的环境。

注：考虑到中国安全生产领域现实存在的相关称谓，在标准（GB/T 45001—2020）中将"危险源""危害因素"和"危害来源"视为同义。但对于中国安全生产领域中那些仅涉及对"物"或"财产"的损害而不涉及对"人"的伤害和健康损害的情况，则标准（GB/T 45001—2020）中的"危险源""危害因素"或"危害来源"不适用。

22. 风险

风险是指不确定性的影响。其中影响是指对预期的偏离——正面的或负面的；不确定性是指对事件及其后果或可能性缺乏甚至部分缺乏相关信息、理解或知识的状态。

通常，风险是以潜在"事件"（见 GB/T 23694—2013，4.5.1.3）和"后果"（见 GB/T 23694—2013，4.6.1.3），或两者的组合来描述其特性；风险以某事件（包括情况的变化）的后果及其发生的"可能性"（见 GB/T 23694—2013，4.6.1.1）的组合来表述。

注：在标准（GB/T 45001—2020）中使用术语"风险和机遇"之处，意指职业健康安全风险、职业健康安全机遇以及管理体系的其他风险和其他机遇。

23. 职业健康安全风险

职业健康安全风险是指与工作相关的危险事件或暴露发生的可能性与由危险事件或暴露而导致的伤害和健康损害的严重性的组合。

24. 职业健康安全机遇

职业健康安全机遇是指一种或多种可能导致职业健康安全绩效改进的情形。

25. **能力**

能力是指运用知识和技能实现预期结果的本领。

26. **文件化信息**

文件化信息是指组织需要控制并保持的信息及其载体。

文件化信息可以任何形式和载体存在，并可来自任何来源。其可涉及管理体系，包括相关过程；为组织运行而创建的信息（文件）；结果实现的证据（记录）等。

27. **绩效**

绩效是指可测量的结果。

绩效可能涉及定量或定性的发现。结果可由定量或定性的方法来确定或评价。

绩效也可能涉及活动、过程、产品（包括服务）、体系或组织的管理。

28. **职业健康安全绩效**

职业健康安全绩效是指与防止对工作人员的伤害和健康损害以及提供健康安全的工作场所的有效性相关的绩效。

29. **外包**

外包是指对外部组织执行组织的部分职能或过程做出安排。

注：虽然被外包的职能或过程处于组织的管理体系范围之内，但外部组织则处于范围之外。

30. **监视**

监视是指确定体系、过程或活动的状态。为了确定状态，可能需要检查、监督或批判地观察。

31. **测量**

测量是指确定值的过程。

32. **审核**

审核是指为获得审核证据并对其进行客观评价，以确定满足审核准则的程度所进行的系统的、独立的和文件化的过程。

审核可以是内部（第一方）审核或外部（第二方或第三方）审核，也可以是一种结合（结合两个或多个领域）的审核。其中内部审核由组织自行实施或由外部方代表其实施。

33. **符合**

符合是指满足要求。

34. **不符合**

不符合是指未满足要求。

注：不符合与本标准的要求和组织自己确定的职业健康安全管理体系附加的要求有关。

35. **事件**

事件是指由工作引起的或在工作过程中发生的可能或已经导致伤害和健康损害的情况。尽管事件可能涉及一个或多个不符合，但在没有不符合时也可能会发生。

注：发生伤害和健康损害的事件有时被称为"事故"；未发生但有可能发生伤害和健康损害的事件也可称为"未遂事件""未遂事故"或"事故隐患"等。

36. 纠正措施

纠正措施是指为消除不符合或事件的原因并防止再次发生而采取的措施。

37. 持续改进

持续改进是指提高绩效的循环活动。

注：提高绩效涉及使用职业健康安全管理体系，以实现与职业健康安全方针和职业健康安全目标相一致的整体职业健康安全绩效的改进；持续并不意味着不间断，因此活动不必同时在所有领域发生。

任务 3 了解职业健康安全管理体系的要素

职业健康安全管理体系（OHSMS）标准在不同的国家或不同的领域中在内容的表述上存在一定差异。我国《职业健康安全管理体系要求及使用指南》（GB/T 45001—2020）主要由领导作用、策划、支持和运行、绩效评价、改进五大要素构成，而此结构系统采用 PDCA 循环管理模式。PDCA 与此标准中五大要素的关系见图 10-1。

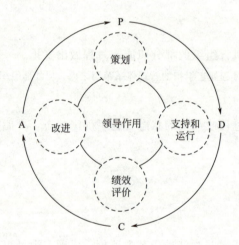

图 10-1　PDCA 与 OHSMS 中五大要素的关系

职业健康安全管理体系中的五大要素简述如下：

1. 领导作用

最高管理者在职业健康安全管理体系中的领导作用和承诺有：①对防止与工作相关的伤害和健康损害以及提供健康安全的工作场所和活动全面负责并承担责任；②确保职业健康安全方针和相关职业健康安全目标得以建立，并与组织战略方向相一致；③确保将职业健康安全管理体系要求融入组织业务过程之中；④确保可获得建立、实施、保持和改进职业健康安全管理体系所需的资源；⑤就有效的职业健康安全管理和符合职业健康安全管理体系要求的重要性进行沟通；⑥确保职业健康安全管理体系实现其预期结果；⑦指导并支持人员为职业健康安全管理体系的有效性作出贡献；⑧确保并促进持续改进；⑨支持其他相关管理人员证实在其职责范围内的领导作用；⑩在组织内建立、引导和促进支持职业健康安全管理体系预期结果的文化；⑪保护工作人员不因报告事件、危险源、风险和机遇而遭受报复；⑫确保组织建立和实施工作人员的协商和参与的过程；⑬支持健康安全委员会的建立和运行。

2. 策划

职业健康安全管理体系中策划的内容主要包括：①危险源辨识及风险和机遇的评价及应对措施；②职业健康安全风险和职业健康安全管理体系的其他风险的评价及应对措施；③职业健康安全机遇和职业健康安全管理体系的其他机遇的评价及应对措施；④法律法规要求和其他要求的确定及满足；⑤职业健康安全目标的确定及其实现的策划；⑥对紧急情况做出准备和响应。

3. 支持和运行

职业健康安全管理体系中支持和运行的内容有：①资源、能力、意识、沟通；②文件化信息；③运行策划与控制如按照准则实施过程控制、使工作适合于工作人员、消除危险源和降低职业健康安全风险、变更管理等；④应急准备和响应。

4. 绩效评价

职业健康安全管理体系中绩效评价的要素有：①监视、测量、分析和评价绩效；②内部审核；③管理评审。

组织对绩效进行监视、测量、分析和评价时，应确定：①需要监视和测量的内容；②进行监视、测量、分析和评价的方法，以确保结果有效；③组织评价其职业健康安全绩效所依据的准则；④实施监视和测量的时间；⑤对监视和测量的结果进行分析和评价的时间。另外，组织对绩效进行监视、测量、分析和评价时，还应评价质量管理体系的绩效和有效性；保留适当的形成文件化信息，作为监视、测量、分析和评价绩效的结果的证据；对法律法规要求和其他要求的合规性进行评价等。

组织制定内部审核方案时，应注意的事项有：①考虑相关过程的重要性和以往审核结果的情况下，策划、建立、实施和保持包含频次、方法、职责、协商、策划要求和报告的审核方案；②规定每次审核的审核准则和范围；③选择审核员并实施审核，以确保审核过程的客观性和公正性；④确保向相关管理者报告审核结果；⑤确保向工作人员及其代表（若有）以及其他有关的相关方报告相关的审核结果；⑥采取措施，以应对不符合和持续改进其职业健康安全绩效；⑦保留文件化信息，作为审核方案实施和审核结果的证据。

管理评审是指最高管理者按策划的时间间隔对组织的职业健康安全管理体系进行评审，以确保其持续的适宜性、充分性和有效性的活动。管理评审时应考虑的事项有：①以往管理评审所采取措施的状况；②与职业健康安全管理体系相关的内部和外部议题的变化，如相关方的需求和期望、法律法规要求和其他要求、风险和机遇等；③职业健康安全方针和职业健康安全目标的实现程度；④职业健康安全绩效方面的有关信息，如监视和测量的结果、对法律法规要求和其他要求的合规性评价的结果、审核结果，工作人员的协商和参与等；⑤保持有效的职业健康安全管理体系所需资源的充分性；⑥与相关方的有关沟通；⑦持续改进的机会。

5. 改进

职业健康安全管理体系中改进的措施主要包括纠正措施、持续改进两个方面。

当事件或不符合发生时，组织应采取的措施有：①及时对事件和不符合做出反应，并在适用时采取措施予以控制和纠正、处置后果；②在工作人员的参与和其他相关方的参加下，通过调查事件或评审不符合、确定导致事件或不符合的原因、确定类似事件是否曾经发生过、不符合是否存在等活动，评价是否采取纠正措施，以消除导致事件或不符合的根本原因，防止事件或不符合再次发生或在其他场合发生；③在适当时，对现有的职业健康安全风险和其他风险的评价进行评审；④按照控制层级和变更管理，确定并实施任何所需的措施，包括纠正措施；⑤在采取措施前，评价与新的或变化的危险源相关的职业健康安全风险；⑥评审任何所采取措施的有效性，包括纠正措施；⑦在必要时，变更职业健康安全管理体系。

组织持续改进职业健康安全管理体系的适宜性、充分性与有效性的方式有：①提升职业健康安全绩效；②促进支持职业健康安全管理体系的文化；③促进工作人员参与职业健康安全管理体系持续改进措施的实施；④就有关持续改进的结果与工作人员及其代表（若有）进行沟通；⑤保持和保留文件化信息作为持续改进的证据。

任务 4　了解职业健康安全管理体系的建立与实施

建立职业健康管理体系的根本目的是通过组织制定的职业健康安全方针、目标和管理方案，在落实职责分工和资源配置的条件下，对组织的职业健康安全活动进行程序化、文件化的控制，实行持续改进，不断改善组织的职业健康安全绩效。因此组织的健康安全管理体系建立成功与否，关键看实施的程度和效果。

建立与实施职业健康安全管理体系的具体过程可参考如下步骤。

1. 学习与培训

管理层培训主要是针对职业健康安全管理体系的基本要求、主要内容和特点，以及建立与实施职业健康安全管理体系的重要意义与作用。培训的目的是统一思想、在推进体系中给予有力的支持与配合。

内审员培训是建立和实施职业健康安全管理体系的关键。应根据专业的需要，通过培训确保他们具备开展初始评审、编写体系文件和进行审核等工作能力。

全体员工培训的目的是使他们了解职业健康安全管理体系，并在今后的工作中能够积极主动地参与职业健康安全管理体系的各项实践。

2. 初始评审

初始评审的目的是为建立和实施职业健康安全管理体系提供基础，为职业健康安全管理体系的持续改进建立绩效基准。

初始评审的结果应形成文件，并作为建立职业健康安全管理体系的基础。

3. 体系策划

实施初始评审后，根据评审结果，结合本企业的现有资源（包括人力、财力和物力等）以及现有技术水平，进行职业健康安全管理水平的整体策划和设计。

4. 文件编写

企业根据职业健康安全管理体系的标准和结合自身的具体情况，对体系的全部要素进行具体描述，形成不同层次的文件（文件可以是书面或电子媒体形式），以确保所建立的职业健康安全管理体系在任何情况下均能得到充分理解和有效运行。

职业健康安全管理体系文件的结构，多数情况下采用手册、程序文件以及作业指导书的方式等。

5. 体系试运行

各个部门和所有人员都按照职业健康安全管理体系的要求开展相应的健康安全管理和活动，对职业健康安全管理体系进行试运行，以检验体系策划与文件化规定的充分性、有效性等。

6. 评审完善

根据职业健康安全管理体系的试运行结果，特别是依据绩效监测和策略、审核以及管理评审的结果，检查与确认职业健康安全管理体系各要素是否按照安排计划有效运行，是否达到了预期目标，并采取相应的改进措施，使所建立的职业健康安全管理体系得到进一步完善。

任务 5　了解职业健康安全管理体系的认证

职业健康安全管理体系（OHSMS）的认证是由获得认证资格的 OHSMS 认证机构，依据审核准则对受审方通过实施审核认证评定，确认受审方的 OHSMS 的符合性及有效性，并颁发证书和标志的过程。

职业健康安全管理体系认证的实施程序包括认证的申请与受理、审核策划与准备、审核的实施、纠正措施的跟踪与验证、认证后的监督与复评。

1. 认证的申请与受理

（1）认证的申请　已建立并有效运行了职业健康安全管理体系的用人单位，可以向经国家认证机构委员会认可的认证机构提出认证申请。申请认证的用人单位应按认证机构的要求填写认证申请书，并附上相关资料，当然认证申请也可以由委托方提出。

在认证申请中一般认证机构需要了解的内容有：①用人单位的背景情况，包括名称、地址、法律地位、联系方式、产品及其用途、产量、产值、所有制形式、员工人数、占地面积、建筑面积以及经济活动类型等一般情况；②用人单位有可能造成较大职业健康安全影响的活动、产品及服务等；③用人单位的职业健康安全管理状况，如体系建立情况、组织机构及绩效等。

申请方在认证申请中还应向认证机构明确希望开始审核的时间及审核范围。

（2）受理申请　认证机构在接到认证申请表及相关材料后，应对申请组织进行申请评审和合同评审，以确定是否可以受理认证申请。如果接受申请，则与委托方或受审核方签订认证合同，并各自承担合同中规定的责任。

注：申请评审是指对申请方提交的申请材料进行初步评审，以确定申请方是否符合申请认证的条件；合同评审是认证机构对承担该认证项目的能力进行自我评价的工作过程。

2. 审核策划与准备

审核策划与准备是现场审核前必不可少的重要环节，主要包括确定审核范围、组成审核组、制订审核计划、编制审核文件等工作内容。

职业健康安全管理体系的审核强调审核的文件化和系统化，即审核过程要以文件的形式加以记录，故审核过程中需要用到大量的审核工作文件，这些工作文件需要在审核前认真编制，以作为现场审核时的指南。审核工作文件包括审核计划，审核检查表，审核任务分配表，审核计划日程表，首次、末次会议签到表，审核记录，不符合报告、不符合项分布表，审核报告等。

3. 审核的实施

职业健康安全管理体系认证审核通常分为两个阶段。第一阶段审核称为初始审核，简称初审，包括文件审核和初访；第二阶段审核称为正式审核，也称现场审核。

（1）文件审核　文件审核的目的是了解受审核方的职业健康安全管理体系文件是否符合职业健康安全管理体系标准及审核规范的要求，从而确定是否进行现场审核。

（2）初访　初访是审核组与受审核方之间的正式接触，初访的目的主要有3个：①确认体系实施和运行的基本情况和存在的问题，并确定第二阶段现场审核的重点；②确定进行第二阶段现场审核的可行性和条件；③确认前期双方商定的审核范围是否合理。

注：初访并不是认证过程中必不可少的程序，是否进行初访主要取决于认证机构对受审核方的了解情况和文件审查的结果。

（3）现场审核　现场审核的目的是验证受审核方的职业健康安全管理体系的标准和文件实际执行情况。通过现场采集的客观证据，对体系运行状况是否符合标准的要求和体系文件规定作出判断，并据此对受审方是否通过职业健康安全管理体系认证作出结论。

4. 纠正措施的验证

现场审核的一个重要结果是发现受审核方的职业健康安全管理体系中存在不符合项。对于这些不符合项，受审核方应根据审核方的要求制定合理有效的纠正措施，并在规定时间内加以实施和完成，并将纠正措施与结果报告审核组，同时附上相关证明材料。审核方应对受审核方纠正措施的落实和有效性进行验证，验证分为文件验证与现场跟踪验证。

5. 认证后的监督与复评

认证机构对获得认证证书的单位在证书的有效期内（一般为3年）应定期或不定期实施监督审核，以验证其是否持续满足认证标准的要求。这是促使受审核方的职业健康安全管理体系有效保持和不断改进的主要手段。

获证单位在认证证书有效期期满时，可通过复评再次获得认证证书。

知识积累 ❯❯❯

1. 制药企业健康保护从广义上来讲是指保护企业人员在劳动过程中的生命安全和身心健康；从狭义上来讲是指国家和制药企业为保护企业人员在劳动过程中的安全和健康所采取的立法和组织管理与技术措施的总称。

2. 制药企业健康保护管理的内容包括建立健康保护组织机构、健康保护法律体系、健康保护教育和健康保护监察。

3. 健康保护用品的主要功能为预防工伤事故和预防职业病。

4. 建立职业健康安全管理体系（OHSMS）采用 PDCA 循环管理思想，其中 PDCA 是指计划（plan）、实施（do）、检查（check）、改进（action）等。

扫一扫测试

项目十　测试

一、判断题

1. 健康保护管理包括健康保护组织机构、健康保护法律体系、健康保护教育和健康保护监察。（   ）

2. 制药企业通常所讲的"三级安全教育"是指社会教育、学校教育、企业教育。（   ）

3. 我国健康保护的法律体系主要包括健康保护法律、法规及企业健康保护规章制度。（   ）

4. 单位获得职业健康安全管理体系认证的证书有效期满时，须通过复评再次获准认证。（   ）

5. 所有事件造成的不良结果均能形成事故。（   ）

6. 初访是职业健康安全管理体系认证审核过程中的必需步骤。（   ）

二、单选题

1. 健康保护的工作方针是（   ）。

A. 安全第一、预防为主　　　　　　　　B. 预防为主、治理整顿

C. 预防为主、防治结合　　　　　　　　D. 治理整顿、防治结合

2. 对新进厂的员工进行健康保护教育有（   ）。

A. 社会教育、学校教育、企业教育

B. 厂级教育、车间教育、班组或岗位教育

C. 企业最高管理层教育、车间主任教育、技术人员教育

D. 安全生产法教育、安全生产规程教育、安全生产技术教育

3. 下列健康保护用品主要用于预防工伤的是（   ）。

A. 防酸服　　　　　B. 防毒面具　　　　　C. 防辐射服　　　　　D. 防毒服

4. 职业健康安全管理体系运行模式的核心是为企业建立一个（   ）的管理过程，以（   ）的思想指导企业系统地实现其既定的目标。

A. 持续改进、动态循环　　　　　　　　B. 动态循环、持续改进

C. 动态发展、系统观点　　　　　　　　D. 持续发展、系统观点

5. 获得职业健康安全管理体系认证的单位，其证书有效期一般为（   ）年。

A. 2　　　　　　　　B. 3　　　　　　　　C. 4　　　　　　　　D. 5

6. 职业健康安全管理体系中，可对危险源辨识、风险评价和风险控制的要素是（   ）。

A. 职业健康安全方针　B. 策划　　　　　C. 检查与纠正措施　　D. 管理评审

7. 职业健康安全管理体系的建立一般包括①学习与培训、②体系策划、③初始评审、④文件编写、⑤体系试运行、⑥评审完善六个步骤，这六个步骤正确的进行顺序是（   ）。

A. ①②③④⑤⑥　　　B. ①④②③⑤⑥　　　C. ①④⑤②③⑥　　　D. ①②④③⑤⑥

8. 关于职业健康安全管理体系审核说法正确的是（   ）。

A. 第一阶段审核由文件审核和初访组成

B. 审核通常分为三个阶段，即第一阶段审核、第二阶段现场审核、第三阶段跟踪验证审核

C. 通过第三阶段审核后，审核组要对受审方的职业健康安全管理体系能否通过认证给出结论

D. 第二阶段现场审核由第一阶段整改审核、第二阶段现场审核组成

三、简答题

1. 制药企业"三级安全教育"主要内容有哪些？

2. 职业健康安全管理体系的基本要素有哪些？

3. 实施职业健康安全管理体系的基本思路是什么？

4. 职业健康安全管理体系中策划的内容主要包括哪些？

5. 组织进行绩效评价时，管理评审的负责人、主要评审的内容分别是什么？

扫一扫ppt

项目十一 ppt

项目十一
制药企业健康保护管理

学习目标

1. 知识目标
（1）掌握维护员工心理健康、身体健康的主要措施。
（2）熟悉影响员工心理健康的主要因素和职业损害类型。
（3）了解衡量员工心理健康的标准、常见职业性有害因素。

2. 能力目标
（1）能熟练说出维护制药企业员工心理健康、身体健康的主要措施。
（2）能初步判断出影响员工心理健康、身体健康的安全隐患。
（3）能说出影响制药企业员工心理健康的主要因素、职业损害类型。
（4）知道衡量员工心理健康的标准、常见职业性有害因素。

3. 素养目标
（1）初步培养学生"合理安排，保护身心健康"的职业素养。
（2）提升学生"安全第一，预防为主"的安全意识。

单元一
制药企业员工心理健康保护管理

任务 1　了解制药企业员工心理健康的重要性

人是生产活动中最活跃的因素，在导致事故发生的种种原因中，人的不安全因素是一个很重要的原因。安全工程专家海因里希说过，88％的事故是由人的不安全行为造成的。在这些人的不安全因素当中，很大一部分是人的心理因素如情感、态度、意志、精神状态、注意力等造成的。因此在加强企业安全文化建设之时，必须把职工的心理健康管理纳入重要位置。

事故案例 ▶ ▶ ▶

1. 2009 年 6 月 14 日，某厂的工人王凌在与家人发生争吵后，导致上班时注意力不集中，在生产过程中手持蜡包滑倒，造成手面、足面烫伤。

2. 某厂的青年职工李俊，父母双亡，工资很低，还要供养弟妹，本人又患肺病，30 岁还未找到对象，情绪非常低沉，上班经常迟到早退，违章作业不断发生。企业工会经常派人找小李谈心，发给他困难补助，并送他去疗养，病好后又帮他找到对象，结婚时工会还帮他找了房子。从此，他积极工作，严格执行规章制度，在一年的工作中连续防止了两起重大事故，受到单位表扬和奖励。

上述两个实例从正反两方面说明，情绪对安全行为的作用和影响。试说说自己平时是如何调节心情的。

心理是人脑的机能，是人脑对客观物质世界的主观反映。一个清醒的正常人从事任何活动如生产活动、家庭活动等，必然伴随着心理活动。人的心理活动是一个复杂的过程，但总体上可以分为心理过程和个性心理特征，这两方面与制药企业安全生产存在一定联系。

一、心理过程

心理过程按其性质分为三个方面，即人的认知过程、情绪和情感过程、意志过程，简称知、情、意。心理过程中的任何一个方面出现异常，均会对安全生产产生影响。

（一）认知过程

认知过程是人们获得知识、运用知识或信息加工的过程，是人的基本心理现象，包括感觉、知觉、记忆、思维、想象等。感觉如视觉、听觉、嗅觉、触觉等是最简单的认识活动，是通过人的感觉器官对客观事物的个别属性反映如光亮、颜色、气味、硬度等；知觉是在感觉的基础上，人对客观事物的各种属性、各个部分及其相关联系的整体反映；思维是人们利用感觉和知觉（统称为感知觉）所获得的信息进行分析、综合等加工过程，以求认识客观事物的本质和内在联系。例如人们对生产过程是否存在危险的判断，首先是感知到危险信息存在，然后通过大脑对感知到的信息进行处理，识别危险并判断其可能的后果，才能对危险的预兆作出反应。因此，企业预防事故的水平首先取决于人们对危险的认识水平，人们对危险的认识越深刻，发生事故的可能性越小。

有效地利用人的感知觉特性，可以设计出更安全的生产设备。如利用红色光波在空气中传播距离较远易被人识别的特点，可以将红色作为安全色中的禁止、危险等信号。

但在生产环境中，有些因素会引起人的感知觉功能下降，从而出现误识别，导致判断错误而引起事故。例如不良的照明条件可引起人的视觉疲劳，高强度噪声可使人的听觉功能减退等。

（二）情绪与情感

情绪和情感过程是一个人在对客观事物的认识过程中表现出来的态度体验，如满意、愉快、气愤、悲伤、厌恶等。情绪与情感是从不同角度来标示感情这种复杂心理的现象，两种是有区别的。情绪是由机体的生理需要是否得到满足而产生的体验，是任何动物都有的；情感是人的社会性需要是否得到满足而产生的体验，是人类特有的。

1. 情绪

在安全生产过程中，正常或不良情绪对人们的行为有着明显影响。正常情绪如愉快而平稳的情绪等能使人的大脑处于最佳活动状态，保证体内各器官的活动一致，使得人的精力充沛和注意力集中，更能注意到生产过程中存在的危险因素。而不良情绪，如过度紧张等可使体内各器官的活动出现不一致，甚至引起超限抑制，如当出现危险情况时，一个人吓得呆住就是过度紧张的表现。

不良情绪是指过于强烈的情绪反应或持久的消极情绪反应。不管是何种不良情绪，对安全生产均会产生影响。研究证明，当人的情绪激动水平处于过高或过低状态时，人体操作行为的准确度都只有50%以下，因为情绪过于兴奋和抑制都会引起人体神经系统和肾上腺系统的功能紊乱，从而导致人体的注意力无法集中，甚至无法控制自己。因此人们从事不同程度的劳动，需要有不同程度的劳动情绪与之相适应。如从事复杂抽象劳动时，处于较低的情绪激动水平有利于安全操作和发挥劳动效率；而从事快速紧张性质劳动时，则处于较高的情绪水平有利于安全操作和发挥劳动效率。

2. 情感

人类社会性情感可归结为道德感、理智感和美感，其中对安全生产影响较大的是道德感和理智感。

安全生产需要企业建立符合社会发展水平的道德准则，需要员工自觉遵守法律、法规和企业规章制度，对岗位工作有责任心。而道德感不仅可以帮助人们按照道德准则要求去衡量周围人们的各种思想行为，还可以使自己的行为自觉符合社会道德准则。故道德感强的员工，在生产中不仅会注意自身安全，而且还要求不会因自己的不安全行为伤害到他人。

安全生产教育与培训是用系统、科学的安全生产知识武装员工头脑，使员工懂得事故发展的规律和原因，掌握并自觉探索本岗位安全操作知识，理智地应对生产中存在的不安全因素。理智感强的员工，在生产中可与避免侥幸、急躁等心理因素作用，约束自身行为，保证安全生产。

（三）意志

意志过程是指人自觉地根据既定的目的来支配和调节自己的行为，克服困难，进而实现目的的心理过程。意志的强弱对企业的安全生产有着明显影响。意志强的员工在生产过程中情绪饱满，注意力集中，能严格遵守安全生产制度和规定，遇到挫折或困难时，能控制自己的情绪使之平稳；而意志弱的员工在生产过程中情绪易波动，注意力易分散，组织纪律性差，易导致事故的发生。

（四）注意

注意是伴随心理过程的一种心理特征。在生产过程中，若能总是聚精会神地工作，则可防止由于不注意而产生的失误。但研究证明，谁都不能自始至终地集中注意力。除玩忽职守者外，不注意不是故意的。不注意是人的意识活动的一种状态，其发生是必然的生理和心理现象，是不可避免的。因此在生产过程中，单纯提倡注意安全是不够的，还要采取适当措施如在重要岗位多设人员平行监视仪表、将仪器与仪表设计成多样信号灯来预防不注意产生的差错。

二、个性心理

个性是人们在长期的社会实践中逐渐形成的稳定心理特征。个性心理结构主要包括个性倾向性和个性心理特征两个方面。个性倾向性是指一个人所具有的意识倾向，也就是人对客观事物的稳定的态度，是人从事活动的基本动力，决定着人的行为方向，包括需要、动机、兴趣、理想、信念和世界观；个性心理特征是一个人身上经常表现出来的本质的、稳定的心理特点，包括能力、气质、性格，这些特征对安全生产也会有一定影响。

（一）个性倾向性

需要是人的一种主观状态，具有对象性、紧张性和起伏性等特点，是人们从事各种活动的基本动力。而动机是由需要产生的，有什么样的需要就会产生什么样的动机。动机是一种内部的，驱使人们活动行为的原因。故在安全培训与实践过程中，要培养员工正确的安全需要，使其产生正确的动机，从而表现出正确的安全行为。

员工进行安全生产的动机表现为安全生产的积极性，故可知安全需要是调动安全生产积极性的原动力，只要安全需要满足了，调动安全积极性的过程也就完成。

（二）个性心理特征

1. 能力

能力是指人顺利完成某种活动的一种心理特征。能力种类有很多，如模仿能力、创造能力、社交能力和操作能力等，各种能力之间存在着一定的联系和区别。由于存在能力的个体差异，故在生产过程中应根据个体能力的差异合理安排岗位，充分发挥其潜力。如一个社交能力强而操作能力弱的人，如果安排在生产第一线，不但造成人才的浪费，且容易引起人的挫折感，不利于安全生产。故企业的管理者在安排岗位时，应事先了解本企业各员工的能力差异，尽量做到人尽其才，当然也可以通过定岗后的培训和实践来增强人的能力。

2. 气质

气质是一个人生来就有的心理活动的动力特征，具有明显的天赋性，基本上取决于个体的遗传因素。古希腊著名医生希波克拉底提出了四种体液的气质学说，把气质分为多血质、胆汁质、黏液质和抑郁质四种。这四种气质类型在心理活动上所表现出来的主要特征如下。

① 多血质的人情绪产生速度快，表现明显，但不稳定，易转变；活泼好动，好与人交际，外倾。

② 胆汁质的人情绪产生速度快，表现明显、急躁，不善于控制自己的情绪和行动；精力旺盛，动作迅速；外倾。

③ 黏液质的人情绪产生速度慢，表现也不明显，情绪转变也较慢，易于控制自己的情绪变化；动作平稳，安静，内倾。

④ 抑郁质的人情绪产生速度快，易敏感，表现抑郁，情绪转变慢，活动精力不强，比较孤僻，内倾。

在进行安全生产教育时，要充分考虑人的气质特征的作用，对不同气质的人采用不同的教育方法。如强烈批评，对于多血质和黏液质的人可能生效，对于胆汁质和抑郁质的人往往产生副作用。

3. 性格

性格是人们对待客观事物的态度和社会行为的方式区别于他人所表现出的那些比较稳定的心理特征的总和。气质无好坏、对错之分，而性格有。

人的性格与安全生产有着极为密切的关系，具有如下性格特征的人容易发生事故。

① 攻击型性格者。具有这类性格的人，常狂妄自大，骄傲自满，工作中喜欢冒险，争强好胜，不接纳别人意见等。此类人虽然技术能力好，但也容易出大事故。

② 性情孤僻、固执、心胸狭窄、对人冷漠者。此类人性格多属内向，同事关系不好。

③ 性情不稳定者。此类人易受情绪支配，易冲动，情绪起伏波动大，且受情绪影响长时间不易平静，因而工作中易受情绪影响而忽略安全工作。

④ 马虎、敷衍、粗心者。此类性格常是引起事故的重要原因。

⑤ 主导心境抑郁、浮躁不安者。此类人长期心境闷闷不乐，精神不振，干什么事情都引不起兴趣，因此很容易出事故。

⑥ 在紧急或困难情况下表现出惊慌失措、优柔寡断或轻率决定、胆怯或鲁莽者。此类人在发生异常情况时，常不知所措或鲁莽行事，错失排除故障、消除事故的良机。

⑦ 感知、思维与运动迟钝，不爱活动，懒惰者。此类性格的人由于在工作中反应迟钝、无所用心，也会导致事故发生。

⑧ 懦弱、胆怯、没有主见者。此类人由于遇事退缩，不敢坚持原则，人云亦云，不辨是非，在某些特定情况下也容易发生事故。

良好的性格并不完全是天生的，教育和社会实践对性格的形成具有重要意义。因此通过各种途径注意培养职工认真负责、重视安全的性格，将对安全生产带来巨大的好处。

三、非理智行为的心理因素

（一）侥幸心理

侥幸心理是许多违章人员在行动前的一种重要心态。具有侥幸心理的人把出事的偶然性绝对化，在实际操作中认为"违章不一定出事，出事不一定伤人，伤人不一定伤己"。这些人不是不懂安全操作规程，也不是缺乏安全知识，且技能水平也不低，但就是"明知故犯"。

（二）惰性心理

这是一种在生产过程中能少动就少动、干活图省事、能省力便省力、能将就就将就的一种心理状态。这种心理状态在安全生产上也是常造成事故的原因之一。

（三）麻痹心理

麻痹大意是造成事故的主要心理因素之一。具有麻痹心理的人在行为上表现为马马虎虎，大大咧咧，盲目自信。出现麻痹心理的原因有：

① 盲目相信自己的以往经验，认为技术过硬，就一定出不了问题；
② 是以往成功经验或习惯的强化，多次操作也无问题，我行我素；
③ 高度紧张后精神疲劳，也容易产生麻痹心理；
④ 个性因素，一贯松松垮垮、不求甚解的性格特征，自以为绝对安全；
⑤ 惯性操作，不注意周围环境和条件的变化。

（四）逆反心理

逆反心理是一种无视社会规范或管理制度的对抗性心理状态，一般在行为上表现为"你让我这样，我偏要那样；你越不许干，我越要干"等特征。如1985年，某厂工人出于逆反心理，用火柴点燃乙炔发生器浮筒上的出气口，试试能否点火，结果发生爆炸，导致自身死亡。

（五）无所谓心理

具有无所谓心理的人一般在行为上表现为遵章或违章都满不在乎。产生无所谓心理主要有以下两个原因：

① 根本没意识到危险的存在，认为章程是领导用来卡人的；
② 认为安全问题谈起来重要，干起来次要，比起来不要，不把安全规定放在心里。

（六）好奇心理

好奇心理是指一个人积极探究某种事物的认识倾向。本来这种心理有积极的一面，但在生产过程中，若将好奇心理付诸行动，就可能变成事故的祸根。这种事情往往发生在新进厂的工人和刚毕业的学生身上，他们在跟师傅巡回检查的时候，看到什么都好奇，都想摸摸，但他们还没有掌握规章制度、脑子里还没有安全概念，任凭好奇心和某种感情驱使做出某种举动，是一定会出事的。

一、衡量心理健康的标准

关于心理健康的标准，目前还没有一个完全统一的标准，但大多数心理学家倾向于用以下特性作为衡量心理健康的标准。

1. 对现实社会的充分感知

心理健康的人不会高估自己而强求自己承担超过自己能够胜任的任务，也不会因为低估自己而逃避具有一定难度的任务。

2. 健全的自我意识

就职业方面来说，心理健康的人对职业的期望往往比较切合实际，他们根据自己的能力去选择合适的职位和岗位，同时还能根据社会的要求主动调节自己的职业价值取向。

3. 自我控制能力

心理健康的人可以随意运用意志的力量来控制和指导自己的行为，行为具有目的性和自觉性，而不易受冲动的控制。

4. 稳定而愉快的情绪

心理健康的人能够主动控制自己的情绪，使情绪能根据当时的内外环境适度地、协调地表现出来；能及时有效地克制自己的消极情绪，不会沉浸在悲叹、抱怨或悔恨之中。

5. 自尊和认可

心理健康的人有明确的人生目标，并且在追求目标的过程中会体验到自我价值以及社会的承认与赞许。他们能从这种认同中巩固自信与自尊，同时不会一味地屈从于社会和他人的舆论。

6. 和谐的人际关系

人的社会角色具有多样性，决定了其人际关系的多层性：在工作岗位上存在着与领导、同事、下属的关系，在家庭中面临与配偶、父母、子女的关系，此外还有亲戚、朋友的关系。心理健康的人对人际关系有很好的适应能力，他们尊重自己和他人的需要与情感，因而能保持自己的立场与见解，又不会将之强加于人，更不会己所不欲而施于人。

7. 环境适应能力

在人的一生中，生活的环境条件是在变化的，有时变化还很大。当生活环境条件突然变化时，一个人能否很快适应下来以保持心理平衡，往往标志着一个人的心理活动的健康水平。

二、影响心理健康状态的因素

从上面衡量心理健康的标准来看，影响人的心理健康状态的因素可归纳为环境因素、心理压力、人际关系、心理因素、自我认知能力、抗挫折能力等。

（一）环境因素

1. 温度和湿度

一般认为 20℃左右是最佳的工作温度，25℃以上人体状况开始恶化如皮肤温度开始升高、体力下降等，30℃左右时，心理状态开始恶化如开始出现烦恼、心慌等，50℃的环境下人体只能忍受 1 小时。当然人感到舒适的温度与很多因素有关，就客观环境条件来说，湿度越大，则舒适温度越低，反之则越高。如果在寒冷的天气下进行露天作业，人体为了保持正常体温，心脏得加倍工作，这将导致因心脏过度疲劳而感到紧张，事故发生频率也会增大。

舒适的湿度一般为 40%～60%，湿度在 70% 以上为高气湿，湿度在 30% 以下为低气湿。在高温高湿的情况下，人体散热困难，使人感觉透不过气来，若降低湿度就能促进人体散热而感到凉爽；低温高湿使人感到更加阴冷，若湿度降低就有增加温度的感觉。

2. 噪声

噪声通常是指一切对人们生活与工作有妨碍的声音。噪声对心理的影响主要表现在使人产生烦恼、焦急、讨厌、生气等不愉快的情绪。噪声引起的不愉快情绪与声强、频率及噪声的稳定性有直接关系。

3. 采光与照明

照明强度的设计不但要考虑能使人看清楚对象，而且要考虑能给人以舒适的感觉。当工作环境和周围环境存在明暗对比的反差、柔和的阴影时，人的心理上会感到满意。研究表明，照明也会影响人的情绪，一般认为明亮的房间会令人愉快。但炫目的光线使人感到不愉快，故采光时应避免生产眩光和反射光。另外，许多人还喜欢光从左侧投射。总之，具有合适的照明环境，能使人处于良好的心理状态。

4. 色彩

人处于不同的颜色环境中，人的心里感觉也会发生变化。不同的颜色会产生不同的心里感觉，颜色具有以下心理作用。

（1）冷暖感　如红色、黄色和橙色等给人以暖的心里感觉，而蓝色、绿色等给人以凉爽的心里感觉。

（2）兴奋与抑制感　如红色、黄色等暖色系给人以兴奋感，使人情绪高涨、精神振奋、易于激动；蓝色等冷色使人冷静，抑制人的情绪。

（3）前进与后退感　在同一位置的不同颜色，暖色系及明度大的颜色看上去较近，而冷色系和低明度颜色感觉就比较远。

（4）轻重感　明度高的感觉轻，明度低的感觉重。明度相同时，彩度高的比彩度低的感觉轻，而暖色系又比冷色系感觉重。

（5）轻松与压抑感　明度高的颜色使人产生轻松、自在、舒畅感；明度低的颜色使人产生压抑和不安感。非彩色的白色和其他纯色组合使人感到活泼，而黑色使人感到压抑。

（6）软硬感　色彩的软硬感与明度和彩度有关，明度高的颜色感觉软，明度低的颜色感觉硬，彩度高和彩度低的色彩均有硬的感觉，而彩度中等的色彩有软的感觉；非彩色的白色和黑色给人以坚硬感，而灰色给人以柔软感。

（7）膨胀色与收缩色　面积相同颜色不同的物体，看起来不一样大，暖色系的颜色感觉比实际大，而冷色系的颜色感觉比实际小。

利用颜色构成良好的色彩环境，使工作场所变得清新、洁净，使人感到心情舒畅、精神振奋，是值得企业管理者关注的问题。例如在多噪声的车间涂上绿色等冷色系可增加人的安静感；而在温度较低的工作场所涂上红色等暖色系可使人产生暖热感。

（二）心理压力

随着科学技术的迅猛发展、职业竞争不断加剧，人们面临着各种各样的心理压力如工作压力、精神压力等。适度的心理压力有使人注意力集中、思维敏捷、精神振奋等积极作用；但长时间或过强的心理压力，则可能引起人体生理上的不适（如没有食欲、心率加快、血压升高、头疼等）、心理上的不适（如产生焦虑、愤怒、沮丧、抑郁、记忆力下降、注意力分散等）和行为上的不适（如嗜酒、自杀、生产率降低、对环境的反应力减弱等）。故此由心理压力带来的个人心理健康问题是个值得企业管理者高度关注的问题。

影响心理压力的主要因素可以归结为以下几个方面。

1. 性格

不同性格特征的人对压力的感受不同。如对于那些具有竞争意识强、工作努力奋斗、争强好胜、缺乏耐心、成就动机高、说话办事讲求效率、时间紧迫感强、成天忙忙碌碌等性格特征的人，面对压力时的压力感会更大；而对于具有个性随和、生活悠闲、对工作要求不高、对成败得失看得淡薄等性格特征的人，面对压力时的压力感会更低。

2. 准备状态

对即将面临的压力事件是否有心理准备也会影响压力的感受。例如心理学家曾对两组接受手术的患者做实验。对其中一组在术前向其讲明手术的过程及后果，使患者对手术有了准备，对手术带来的痛苦视为正常现象并坦然接受；另一组不做特别介绍，患者对手术一无所知，对术后的痛苦过分担忧，对手术是否成功持怀疑态度。结果手术后有准备组比无准备组止痛药用得少，而且平均提前三天出院。因此，有应对压力的准备也是减轻伤害的重要因素。

3. 认知

认知评估在增加压力感和缓解压力中有着重要作用。同样的压力情境使有些人苦不堪言，而另一些人则平静地对待，这与认知因素有关。当一个人面对压力时，在没有任何实际的压力反应之前就会先辨认压力和评价压力。如果把压力的威胁性估计过大，对自己应对压力的能力估计过低，那么对压力的反应必然大。例如当你在安静的书房看书，忽然听到走廊里响起一串脚步声，如果认为是将要入室抢劫的坏人来了，就会惊慌恐惧；如果认为是朋友全家来拜访，就会轻松愉快。正如一位哲学家所说，"人类不是被问题本身所困扰，而是被他们对问题的看法所困扰"。

4. 经验

当面对同一事件或情景时，经验影响人们对压力的感受。如一帆风顺的人一旦遇到打击就会惊慌失措，不知如何应对；而人生坎坷的人，同样的打击却不会引起重大伤害。可见，增加经验可增强抵抗压力的能力。

5. 环境

一个人的压力来源与他所处的小环境有直接关系，小环境主要指工作单位或学校及家庭。工作过度、角色不明、支持不足、沟通不良等都会使人产生压力感。如果工作称心如意、家庭和睦美满，来自环境的压力必然小，则心情舒畅、身心健康。

想一想 ▷▷▷

当你感到压力太大时，你是如何减压的？

（三）人际关系

人际交往是任何人都无法回避的重要活动，因此我们每个人都很重视与他人的交往与沟通，力求与周围的人保持和谐良好的人际关系。个人的心理健康在很大程度上取决于个体对人际关系的适应性，长期的人际关系失调易产生强迫、焦虑、抑郁、疑病、神经衰弱等症状。

影响人际交往关系的因素主要有以下几个方面。

1. 人际因素

包括人与人之间的距离、交往频率及相似性等。地理位置越接近，越容易发生人际关系。人们在同一个地方居住、在同一个学校读书、在同一个单位工作或在同一栋楼房生活时，彼此容易认识和了解，感情上也容易接近。

人们交往次数越多，越便于沟通信息、交流思想，进而联络感情，增进友谊，协调关系。如果"鸡犬之声相闻，老死不相往来"，自然不能建立亲密的人际关系。当然，不必要的交往，也会使人感到厌烦，正像人们常说的"久聚难为别，频来亲也疏"。

人与人之间有着共同的理想、信念、信仰、喜好，或有相同的经历、遭遇、兴趣和对事物的态度，或双方可以满足对方的需要，也是形成人际关系的重要内容。

2. 社会因素

社会因素是影响人际关系的外在因素。社会经济发展水平、人们的生活方式及价值观念、社会风气、道德风尚等都直接或间接地影响人际关系。一般来说，社会经济文化繁荣，人民生活富足，社会风气好，人际关系就密切；相反，如果社会动荡，人心不稳，金钱至上，道德沦丧，你争我夺，则人际关系恶化。

3. 组织文化因素

一个组织是"工作型"还是"关系型"；是强调做好工作、实现组织目标，还是强调搞好关系、形成和气的团体；是重视政绩和能力，鼓励通过扎实工作、勤劳创新来获得组织认可，实现自我价值，还是重视处理人际关系，靠拉票联系感情来获得认可，都会对人际关系产生不同的导向作用，也直接影响人们处理人际关系的方式。

4. 个人因素

在群体中，一个性格开朗、活泼，心胸开阔、坦荡，性情和善、宽厚，富有同情心，能体谅他人的人，易受到其他成员的欢迎，因而也易同他人建立良好的人际关系。相反，一个性格孤僻、古怪、固执、自高自大、目空一切，或敏感多疑，或感情贫乏、麻木不仁的人，就难以与人相处，难以形成良好的人际关系。在其他条件相同的情况下，比较聪明的人容易受到人们的喜欢，一个人越有能力，人们就越喜欢他。

（四）心理因素

1. 情感因素

人的心理活动总是通过人的情感变化而影响内脏器官的活动。积极、愉快的情感对人的生活起着良好的作用，有助于发挥机体的潜能，提高工作效率，增进人体健康。近代医学科学实验研究已肯定消极情感对身心疾病的发生、发展过程起着不良作用。例如，无所依靠和失望的情绪会降低一个人的免疫力。情绪在心理问题中起核心作用，情绪异常往往是心理疾病和精神疾病的先兆，因此，良好的情绪是心理健康的重要保证。

2. 个性特征

每个人都有自己独特的个性特征，它对人的心理健康有非常明显的影响。这是因为人们总是根据自己的个性特点对致病原因及已形成的疾病作出反应，因此，个体的个性特征往往比引起疾病的病原性质更能决定疾病的表现。研究表明，各种精神疾病特别是神经官能症，往往都有相应的特殊人格特征为其发病的基础。美国学者弗里曼研究发现，多数心脏病患者都具有"A 型性格"。有人还发现癌症患者具有所谓"亚稳定个性"，即以抑制倾向为特征的个性特点。因此，培养和完善健全的人格是预防和减少心理障碍或精神疾病一项重要措施。

3. 心理冲突

心理冲突是人们面对难以抉择的处境而产生的心理矛盾状态。由于心理冲突带来的是一种心理压力，这种压力往往会增大个体适应环境的困难，因而在多数情况下都会对个体的身心健康和工作产生不良的影响。尤其是当冲突长期得不到缓解时，便会产生紧张和焦虑的情绪，严重的还可能导致心理疾病。虽然心理冲突并不一定全是坏事，但剧烈而持久的冲突无疑会有损身心健康，应尽量避免。

除了上面几种因素会影响人的心理健康状态外，还有一些其他因素如人们的自我认知能力、抗挫折能力等也会影响到心理健康，在此不做叙述。

任务 3　熟知制药企业员工心理健康保护的主要措施

职业在人们的生活中占有重要地位，它能使人实现自身的价值，也能改变人们的生活方式。但我们也应该看到，随着社会竞争的加剧和工作节奏的加快，职业心理疾病如慢性疲劳症、职业厌倦症等正影响着人们的身心健康。故如何使本企业的员工具有健康心理，是每个制药企业管理者应关注的问题。

从前面对影响人体心理健康因素的分析，结合制药企业的实际情况，制药企业可以采用以下管理措施使员工心理处于健康状态。

一、设计适宜的生产现场

1. 温度、湿度、照度的控制

按照 GMP 设计要求，制药企业的温度、湿度、照度均应控制在使操作者心理舒适的范围。GMP 要求生产环境的温度为 18～26℃；相对湿度为 45%～65%；主要生产室照度宜为 300 勒克斯（300lx），对照度有特殊要求的生产部位可设置局部照明。

2. 色彩选择

制药企业生产环境的色彩既要使操作者心情感到舒畅，又要使场地看上去有清洁感。故制药企业生产环境一般采用明快的色调。

3. 噪声控制

药品生产中的噪声主要是设备运转引起的，在车间的设计上可将噪声大的设备隔离，也可选用一些噪声控制设备，如鼓风机消音器、超细玻璃棉吸声板等，同时也可以对操作人员进行噪声防护。

拓展提高 ▷ ▷ ▷

人机工程学

人机工程学是研究人在工作环境中的生理学、解剖学、心理学等方面的特点、功能，以进行最适合于人类的机械装置的设计制造，工作场所布置的合理化，工作环境条件最佳化的实践科学。

人机工程学的研究内容主要有：①人的因素方面，如人体生理、人体心理、人体测量及生物学、人的可靠性；②机器方面，如显示器和控制器等物的设计；③环境因素，如采光、照明、尘毒、噪声等对人身心产生影响的因素；④人机系统的综合研究，如研究人机系统的整体设计、显示器的设计、控制器的设计、环境设计、作用方法设计及人机系统的组织管理等。

---

4. 设备与仪器选用

选择按"人机工程学"要求设计的设备与仪器，可以使操作者的体力消耗和心理压力尽量降到最低，从而减少差错。

5. 生产室的布置

生产室应具有适宜的空间，同时进行人性化的室内布置，如墙上的安全警示语应多一点提醒、少一点压力等。

二、对企业员工进行职业适应性检查

职业适应性是指除了工作岗位所要求的各种必备知识、技能、能力以外，一个人从事某项特定工作所必需具备的生理和心理素质特征。它是在一个人先天素质和后天环境相互作用的基础上，经过一定的教育、培训后所形成和发展起来的。职业适应性检查就是根据工作性质、岗位要求，对人的生理、心理素质进行分析与评价，判定人对某种职业的能力倾向和职业适应程度，做到人与职业的科学、合理匹配，以提高生产效率，减少事故。

通过职业适应性检查，领导者在安排、分配员工工作时，可以做到人尽其才，发挥和调动每个人的优势能力，避开非优势能力，使员工的能力和体力与岗位要求相匹配，调动员工的生产积极性，提高生产效率，保证生产中的安全。例如当一个人从事的工作高于自己的能力时，他会感受到无法胜任而过度紧张，精神压力大，很容易发生事故；如果一个人从事的工作低于自己的能力，则引起职工不安心本职工作，产生不满情绪。因此，在任用、选拔人才时不仅要考察其知识能力，还应考虑其能力及其所长。

> **事故案例** ▶▶▶
>
> 王伟是某制药企业生产一线的员工，主要工作是在包装岗位从事外包装的打包工作。由于三年多来一直从事此项简单的重复工作，王伟感到工作太单调和乏味。终于有天发生不幸，由于注意力的下降，手被打包机压伤。
>
> 试分析：采取哪些措施可以防止上述事件的发生？

三、实行情感管理

实行情感管理，就是要认识人的情感规律，注重人的内心世界，实行人性化管理。其核心是激发员工的积极性，消除其消极情绪。管理者应尊重员工，善于沟通，对员工宽容、仁慈，尽量满足员工的合理需求。同用制度压人、用教育约束人相比，用情感调解不但效果好，而且被管理者一般感觉好、情绪好，可以使其轻松愉快地工作，减轻其心理负担。

企业要实行情感管理，首先要使本企业的全体管理者树立个人情感管理的理念，转变原有的管理方式，这一点可以通过对全体管理者进行培训来实现。其次要加强企业环境建设。通过改善工作的硬环境（如改善工作条件等）和软环境（如组织结构改革、团队建设、领导力培训、员工职业生涯规划等），努力改善员工的工作环境和工作条件，给员工提供一个健康、舒适、团结、向上的工作环境，丰富员工的工作内容，指明员工的发展方向，消除外部环境因素对员工职业心理健康的不良影响。

> **拓展提高** ▶▶▶
>
> ### 员工帮助计划
>
> 员工帮助计划又称员工心理援助项目、全员心理管理技术，简称EAP。它是由企业为员工设置的一套系统的、长期的福利与支持项目。通过专业人员对组织的诊断、建议和对员工及其直系亲属提供专业指导、培训和咨询，旨在帮助员工及其家庭成员解决各种心理和行为问题，提高员工在企业中的工作绩效。

EAP 内容包括压力管理、职业心理健康、裁员心理危机、灾难性事件、职业生涯发展、健康生活方式、家庭问题、情感问题、法律纠纷、理财问题、饮食习惯、减肥等各个方面，全面帮助员工解决个人问题。

EAP 服务方式除了提供心理咨询之外，还可以通过心理健康调查、培训、讲座、电话咨询、网络咨询或其他认可的标准，在系统、统一的基础上，给予员工帮助、建议和其他信息。

四、定期对员工进行心理健康评估，加强职业心理健康的宣传和疏导

① 通过问卷、访谈、座谈会等方式，进行员工职业心理健康状况调查。

通过调查了解员工的压力、人际关系、工作满意度等，并聘请心理学专家对员工的心理健康状况进行评估，分析导致其心理问题的原因。对有心理问题的员工，聘请心理专家为其提供心理咨询服务，及时消除其心理问题。

② 利用海报、健康知识讲座等多种形式，加强职业心理健康宣传和培训。

通过心理健康的宣传与培训，使员工提高对心理问题的关注意识，树立对心理健康的正确认识，并知道什么时候需要心理帮助，通过哪些途径可以获得帮助等。另外，通过压力管理、应对挫折、保持积极情绪等培训，帮助员工掌握提高心理素质的基本方法，增强对心理问题的抵抗力。

③ 要加强主管人员在心理健康相关知识上的培训。

通过培训，使其了解心理问题的表现形式，掌握心理管理的技术，提高沟通、冲突管理等方面的技巧。当员工出现心理问题时，能够科学、及时地进行缓解和疏导。

议一议 ▶ ▶ ▶

当你碰到挫折时，是如何克服的？

单元二
制药企业员工身体健康保护管理

任务 1　理解制药企业的职业性损害

制药企业员工在生产过程中，良好的生产条件不但能保证其生产的药品质量合格，也能保护其健康；而不良的生产条件不但会影响其生产的药品质量，也会引起其健康损害，甚至

引起职业病。

一、影响制药企业员工身体健康的因素

在生产环境、生产过程和劳动过程中存在的可直接危害生产者健康的因素称为职业有害因素。自从制药企业实施 GMP 后，由厂房的布局和设计不合理、不正常生产环境如温度等职业有害因素就得到了控制，例如制药企业生产车间的温度通过空调系统控制在 18～26℃，可防止高温或低温对人体带来的伤害；又如生产青霉素类药品的厂房、设施、空调系统均是独立的，可防止由于交叉污染给其他生产岗位如对青霉素类药品过敏的操作人员的伤害。

制药企业的职业性有害因素主要是生产过程中的生产性有害因素，按其性质可分为三类。

1. 化学因素

（1）生产性毒物　常见的有：①金属，如铅、汞、镉及其化合物；②类金属，如砷、磷等及其化合物；③有机溶剂，如苯、甲苯、二硫化碳等；④有害气体，如氯气、氨、酸类、一氧化碳、硫化氢等；⑤苯的氨基、硝基化合物等；⑥高分子化合物生产过程中产生的毒物等。

（2）生产性粉尘　如无机粉尘、有机粉尘等。

2. 物理因素

（1）异常气候条件　如高气温、强热辐射；低气温、高气流等。

（2）噪声、震动。

（3）非电离辐射　如紫外线、可见光、红外线、激光等。

（4）电离辐射　如 X 射线、γ 射线、β 粒子等。

3. 生物因素

① 生物制品生产企业使用或生产的菌种，如炭疽杆菌、布氏杆菌等。

② 生产过程中的强迫体位可能引起下背痛、下肢静脉曲张、脊柱弯曲变形等。

③ 运动器官过度紧张可能引起肩周炎、滑囊炎、神经痛、肌肉痉挛等。

④ 视觉器官过度紧张可能引起视力障碍。

此外，劳动制度不合理、劳动强度过大或生产定额不当、职业性精神紧张等也会影响健康。

二、制药企业的职业损害

职业性有害因素能否对接触者造成健康伤害，主要与接触方式、接触浓度（或强度）和作用时间有关。一般情况下，作用于机体的有害因素需要累积达到一定量时，才会对健康造成伤害。在接触的量相同时，个体因素如年龄、性别、营养状况、遗传因素、体质、生活方式、习惯等不同，个体的受损害程度会有差异。

职业性有害因素对健康的损害主要包括职业病、工作有关疾病和职业性工伤。

1. 职业病

医学上所称的职业病泛指职业性有害因素引起的特定的疾病；而我国《职业病防治法》中职业病是指企业、事业单位和个体经济组织（统称用人单位）的劳动者在职业活动过程中，因接触粉尘、放射性物质和其他有毒、有害物质等因素而引起的疾病。故此，在立法意义上，职业病具有一定的范围。

职业病与生活中常见疾病不同，一般认为职业病应具备下面三个条件：

① 疾病与工作场所的职业性有害因素密切相关；

② 接触有害因素的剂量，已足以导致疾病发生；

③ 在受同样职业有害因素作用的人群中有一定的发病率，一般不会只出现个别病人。

职业病分类

我国法定的职业病分为职业性尘肺病及其他呼吸系统疾病、职业性皮肤病、职业性眼病、职业性耳鼻喉口腔疾病、职业性化学中毒、物理因素所致职业病、职业性放射性疾病、职业性传染病、职业性肿瘤、其他职业病 10 大类 132 种。凡是被诊断为法定职业病者，均享受国家规定的劳动保险待遇。

2. 工作有关疾病

职业有害因素除会导致机体一系列的功能性和（或）器质性的病理变化外，还能使机体的抵抗力下降，造成潜在的疾病显露或已患的疾病加重，表现为接触人群中某些常见疾病的发病率增高或病情加重，这类疾病称为工作有关疾病。如高温作业者中的消化道疾病，接触粉尘作业者的呼吸道疾病，接触一氧化碳、二硫化碳、氯甲烷等化学物质的作业者冠心病的发病率和病死率增高等。

由于职业性有害因素不是引起工作有关疾病的唯一直接原因，故工作有关疾病不属于法定职业病。

3. 职业性工伤

作业者在生产过程中因操作失误、违反操作规程或防护措施不当而发生的突发性意外伤害，称为职业性工伤。其性质的确定及伤残程度评定，由国家制定的机构作出。

此外，作用轻微的职业性有害因素，虽然有时不至于引起病理性损害，但可引起机体一些体表改变如皮肤色素增加等，这些改变尚在生理范围之内，故可视为机体的一种代偿性或适应性变化，常称之为职业特征。

某化学制药厂的苯中毒事件，操作工人在得了严重的疾病后才明白自己每天接触的苯有很大的毒性，试分析操作工人不知道苯有毒的原因有哪些。

任务 2　熟知制药企业员工身体健康保护的主要措施

一、保护制药企业、保护员工身体健康的管理措施

几种主要作业的职业禁忌证

职业禁忌证是指劳动者从事特定职业或者接触特定职业病危害因素时，比一般职业人群更易于遭受职业病危害和罹患职业病或者可能导致原有自身疾病病情加重，或者在

从事作业过程中诱发可能导致对他人生命健康构成危险的疾病的个人特殊生理或者病理状态。几种常见职业危害因素相应职业禁忌证见下表。

职业危害因素	职业禁忌证
粉尘	活动性肺结核病，慢性阻塞性肺病，慢性间质性肺病，伴肺功能损害的疾病等
噪声	各种原因引起的永久性感音神经性听力损失，中度以上传导性耳聋，高血压，器质性心脏病等
振动	周围神经系统器质性疾病，雷诺病等
高温	未控制的高血压，活动性消化性溃疡，慢性肾炎，未控制的甲亢，糖尿病，大面积皮肤疤痕等
氨	慢性阻塞性肺病，支气管哮喘，慢性间质性肺病，支气管扩张等
一氧化碳	中枢神经系统器质性疾病，心肌病等
二氧化硫	慢性阻塞性肺病，支气管哮喘，支气管扩张，慢性间质性肺病等
镉	慢性肾小管－间质性肾病，慢性阻塞性肺病，支气管哮喘，慢性间质性肺病，原发性骨质疏松症等
砷	慢性肝炎，周围神经病，严重慢性皮肤病等
铅	贫血，神经系统器质性疾患，肝肾疾患，心血管器质性疾患等
氯	慢性阻塞性肺病，支气管哮喘，慢性间质性肺病，支气管扩张等
氯乙烯	精神疾病，神经系统疾病，肝肾疾病，慢性皮肤病等
硫酸	严重的变应性皮肤病，活动性角膜疾病等
氢氧化钠	严重的变应性皮肤病，哮喘等

为防止职业有害因素对操作者造成职业性伤害，制药企业的管理者可以采取以下几方面措施。

（一）组织措施

制药企业应建立制药卫生职业病防治保健网，并严格执行有关法律法规，如《安全生产法》《职业病防治法》，以及国务院颁发的《工厂安全卫生规程》等。

（二）卫生技术措施

① 厂房设计要符合卫生要求，尤其是杜绝有害因素的发生源，使接触者受到的影响降至最低限度。

② 重视工艺改革和技术革新，采用低毒或无毒物质代替有毒物质，改革能导致产生有害因素的工艺过程。

③ 实现生产过程的密闭化、遥控化、机械化和自动化，防止有害物质污染环境。

④ 凡是有产热源存在的生产场所，要做好防暑降温工作。

⑤ 对生产场所存在的有毒物质、产热源、噪声、微波、放射源等采取有效的隔离与屏蔽方法。

（三）个体防护措施

工人应根据工种需要选用工作服、工作帽、鞋、手套、口罩、面具、耳塞、眼镜等防护用具。

（四）卫生保健措施

1. 生产环境的定期检测

各生产岗位要根据生产特点，制定安全操作规程，并建立卫生制度，定期对车间空气中的有害因素进行检测。

2. 进行就业前的健康检查

对员工进行就业前健康检查可以掌握员工就业前的健康状况及有关健康基础资料，并发现职业禁忌证。

3. 就业后定期进行健康检查和职业病普查

① 定期进行健康检查可以及时发现职业性有害因素对员工健康的早期损害或可疑征象，并为生产环境的防护措施效果评价提供资料。定期检查的时间间隔可根据有害因素的性质和危害程度、工人的接触水平以及生产环境是否存在其他有害因素而定。一般认为，属于过量接触并可能引起严重后果的，每半年或一年检查一次；低水平接触或对健康影响不甚严重的，每2～4年检查一次；生产场所同时存在其他有害因素时，则应相应地缩短检查时间。定期检查的项目，除一般检查外，应针对有害因素可能损害的器官或系统进行重点检查，通常与该作业就业前检查的项目基本相同。

② 职业病普查就是指对接触某种职业性有害因素的人群进行普遍的健康检查，以检出职业病患者和观察对象。通常是先选用特异性和敏感性较好的指标进行筛检，筛查出可疑者后再做进一步检查。

4. 其他措施

建立合理的作息制度，做好季节性多发病的预防，适当安排必要的康复疗养或休养，对增强员工体质有积极意义。

二、制药企业员工常见职业损害的防治措施

制药企业常见的职业有害因素中的毒物、粉尘、辐射等引起的职业损害的防治措施在前面相关章节中已有介绍，在此主要介绍由热源或化学物质接触引起烧伤、噪声带来职业损害的防治。

（一）烧伤及其防护

1. 烧伤类型

烧伤是一种由外部热源、化学接触引起的局部组织损伤，并进一步导致病理或生理变化

的过程。根据导致烧伤的根源，烧伤可分为以下几类。

（1）热力烧伤　是由于接触外部热源如火焰、高热物体、高温液体或蒸汽等造成皮肤损伤。这些热源与皮肤接触引起皮肤和深部组织温度的升高，蛋白质变性、凝固，细胞组织损伤而导致皮肤组织受损。

（2）化学烧伤　是由化学物质如强酸、强碱、酚、甲苯、磷酸等直接接触皮肤所造成的损伤。这些化学物质在常温或高温下与皮肤或黏膜接触后，直接对皮肤或黏膜产生刺激、腐蚀及化学反应的热损害作用；同时这些化学物质与皮肤产生化学反应并具有渗透性，对细胞组织产生吸水、溶解组织蛋白和皂化脂肪组织的作用，从而破坏组织的生理功能而使皮肤组织损伤，甚至可造成组织坏死，并可在数小时内缓慢扩散。化学烧伤可伴有眼烧伤和呼吸道损伤，某些化学物质还可经皮肤、黏膜吸收引起中毒。

常见化学烧伤有两类：①碱烧伤，如氢氧化钠、生石灰等造成的烧伤，此类烧伤的特点是烧伤穿透力较强，在烧伤后的 2d 内逐渐向深层组织扩大，使组织脱水；②酸烧伤，如硫酸、硝酸、盐酸等造成的烧伤，此种烧伤的特点是一般不会向深层组织扩散，伤口较浅，局部肿胀，创面干燥，常有局部持续疼痛。

（3）复合性烧伤　是由热力烧伤和化学烧伤同时引起的伤害。

2. 烧伤程度分类

我国普遍采用三度四分法，即根据皮肤烧伤的深浅分为Ⅰ度、浅Ⅱ度、深Ⅱ度、Ⅲ度。深达肌肉、骨质者仍按Ⅲ度计算。临床为表达方便，将Ⅰ度和浅Ⅱ度称为浅烧伤，将深Ⅱ度和Ⅲ度称为深烧伤。烧伤程度分类见表 11-1。

表 11-1　烧伤程度分类

深度分类	损伤深度	临 床 表 现
Ⅰ度	表皮层	红斑，轻度红、肿、痛、热，感觉过敏，无水泡，干燥
浅Ⅱ度	真皮浅层	剧痛，感觉过敏，水泡形成，水泡壁薄，基底潮红，明显水肿
深Ⅱ度	真皮深层	可有或无水泡，撕去表皮见基底潮湿、苍白，上有出血点，水肿明显，痛觉迟钝，数日后如无感染可出现网状栓塞血管
Ⅲ度	全层皮肤，累及皮下组织或更深	皮革样，蜡白或焦黄炭化，感觉消失，干燥，痂下水肿，可出现树枝状静脉栓塞

3. 烧伤的急救

烧伤的现场急救对伤者的救护工作主要是清洗和保护创面，其目的是避免创面继续损伤或再污染。根据烧伤的严重程度，及时将伤者送往医院进行后续治疗，如清洗、清创、止痛、抗感染和补液等必要的综合治疗。

（1）热烧伤的急救　首先应将伤者迅速移离现场，脱离火源，立即除去受伤部位的衣服，特别要注意除去烧着的物质（如熔化的化纤衣服、发烫或烧焦的物品等）；然后用水冲洗处理创面（对于中、小面积的烧伤，特别是头、面、四肢等的烧伤，可行"创面冷却疗法"，即用清水，水温 5～20℃，冷敷或浸泡创面，需持续 30～60min，以取出后不痛或稍痛为止）；最后用消毒纱布或清洁布简单包扎，避免创面污染，并立即送医院进行治疗。

（2）化学烧伤的急救　首先应迅速将伤者移离现场，脱去被化学物质污染的衣物，并迅速清除残留在创面上的化学物质；经现场救护后，应立即送医院进行治疗。

除去创面残留化学物质的方法是立即用大量流动清水彻底冲洗。冲洗时间一般要求20～30min，而对于酸、碱或有机化合物（如酚、甲苯等）引起的烧伤冲洗时间应延长。特别应注意眼及其他特殊部位，如头、面、手、会阴的冲洗。

眼部烧伤后用大量生理盐水或清洁的自来水彻底冲洗时应注意水流不宜正对角膜方向，不要揉眼睛；也可将面部浸入到清水中，用手把上、下眼皮撑开，使上、下眼皮内侧深部的球结膜（眼白表层可移动部分）充分暴露，边冲洗边令伤者眼球向各个方向转动；冲洗后，滴上消炎眼药水，盖上眼罩，然后立即送医院处理。

其他部位的烧伤创面经水冲洗后，必要时可进行合理的中和处理。如发生酸烧伤时，有条件的可用浓度为2％苏打水、石灰水、氢氧化镁或肥皂水等碱性物质进行冲洗，然后用弱碱如2％的醋酸钠溶液冲洗。经清水冲洗和酸碱中和处理后的创面，可防止继发感染和再损伤。

> **相关知识** ➤➤➤
>
> **防酸服的维护与保养**
>
> 　　1. 透气型防酸服最好用中性洗涤剂清洗，洗涤时不要与其他衣物混洗，采用手洗或洗衣机柔洗程序，切忌用毛刷等硬物刷洗、用棒捶打或用手用力揉搓。洗涤水温应在40℃以下，洗涤时间尽可能短，但应有充足时间用清水漂洗，以清除残留的洗涤剂。切勿用漂白粉、有机溶剂去污，以免影响防酸性能和衣料牢度。防酸工作服宜自然晾干，避免日光暴晒。衣服在半干状态时，最好在115℃左右熨烫一下，这样可在一定程度上缓解防酸性能的下降。
>
> 　　注：透气型防酸服不适用于连续接触化学酸液的工作场所。洗涤后抵御30％盐酸与40％硝酸的渗透时间达3min为合格。
>
> 　　2. 不透气型防酸服一般应采用大量清水冲洗，可用毛刷轻轻刷洗污物，但切忌使用滚烫的热水、有机溶剂清洗，避免日光暴晒、热烘、整烫，以免老化、龟裂、溶胀而失去防护性能。

4. 防烧伤服装的选用

防护服是防御物理、化学和生物等外界因素伤害身体的工作服，是人们在生产过程中抵御各种有害因素的一道屏障。防护服分为一般作业防护服和特殊作业防护服。一般防护服可以起到防御普通伤害和脏污作用，如在制药企业无特殊防护要求的生产岗位如压片、包装等所穿工作服；特殊作业服主要用于有特殊防护要求的生产岗位，如防静电、防尘服、防酸碱服等。

在制药企业，尤其是化学制药企业经常要用到酸、碱、酚等具有腐蚀作用的试剂。为防止工人接触腐蚀性试剂引起烧伤，需选用防酸碱服。防酸碱服主要采用耐酸碱材料如耐酸碱橡胶布、聚氯乙烯膜、化纤织物等制作，使操作人员身体部位与酸碱液及其气雾隔离。对于需要接触热力岗位如小容量注射剂灌封岗位等的生产工人，需穿阻燃隔热防护服。

（二）噪声及其控制

1. 噪声对人体的危害

　　噪声除前面所讲会对人体的心理健康造成影响外，还会危害听觉器官、影响其他生理功能和工作效率。

　　（1）听觉系统危害　　强的噪声可引起耳部不适，如耳鸣、耳痛、听力损伤。据测定，人如果长期暴露在声压超过120dB（分贝）的噪声环境中，将导致永久性的听力损伤。据临床医学统计，成年人若在80dB以上噪声环境中生活，耳聋者将达50%。

　　（2）听觉外系统危害　　噪声可引起听觉外系统的损害，主要为神经系统、心血管系统等，表现为易疲劳、头痛、头晕、睡眠障碍、注意力不集中、记忆力减退等一系列神经症状。高频噪声可引起血管痉挛、心率加快、血压升高等心血管系统的变化。长期接触噪声还可引起食欲不佳、胃液分泌减少、肠蠕动减慢等自主神经紊乱症状。噪声还可导致女性性功能紊乱，月经失调，孕妇流产、早产，甚至可致畸胎。

2. 噪声控制

　　噪声控制可以在噪声声源、噪声传声途径和个体这三个环节上采取技术措施。

　　（1）噪声声源控制　　主要方法有：①用无声或产生低声的设备和工艺代替高声设备；②加强机器维修或减掉不必要的部件，消除机器摩擦、碰撞等引起的噪声；③机器碰撞处用有弹性材料替代金属以缓冲撞击力；④采用吸声（多孔性材料，如玻璃棉、泡沫塑料、矿渣棉等）、隔声（用一定材料、结构和装置将声源封闭起来，如隔声墙、隔声室、隔声罩、隔声门窗地板等）、减震（用沥青、涂料等涂抹在风管的管壁上，减少管壁的震动）、隔震（在墙壁、地面等处装设减震装置和防震结构）等技术，以及安装消声器等，以控制声源的噪声辐射。

2. 护耳器的使用

使用护耳器时，一定使之与耳道（耳塞类）、耳壳外沿（耳塞类）紧密贴合，方能起到好的防护效果。

（1）耳塞的使用　①佩戴时，应先将耳郭向上提拉，使耳腔呈平直状态，然后手持耳塞柄，将耳塞帽体部分轻轻推向耳道内，并尽可能使耳塞体与耳腔紧密贴合；②佩戴后感到隔声不好时，可将耳塞缓慢转动，调整到效果最佳位置，若反复调整效果仍不佳，应考虑改用其他型号、规格的耳塞；③佩戴泡沫塑料耳塞时，应将圆柱体搓成锥形体后再塞入耳道，让塞体自行回弹，充满耳道；④佩戴硅胶自行成形的耳塞，应注意分清左右耳塞，不要弄错。插入外耳道时，要稍作转动找正位置，使之紧贴。

（2）耳罩的使用　①使用前，应检查耳罩壳有无裂纹和漏气现象；②佩戴时，应注意罩壳的方位，应顺着耳郭的形状戴好；③将连接弓架放在头顶适当位置，尽量使耳罩软垫圈与周围皮肤紧密贴合。如不合适时，应稍稍移动耳罩或弓架，务必调整到合适位置。

（2）噪声传声途径控制　主要方法有：①使噪声源远离需要安静的地方，因声在传播中的能量是随着距离的增加而减弱；②控制噪声的传播方向（包括改变声源的发射方向），因声的辐射一般有指向性，处在与声源距离相同而方向不同的地方，接收到的声强度是不同的；③建立隔声屏障或利用天然屏障（土坡、山丘），以及利用其他隔声材料和隔声结构等来阻挡噪声的传播；④采用吸声材料和吸声结构，将传播中的噪声声能转变为热能等；⑤对于固体震动产生的噪声可采取隔震措施，以减弱噪声的传播。

（3）个体防护　主要措施有：①合理使用防噪声用品，如耳塞、耳罩、防噪声帽等；②减少在噪声环境中的暴露时间；③定期对车间噪声进行检测，以符合噪声卫生要求标准；④定期对接触噪声的工人进行听力检查，根据听力检测结果，适当调整在噪声环境中工作的人员。

知识积累 ▶▶▶

1. 影响人心理健康的因素可归纳为环境因素、心理压力、人际关系、心理因素、自我认知能力、抗挫折能力等。

2. 制药企业保护员工心理健康的主要措施有设计适宜的生产现场、对企业员工进行职业适应性检查、实行情感管理、定期对员工进行心理健康评估、加强职业心理健康的宣传和疏导等。

扫一扫测试

项目十一　测试

3. 制药企业保护员工身体健康的管理措施主要有组织措施、卫生技术措施、个体防护措施、卫生保健措施等。

4. 制药企业常见的职业有害因素有毒物、粉尘、辐射、烧伤、噪声等，应根据工作场所中出现的职业有害因素采取相应的措施进行防治。

5. 职业性有害因素能否对接触者造成健康伤害，主要与接触方式、接触浓度（或强度）和作用时间有关。

6. 职业性有害因素对员工健康损害的类型主要包括职业病、工作有关疾病和职业性工伤。

一、判断题

1. 在多噪声的车间涂上红色等暖色系对生产更有利。（   ）

2. 在安全教育中，对具有多血质或黏液质气质的人强烈批评可能生效。（   ）

3. 在日光亮度和恶劣气候条件，为保证在远视时清晰可见，可选用红色信号灯。（   ）

4. 热力和化学物质均可引起烧伤。（   ）

5. 除去创面残留的化学物质可先用大量清水冲洗。（   ）

6. 噪声控制只能在噪声声源、噪声传声途径这两方面采取措施。（   ）

7. 工作有关疾病属于法定职业病范畴。（   ）

8. 情感管理与用制度压人管理相比，被管理者感觉、情绪均会更好。（   ）

二、单选题

1. 下面不属于不安全的心理状态是（   ）。

A. 逆反心理　　　　　B. 侥幸心理　　　　　C. 胆怯心理　　　　　D. 麻痹心理

2. 药厂里一些重要开关、报警信号灯等，一般采用（   ）色作标志。

A. 红　　　　　　　　B. 黄　　　　　　　　C. 蓝　　　　　　　　D. 紫

3. 在实际生产中，下面哪个因素对安全生产影响最大？（   ）

A. 性格　　　　　　　B. 情绪　　　　　　　C. 能力　　　　　　　D. 气质

4. 下面哪个气温是最佳工作温度？（   ）

A. 5℃　　　　　　　 B. 15℃　　　　　　　 C. 20℃　　　　　　　 D. 30℃

5. 人如果长期暴露在（   ）噪声环境中，将导致永久性听力损伤。

A. 70dB　　　　　　　B. 80dB　　　　　　　C. 90dB　　　　　　　D. 120dB

6. 根据皮肤烧伤的深浅程度，目前我国普遍采用的分类方法为（   ）。

A. 四度三分法　　　　B. 三度四分法　　　　C. 三度二分法　　　　D. 四度四分法

7. 在烧伤急救时，不应把创面的水泡挤破，目的是避免（   ）。

A. 粘连　　　　　　　B. 身体着凉　　　　　C. 创面污染　　　　　D. 创面扩大

8. 透气性防酸服洗涤后抵御30％盐酸与40％硝酸的渗透时间达（   ）min为合格。

A. 1　　　　　　　　 B. 2　　　　　　　　 C. 3　　　　　　　　 D. 以上不对

9. 下面不是控制噪声声源的措施是（   ）。

A. 隔声　　　　　　　B. 吸声　　　　　　　C. 隔震　　　　　　　D. 戴耳塞

三、简答题

1. 如何应用个体特征差异搞好安全工作？

2. 由非智力行为而发生违章操作的人员心理因素有哪些？

3. 化学烧伤的现场是如何急救的？

4. 影响心理压力的因素有哪些？

5. 佩戴护耳器时，应注意哪些问题？

目标检测参考答案

项目一

一、判断题

1. × 2. × 3. √ 4. √ 5. √ 6. × 7. × 8. √

二、单选题

1. D 2. A 3. B 4. A 5. C 6. C 7. B 8. B 9. A

三、简答题（略）

项目二

一、判断题

1. × 2. √ 3. × 4. √ 5. √ 6. × 7. √ 8. × 9. √ 10. √

二、单选题

1. D 2. B 3. C 4. C 5. C 6. A 7. D 8. D 9. B 10. D 11. D

三、简答题（略）

项目三

一、判断题

1. √ 2. × 3. √ 4. √ 5. × 6. × 7. √ 8. √

二、单选题

1. B 2. B 3. A 4. D 5. A 6. C 7. D 8. B 9. A

三、简答题（略）

项目四

一、判断题

1. √ 2. √ 3. × 4. × 5. × 6. × 7. √ 8. √

二、单选题

1. D 2. D 3. A 4. C 5. D 6. C 7. B 8. A 9. B 10. C

三、简答题（略）

项目五

一、判断题

1. × 2. × 3. √ 4. × 5. × 6. √ 7. √ 8. √ 9. × 10. ×

二、单选题

1. B 2. C 3. B 4. D 5. D 6. A 7. C 8. A 9. D 10. D

三、简答题（略）

项目六

一、判断题

1. √ 2. × 3. √ 4. √ 5. × 6. √ 7. √ 8. √ 9. √ 10. √

二、单选题

1. D 2. C 3. B 4. B 5. A 6. A 7. A 8. D 9. A 10. C

三、简答题（略）

项目七

一、判断题

1.√ 2.√ 3.× 4.× 5.√ 6.√ 7.× 8.× 9.× 10.√

二、单选题

1.C 2.C 3.A 4.D 5.D 6.C 7.A

三、简答题（略）

项目八

一、判断题

1.× 2.√ 3.√ 4.× 5.× 6.× 7.√ 8.√ 9.√ 10.×

二、单选题

1.D 2.D 3.C 4.C 5.C 6.D 7.A 8.B

三、简答题（略）

项目九

一、判断题

1.× 2.× 3.√ 4.√ 5.√ 6.√ 7.× 8.× 9.× 10.×

二、单选题

1.D 2.A 3.D 4.B 5.A 6.D 7.A 8.D

三、简答题（略）

项目十

一、判断题

1.√ 2.× 3.√ 4.√ 5.× 6.×

二、单选题

1.A 2.B 3.A 4.B 5.B 6.B 7.A 8.A

三、简答题（略）

项目十一

一、判断题

1.× 2.√ 3.√ 4.√ 5.√ 6.× 7.× 8.√

二、单选题

1.C 2.A 3.B 4.C 5.D 6.B 7.C 8.C 9.D

三、简答题（略）

参 考 文 献

[1]　张之东 . 安全生产知识 . 北京：人民卫生出版社，2019.

[2]　李志宁 . 药品安全生产概论 . 北京：化学工业出版社，2007.

[3]　崔政斌，等 . 安全生产基础新编 . 北京：化学工业出版社，2004.

[4]　须建 . 生物药品 . 北京：人民卫生出版社，2009.

[5]　张秋荣 . 制药工艺学 . 郑州：郑州大学出版社，2007.

[6]　计志忠 . 化学制药工艺学 . 北京：中国医药科技出版社，1998.

[7]　陈可夫 . 生化制药技术 . 北京：化学工业出版社，2008.

[8]　于文国 . 微生物制药工艺及反应器 . 北京：化学工业出版社，2005.

[9]　周正立，等 . 污水生物处理应用技术及工程实例 . 北京：化学工业出版社，2006.

[10]　买文宁 . 生物化工废水处理技术及工程实例 . 北京：化学工业出版社，2002.

[11]　周国安 . 生物制品生产规范与质量控制 . 北京：化学工业出版社，2005.

[12]　胡洪波 . 生物工程产品工艺学 . 北京：高等教育出版社，2006.

[13]　世界卫生组织 . 实验室生物安全手册 . 北京：人民卫生出版社，2004.

[14]　朱守一 . 生物安全与防治污染 . 北京：化学工业出版社，1999.

[15]　中国实验室国家认可委员会 . 实验室生物安全基础知识 . 北京：中国计量出版社，2004.

[16]　刘强 . 危险化学品从业单位安全标准化工作指南 . 北京：中国石化出版社，2006.

[17]　刘远我 . 职业心理健康自测与调节 . 北京：经济管理出版社，2004.

[18]　张友干，等 . 特殊管理药品的应用与管理 . 北京：中国中医药出版社，2008.

[19]　朱兆华，等 . 危险化学品从业人员安全生产培训读本 . 北京：化学工业出版社，2009.

[20]　张兆旺 . 中药药剂学（供中药类专业用）. 北京：中国中医药出版社，2004.

[21]　叶勇 . 生物制药工艺学 .2 版 . 北京：人民卫生出版社，2023.

[22]　韩德权 . 发酵工艺原理学 . 北京：化学工业出版社，2021.

[23]　张麦秋，等 . 化工生产安全技术 .3 版 . 北京：化学工业出版社，2022.

[24]　国家药典委员会编 . 中华人民共和国药典（第三部）. 北京：中国医药科技出版社，2020.

[25]　国家药品监督管理局 . 药品生产质量管理规范附录（生物制品），2020.